AF509504

ENCYCLOPÉDIE DE CHIMIE INDUSTRIELLE

L'INDUSTRIE DU BLANCHISSAGE

ET

LES BLANCHISSERIES

ARTHUR BAILLY

Secrétaire de la Chambre syndicale des Blanchisseurs et Buandiers
Ancien directeur de blanchisseries à vapeur

L'INDUSTRIE
DU BLANCHISSAGE

ET

BLANCHISSERIES

AVEC 106 FIGURES INTERCALÉES DANS LE TEXTE

HISTOIRE DU BLANCHISSAGE ET DU BLANCHIMENT
PRATIQUE DU BLANCHISSAGE
MATIÈRES EMPLOYÉES
ET TRAITÉES DANS LES BLANCHISSERIES
BLANCHIMENT. — BLANCHISSAGE DU LINGE
USINES DE BLANCHISSERIE

PARIS

LIBRAIRIE J.-B. BAILLIÈRE ET FILS

Rue Hautefeuille, 19, près du boulevard Saint-Germain

1896

A

MONSIEUR LE PRÉSIDENT

ET A

MESSIEURS LES MEMBRES

DE LA

CHAMBRE SYNDICALE DES BLANCHISSEURS ET BUANDIERS DE FRANCE

Arthur BAILLY

Paris, le 30 juin 1895.

AVANT-PROPOS

Il faut tout d'abord diviser la matière en autant de parties qu'elle le comporte, de telle façon que le lecteur puisse trouver, sans difficulté, le sujet d'étude qu'il lui plaît d'aborder, le renseignement, la formule ou la définition dont il a momentanément besoin.

C'est en prenant comme bases les différentes opérations mêmes du blanchissage, du blanchiment et de l'apprêt du linge, que nous ferons cette division.

Ce que nous voulons avant tout, c'est d'être lu et compris ; c'est de fixer théoriquement, scientifiquement, si c'est possible, les nombreux tours de mains, les procédés en usage, mais peu connus, d'une industrie aujourd'hui des plus prospères et des plus utiles.

Car, il faut le dire ici, le blanchissage du

linge est une des principales obligations de l'hygiène. Le linge bien blanchi est aussi une des conditions générales de l'économie domestique ; et, n'est-ce pas diminuer les effets du paupérisme que d'assurer, au meilleur compte possible, l'hygiène au sein des familles et des établissements publics ou privés, tout en cherchant les moyens de réduire les dépenses du budget ménager ?

En Belgique, le linge qu'on porte, celui dont on se sert, est toujours d'une blancheur immaculée. Dans les grandes villes, comme Bruxelles, Anvers, Liège, Namur, Gand, on est, au point de vue du vêtement et du linge, d'une propreté excessive. Le résultat se trouve dans les statistiques qui affirment : d'une part, que les épidémies sont plus rares que partout ailleurs, là où le blanchissage du linge est sérieusement et sévèrement pratiqué, en raison même de la densité de la population ; et que, d'autre part, l'usure du linge employé y est deux fois moins grande, que là où on le pratique moins bien.

A Bruxelles, notamment, les loueurs de linge comptent qu'une serviette doit subir, au minimum, de cent dix à cent vingt blanchissages ; à Paris, on estime que la même serviette ne pourra pas supporter plus de soixante-dix à quatre-vingts blanchissages au maximum. Cela tient à ce que, à Paris, on salit ce linge outre mesure, et qu'on force le blanchisseur à se servir alors d'ingrédients qui détériorent rapidement les tissus.

Il importe donc, au point de vue de la santé et de l'économie, d'opérer le plus souvent possible le blanchissage du linge en service. Blanchir souvent ce linge et le bien blanchir, avec les procédés les moins coûteux et les plus rationnels : tout est là ; et si nous parvenons à indiquer les meilleurs chemins qui conduisent à ce but désiré, nous aurons atteint le nôtre et rempli, comme nous le voulons, notre mission.

Il y a plusieurs spécialités dans la blanchisserie, il convient de les définir. Ce sont : le *blanchiment*, le *blanchissage* et l'*apprêt*.

Le *blanchiment* consiste à débarrasser les tissus neufs des matières étrangères que la fabrication leur a laissées. C'est le nettoyage et l'apprêt des fils, coton et tissus de toutes sortes, avant leur mise en vente dans le commerce.

Le *blanchissage* est, au contraire, le nettoyage du linge en service, et qui a été sali par l'usage qu'on en fait chaque jour.

L'*apprêt* se confond très souvent, soit avec le blanchiment, soit avec le blanchissage. Cependant, depuis quelques années, il s'est fondé une industrie spéciale qui ne s'occupe que de l'apprêt du linge : apprêts des toiles et tissus neufs, provenant de la fabrication ou de la teinture ; apprêt du *linge de corps : chemises, cols, manchettes, etc. ;* et apprêt du linge de table en service, autrement dit *cylindrage.*

Le *dégraissage* et la *teinture* ordinaires s'occupent surtout du nettoyage et de la remise à neuf des objets et vêtements de laine, de drap, de soie et pièces de couleur, en bon ou mauvais teint.

Nous ne nous occuperons pas, dans cet ouvrage, ni de l'apprêt, ni de la teinture, ni même du dégraissage des vêtements, qu'on appelle aussi *nettoyage à sec.* Le blanchiment, et surtout le blanchissage du linge en service, feront seuls l'objet de notre étude.

Notre livre possède donc, de ce fait, trois grandes divisions qui sont :

1° Le *blanchiment des tissus neufs, des fils et des cotons ;*

2° Le *blanchissage domestique du linge dans les familles ;*

3° Le *blanchissage industriel,* c'est-à-dire le blanchissage tel qu'il est exploité dans les usines de blanchisserie, installées dans les grandes villes ou dans les environs.

Pour être complet, nous ferons précéder ces trois parties principales, d'un précis historique du blanchiment et du blanchissage à travers les âges, et d'une étude spéciale des matières premières employées dans cette industrie.

A la fin du volume, nous avons groupé les différents renseignements que nous avons recueillis sur les installations et l'exploitation modernes des usines de blanchisserie. C'est là qu'on trouvera suffisamment décrites, croyons-nous :

1° *L'installation et l'organisation des lavoirs publics ;*

2° *Les blanchisseries spéciales du linge des hôpitaux, des restaurants, des hôtels à voyageurs, des établissements civils et militaires ;*

3° *La manière d'établir la comptabilité du linge à blanchir ;*

4° *Les relations entre la direction de ces usines, leur personnel et leur clientèle ordinaire.*

Nous avons cherché à écrire un livre facile à lire, facile à comprendre, mais absolument nouveau dans ses descriptions, en nous tenant constamment hors des sentiers battus.

Arthur BAILLY.

Paris, le 30 juin 1895.

L'INDUSTRIE DU BLANCHISSAGE

ET LES BLANCHISSERIES

PREMIÈRE PARTIE

HISTOIRE DU BLANCHISSAGE

ET DU BLANCHIMENT

I. — LE BLANCHISSAGE ET LE BLANCHIMENT JUSQU'AU XVIIIe SIÈCLE

Antiquité. — Le blanchissage des vêtements remonte certainement à l'époque où le premier homme remplaça les feuilles d'arbres et les peaux de bêtes dont il se couvrait, par des vêtements plus commodes, mieux confectionnés, mais qui étaient formés d'un tissu grossier de laine, de chanvre, de lin ou de coton.

Les Chinois et les Égyptiens semblent être les premiers qui aient porté des vêtements d'étoffe semblables aux nôtres, et cela quatre mille ans avant l'ère chrétienne. Ils ont dû nécessairement connaître bien avant les Grecs et les Romains, l'art de blanchir ces vêtements. Cependant, c'est grâce à l'invasion romaine que les peuples occidentaux et septentrionaux connurent l'industrie du vêtement et toutes celles qui s'y rattachent :

l'industrie textile, le blanchiment, la teinture, le blanchissage, etc. Depuis lors, le Nord, l'Ouest et l'Est de la France, l'Angleterre, la Hollande, la Belgique et l'Allemagne ont acquis une réelle supériorité dans l'art de la fabrication des tissus, dans la confection des vêtements, dans le blanchiment, le blanchissage et l'apprêt de ces tissus ou de ces vêtements.

Malgré cela, aujourd'hui, dans les contrées mystérieuses ou peu connues de l'Afrique et de l'Amérique, là enfin, où la civilisation entraîne l'hygiène à sa suite, ce sont encore les Chinois qu'on rencontre à chaque pas comme blanchisseurs de linge, comme apprêteurs et confectionneurs de vêtements. Aujourd'hui, comme il y a quatre mille ans, les Chinois et les Indous apparaissent comme les premiers initiateurs de l'art de blanchir aux peuplades non civilisées. Ils donnèrent les premières notions du blanchiment et du blanchissage aux Tartares et aux Perses, leurs dominateurs. Les Grecs, sous la conduite d'Alexandre, puis les Romains sous celle de Pompée conquérirent tour à tour cette partie du vieux continent. Les vaincus apprirent aux vainqueurs tous ces arts utiles à l'homme, et ceux-ci les importèrent chez nous.

Comme la plupart des vêtements en usage à cette époque reculée n'étaient que des vêtements de laine, les premiers blanchisseurs furent désignés sous le nom de *foulonniers*, *fouleurs* ou *foulons*, parce que la laine, tissée ou non, se foulait aux pieds dans des cuves ou jattes de bois.

Ce blanchissage, tout primitif, consistait à étendre les objets à blanchir au fond de la cuve, puis on jetait dessus une assez grande quantité d'urine humaine, composée, comme on le sait, en grande partie d'ammoniaque, et l'ouvrier fouleur marchait dessus à pieds nus, jusqu'à ce que la laine ait dégorgé tout le suint dont elle était imprégnée, si elle venait directement de la toison ; toute la crasse, si elle avait déjà servi à l'usage de l'homme.

Plus tard, ainsi que le raconte Pline, on remplaça l'urine par de la craie. La craie d'Ombrie, la craie de Lydie et la craie Sarde, dit-il, sont les meilleures à employer aux foulons. L'édit Vespasien fixe l'histoire sur l'emploi de l'urine dans le blanchiment et dans le blanchissage des laines. La fameuse loi Metella, dite *loi aux foulons*, marque une nouvelle évolution. En effet, cette loi prescrit des fumigations de soufre pour les laines blanchies, car ces fumigations les rendent plus blanches et plus saines à l'usage.

Diverses inscriptions cunéiformes découvertes récemment, ont démontré également que les Hébreux, au retour d'Égypte, employaient le nitrum, ou natrum, et l'herbe de Borith dans le lavage de leurs vêtements. Or, le nitrum, ou natrum, n'est autre que notre sesquicarbonate de soude, et l'herbe de Borith a reçu depuis le nom de *saponaire*, ou *herbe à foulons*.

On a donc bien raison de dire que rien n'est nouveau sous le soleil, puisqu'aujourd'hui encore, nos meilleurs blanchisseurs emploient la terre à foulons et les fumigations de soufre pour le blanchissage des laines, et que l'ancien natrum et la saponaire forment la base principale des nouveaux sels de soude et savons destinés à lessiver et à laver le linge.

Saint-Marc, d'après les relations de Port-Royal, donne à ses disciples de précieux conseils pour blanchir et nettoyer leurs vêtements. Il note la quantité d'eau et de terre pour telle quantité ou espèce de tissus, et il termine ses observations par des règles générales sur la recherche, la conservation et l'emploi de la terre à foulons dont il indique l'aspect et la nature. C'est **la terre glaise, la plus jaune et la plus pure**, qu'il préfère.

Moyen âge. — Du Nord au Sud, jusqu'aux confins de la Hollande, les Romains inculquèrent aux peuples qu'ils avaient soumis leurs mœurs et leurs habitudes. Les Gaulois, les Belges, les Flamands, les Germains apprirent d'eux la manière de blanchir les tissus; mais c'est surtout dans les Flandres que cette industrie prit naissance et se développa.

C'est à ce moment, du reste, que les vêtements de chanvre et de lin remplacèrent en grande partie les vêtements de laine, surtout pour les dessous, car les tissus de chanvre et de lin sont moins épais, moins gênants par conséquent, et offrent plus de résistance. Cette substitution se fit lentement et jamais complètement. Sous Charles VI, la reine Isabeau ne fut-elle pas taxée de luxe extraordinaire, parce qu'elle possédait dans son trousseau *trois chemises de lin*.

L'usage des étoffes de chanvre et de lin fit changer la méthode du blanchiment et du blanchissage. La cuve à foulons fut remplacée par la cuve à lessive, et le foulonnier par le blanchisseur, ou plutôt la lavandière.

Dès 1604, Olivier de Serres [1] écrit une étude fort intéressante sur les tisseries et les buanderies de cette époque. C'est la première fois qu'un écrivain parle des lessives alcalines nécessaires au blanchissage du linge. Néanmoins, sa description est loin d'être complète.

---

[1] OLIVIER DE SERRES. *Théâtre d'Agriculture* et le *Ménage aux Champs*.

« C'est au cellier de la maison que cela se fait, dit-il. Dans une grande cuve on met le linge sali amassé au grenier pendant plusieurs mois, et qu'on a préalablement débarrassé des matières salissantes faciles à enlever ; puis, dans un chaudron pendu à la crémaillère, on fait chauffer de l'eau de pluie, qu'on jette ensuite sur des cendres lorsqu'elle commence à bouillir.

« L'eau qui a filtré ainsi à travers les cendres s'est chargée d'un corps saponifiant, et c'est telle quelle qu'on la déverse à plusieurs reprises sur le linge entassé dans la cuve. En filtrant à travers le linge, l'eau y dépose ce corps saponifiant qui s'allie alors avec la crasse, la détache du linge et la rend soluble dans l'eau claire de la rivière. »

Quelques années plus tard, en 1650, un autre auteur De Fresne du Gange, publie un opuscule intitulé : *Blanqueria*. C'est un mot du patois picard, dit-on ; ce peut être aussi une expression oubliée dans les Flandres par les Espagnols au temps de Charles-Quint. Toujours est-il que ce nom est donné par l'auteur à un établissement qu'il connaît, qu'il décrit et où se fait le blanchiment des toiles sur le pré.

« Les gens de moyenne condition, dit-il, qui font ce travail sont appelés *blankisseux*. Ils habitent Beséirs, l'un des faubourgs d'Amiens, où ils tiennent une boutique de lenderie et une blancquerie. La *lenderie* est le local dans lequel travaillent les compagnons des lendes chargés de préparer et de plier les toiles blanchies. La *blancquerie* se compose d'un vaste hangar et d'une immense plaine que traverse une rivière au cours sinueux. Dans le hangar, on lessive les toiles ; puis, on les étend sur le pré, où elles sont maintes fois arrosées et séchées jusqu'à parfaite blancheur. Chaque fois les toiles sont lavées dans la rivière. »

Du Gange ne s'explique pas le phénomène qui se produit pendant l'exposition des toiles sur le pré. Il le constate, voilà tout ! Ce n'est que plus tard qu'on en donnera la théorie.

L'oxygène de l'air, sous la double action de l'eau et du soleil, oxyde lentement la matière colorante imprégnant la fibre, et forme avec la partie oxydée un corps soluble, que l'eau d'arrosage et l'évaporation ne tarderont pas à entraîner en en débarrassant la toile.

Le matériel de la lenderie et de la blancquerie n'existe pas, à proprement parler. Tout se fait par la main de l'homme. Comme matières premières nécessaires au blanchiment ainsi opéré, on ne signale que la cendre de bois et l'eau du ruisseau.

C'est vers cette époque cependant, que les Hollandais acquirent leur réputation qui fit rechercher dans le monde entier, les toiles dites *blanc de Hollande* de leur pays. Et c'est avec ces moyens rudimentaires qu'on obtenait ce blanc de toile, avec une qualité et une finesse qu'on n'a point égalées jusqu'ici. Du Gange avoue qu'on ne fait pas mieux en Picardie que dans les environs de La Haye et de Rotterdam, et que les Anglais sont réputés maîtres dans l'art de préparer les étoffes, c'est-à-dire de donner à la toile de mauvaise qualité l'apparence de la bonne.

Notons en passant que les Anglais sont restés maîtres dans cet art. N'est-il pas de bon ton aujourd'hui encore, d'expédier à Londres les toiles et les pièces de linge qui exigent un apprêt complet et spécial?

Nous trouvons encore dans Du Gange une digression qui peut trouver sa place ici.

« Ce n'est guère, dit-il, qu'à la cour et chez les grands qu'on porte les vêtements de fin lin. Là, quelques lavandières expertes cachent avec un soin jaloux les secrets de leur métier. Les Normands ne savent pas blanchir, car ils ne traitent que les filés de coton dont la matière colorante ne tient pas à la fibre, comme celle du chanvre ou du lin. Les blankisseux picards refusent de donner ce nom à leurs confrères de la Normandie, ils les appellent, et on les appelle partout, *des maîtres de prés.* »

En effet, ce nom est resté; et les maîtres de prés tiennent encore une place importante dans l'industrie rouennaise, par exemple.

II. — LE BLANCHIMENT AVANT ET APRÈS BERTHOLLET

Le blanchiment au XVIIIe siècle. — Au xviiie siècle, si le blanchiment se fait encore en Irlande à l'aide de l'urine humaine, et, dans les provinces du sud, à l'aide de la terre à foulons, dans les Pays-Bas et dans le nord de la France, par simple exposition sur le pré ; à Paris, de savants chimistes et physiciens proposent de le faire autrement.

Ce fut au commencement de ce siècle, que nos industriels remplacèrent la cendre de bois par de la soude et de la potasse, extraites de certaines plantes marines, le warech, les goémons, et de certaines plantes originaires de l'Amérique. Puis, en 1774, Scheele ayant découvert les propriétés du chlore, Berthollet imagina d'en faire l'application au blanchiment des toiles. Ce fut une véritable révolution, qui commença en 1784 pour ne finir qu'en 1830.

Après Berthollet, tout à la fin de ce xviiie siècle, Nicolas Leblanc trouva le moyen de fabriquer la soude artificielle en faisant réagir l'acide sulfurique sur le sel marin.

En moins de cinquante ans, l'industrie du blanchiment et du blanchissage avait répudié toutes les méthodes, tous les procédés, en usage depuis le commencement du monde. Mais la science eut à lutter contre les préjugés et la routine. Elle dut s'imposer aussi bien par la démonstration que par le raisonnement; et ce n'est qu'à force de persévérance et d'initiative qu'elle parvint à vaincre.

Ceci mérite d'être raconté en détail.

Berthollet, sûr de son idée, se livra à de nombreuses expériences, toutes couronnées de succès. Les blanchisseurs français ne voulurent rien voir ni rien entendre; mais, un physicien anglais, Watt, qui avait assisté à une seule expérience de Berthollet, en retint les préceptes et les données et s'en alla trouver les blanchisseurs de Glascow. Ceux-ci écoutèrent ses sages avis, firent en grand plusieurs essais de blanchiment au chlore, et ils eurent ainsi, les premiers, l'honneur d'avoir appliqué le procédé découvert par un Français.

Contrairement aux blanchisseurs anglais, nos industriels affectèrent plus que de l'indifférence : du dédain, et repoussèrent, de parti pris, les avances de Berthollet. Cependant le procédé de celui-ci arrivait à son heure : « Pendant tout le siècle dernier (le xviiie), dit M. le comte Viénot de Vaublanc [1], les Bordelais ont expédié leurs toiles à Saint-Domingue et dans d'autres colonies, pour les blanchir et les avoir plus belles. La raison en est qu'on ne trouve pas en France comme dans ces pays exotiques, à l'état de nature, les substances les plus propres au blanchiment de ces toiles. »

----

[1] VIÉNOT DE VAUBLANC, *Les Rivalités de la France*.

Le blanchiment bertholléen, qui s'exécute rapidement et à peu de frais, ne devait-il pas mettre un terme à ces expéditions coûteuses? Si, mais ce n'est que vingt ans après sa découverte, qu'on se décida à reconnaître ses qualités précieuses de rendement et d'économie. Jusque-là, il fut dénigré par ceux-là mêmes qui avaient le plus d'intérêt à l'appliquer.

La méthode de Berthollet. — La première expérience industrielle en fut faite à l'usine de Javel près Paris, avec un appareil de Woolf, composé d'un ballon de verre où se fabriquait le gaz chlore, d'un flacon laveur et d'une cuve pour laver et dissoudre le gaz. Le nom vulgaire d'*eau de javel* donné à l'eau de chlore n'a pas d'autre origine.

Les toiles étaient, au préalable, soumises à un premier passage à l'eau chaude pour les dégommer, puis, on les lessivait à l'eau bouillante et fortement alcaline. Ce lessivage avait pour but de débarrasser les toiles de toutes les matières grasses laissées par le rouissage, ou produites par le tissage. Lorsque les toiles étaient parfaitement lavées, on les passait dans la cuve de l'appareil Woolf, dans laquelle venait se laver et se dissoudre le gaz chlore. La décoloration s'opérait comme dans l'exposition sur le pré, mais en quelques minutes seulement, tandis qu'avec l'ancien procédé, il fallait plusieurs semaines pour atteindre un résultat semblable. L'eau de chlore jouait le rôle de l'oxygène de l'air, avec cet avantage, qu'elle demandait une manutention cent fois moindre, et qu'elle pouvait être employée par tous les temps.

En 1798, Charles Tenant perfectionna le procédé en préparant, à part, le chlorure de chaux en dissolution dans l'eau, et peu après lui, on obtint ce chlorure à l'état

1*

sec pour être ensuite dissous dans l'eau, proportionnelle-
ment au degré de décoloration qu'on voulait obtenir. Ces
divers produits remplacèrent le gaz chlore de Berthollet, et les Anglais, plus pratiques que nous, n'employèrent
plus dans le blanchiment des toiles que le chlorure de
chaud sec, qu'ils désignèrent sous le nom de *bleaching
powder*, ou poudre à blanchir.

Mais, en France, ce ne fut que quinze ans après la
découverte de Berthollet que Widner, à Jouy, dans la
fabrique d'Oberkampf, et, plus tard, à la filature d'Es-
sonnes du même manufacturier, fit industriellement et
pratiquement le blanchiment des toiles à l'aide du
chlore et des chlorures.

Widner se servit pour cela d'un appareil Welter qui
renfermait la solution de chlore dans une cuve fermée
hermétiquement, et où séjournaient les toiles mises ainsi
à l'abri du contact de l'air.

La fortune rapide des usines d'Oberkampf prouva
mieux que tous les essais et que toutes les expériences
l'excellence de la méthode, et, bientôt, d'importantes usines
pour le blanchiment des toiles se construisirent à
Valenciennes, sous la direction de Bonjour et de Constant, à Rouen, sous celle de Descroisilles, et à Lyon sous
celle de Welter.

Ce fut aussi chez Oberkampf qu'on employa pour la
première fois la soude artificielle, obtenue à l'aide du
procédé de Nicolas Leblanc, dans la préparation des
lessives.

Le blanchiment au commencement du XIXe siècle. —
En 1833, Wright essaya de blanchir à la vapeur sous
pression pour gagner du temps. Son appareil, comme
celui de Welter, permettait d'éviter le contact des tissus

avec la chaux des lessives en présence de l'air pendant l'opération.

Il prévoyait l'avenir, ainsi que l'a dit Édouard Schwarz de Mulhouse, en 1834, puisque ces cuves sous pression sont actuellement et universellement employées, afin d'éviter ce contact toujours dangereux pour la conservation de la fibre.

Dès 1825, Fort de Cawenshair recommande l'emploi de la soude caustique aux lieu et place du lait de chaux et il réussit à se faire entendre. Quant à l'emploi du carbonate de soude dans le blanchiment des toiles, il fut le résultat d'une heureuse erreur.

Dana, chimiste de la maison Prisme, à Lowel, près de Boston, interprétant mal les termes d'une lettre écrite en français et à lui adressée vers la fin de l'année 1837, se trompa de matières et se servit du carbonate de soude pour la préparation de ses lessives. Il réussit au-delà de ses espérances, et, à partir de ce jour-là, on n'employa plus que le carbonate de soude plus ou moins caustifié par la soude caustique ou le lait de chaux.

L'acidulage des eaux de rinçage et de lavage des toiles fait partie du procédé bertholléen, mais il ne fut raisonnablement pratiqué que par Descroisilles, à peu près vers la même époque.

En 1840, le savon de colophane, venant de Bavière, fit son apparition en France. Il fut appliqué aussitôt dans le blanchiment, à la grande satisfaction de nos industriels, et son succès dure encore.

Une dame Bruchboch, de Ratisbonne, en fit l'essai sur différents tissus et en opérant de différentes manières, puis elle fit breveter son procédé qui fut aussitôt introduit en Écosse par un nommé Henzelmann.

Dollfus-Ausset a signalé ce précieux agent du blanchiment[1] :

« En voyageant dans le Haut-Rhin, dit-il, j'ai vu une femme des environs d'Altkirch qui mettait de la résine de pin jointe aux cendres de bois sur son cuvier. Lui ayant demandé pourquoi elle faisait cela, elle me répondit qu'elle avait toujours vu faire ainsi, et de fait, son linge était d'une blancheur parfaite, rien qu'après un simple lessivage. »

Tessié du Mostay et Maréchal essayèrent, en 1865, l'emploi d'un permanganate alcalin, sans pouvoir réussir à mettre leur procédé en pratique.

L'année suivante, un chimiste ignoré proposa l'emploi d'une solution d'hypochlorite de magnésie, aux lieu et place du chlorure de chaux dans les bains de décoloration. Des expériences se firent en Irlande d'abord, puis en France, qui permirent de constater que pour le lin, l'emploi de cette substance est d'un rendement supérieur à celui du chlorure de chaux.

Nous ne parlerons pas pour l'instant des recherches faites avec des solutions diverses de péroxyde de manganèse, d'acide sulfureux ou d'eau oxygénée, ni de la découverte de l'ozone ou oxygène électrique, par Schœnbein, ni des recherches d'Houzeau qui, si elles n'ont pas permis d'arriver avec moins de frais à des résultats sensiblement meilleurs, ont pu cependant préciser que tout oxygène qui se dégage à froid est ozonisé, et que le phénomène du blanchiment à l'air libre, que nos pères ne s'expliquaient pas, tient tout dans cette formule.

---

[1] Dollfus-Ausset. *Matériaux pour la coloration des étoffes.* Paris, 1865.

III. — LES BLANCHISSERIES DE 1830 A NOS JOURS

Nous n'avons parlé que du blanchiment et de son évolution au siècle dernier et au commencement de celui-ci, et nous avons laissé de côté, et pour cause, l'industrie du blanchissage. En effet, celle-ci ne prit guère son essor qu'en 1830 ; et, jusque-là, elle ne s'inquiéta guère des progrès qui se faisaient autour d'elle. Seulement, à cette époque (1830), elle transforma tout à la fois : ses méthodes, ses matières premières et leur emploi, et son outillage. Elle n'eut pas grand'peine à faire ce changement ; car son outillage était bien rudimentaire, ses matières premières peu nombreuses ; et c'est la substitution à peu près complète du travail à la main par le travail mécanique qui en fit tous les frais.

Jusqu'en ces derniers temps, le blanchissage du linge dans la famille est resté ce qu'il était jadis ; mais dans les principaux établissements publics et privés, cette modification dans l'outillage et les méthodes remonte à une trentaine d'années au moins.

Jusqu'à la fin de la Restauration — et aujourd'hui encore en province — le blanchissage du linge était le monopole presque exclusif des ménagères. Le poète Scarron ne fait-il pas dire à l'une de ses héroïnes :

> Jeune comme je suis, Monsieur, je sais tout faire :
> Je rase, *je blanchis*, je couds, je sais saigner.

Il faut bien le dire : si le blanchisseur ne réforma pas plus tôt ses vieilles coutumes, c'est qu'il ne parvenait pas à réunir une clientèle suffisante pour alimenter une grande usine fournie d'agents mécaniques puissants. Quant aux ménagères lavant elles-mêmes et chez elles leur linge, elles ne pouvaient pas suivre, aussi bien que l'industriel, le progrès. Elles n'en avaient ni le loisir, ni l'intuition, ni les facilités, ni les mêmes avantages à en recueillir. Et avec cela, les préjugés aidant, on ne s'étonne plus que le blanchissage du linge soit resté stationnaire, tandis que tout se modifiait et se transformait autour de lui.

Avant 1830, les principaux centres du blanchissage étaient aux environs de Paris, dans les communes de Sèvres, Meudon. Rueil, et Boulogne-sur-Seine. Le séjour de la Cour à Versailles détermina l'installation des anciennes blanchisseries de Sèvres. La Malmaison créa celles de Rueil ; et Saint-Cloud, celles de Boulogne.

Vue d'ensemble d'une installation. — Chaque établissement se composait d'une buanderie, d'une sécherie et d'une repasserie. La buanderie s'appelait à Sèvres *le rû*, nom emprunté au rû de Marivel où on lavait le linge ; à Boulogne *l'abri*, et à Rueil *le lavoir*. La sécherie s'appelait le *pré*, le *champ*, l'*étendoir*, ou bien encore le *perché*, parce qu'il était garni de perches tendant des cordes sur lesquelles on étendait le linge. La repasserie formait une grande salle garnie de tables à repasser, d'un fourneau à chauffer les fers et de tringles de bois, fixées à chaque bout, aux murs, près du plafond, et qui servaient à étendre le linge en hiver.

La coulerie. — Dans la buanderie ou coulerie, on remarquait la cuve à lessiver et son fourneau ; quelques baquets et les plats-bords sur lesquels on tapait le linge avec des battoirs.

On coulait la lessive au seau et à la cendre de bois ;
c'est-à-dire qu'on faisait chauffer la lessive dans la chaudière reposant sur le fourneau, et on la puisait au seau
pour la jeter ensuite sur les cendres de bois placées sur
le linge, mais séparées de lui par une forte toile appelée
charrier. Le seau qui servait à puiser la lessive s'appelait *cassin*. Il était pourvu d'un long manche en bois qui
permettait au couleur, ou à la couleuse, de puiser et de
déverser la lessive sans bouger de place, le fourneau
étant toujours placé à proximité du cuvier.

Ce dernier, monté sur un trépied qui l'exhausse d'environ 1^m,30 au-dessus du sol, est percé à la partie inférieure d'un trou fermé à moitié par un bouchon de paille,
et de telle sorte que la lessive ne pourra s'échapper du
cuvier, après avoir traversé la masse de linge, que goutte
à goutte.

Le lavoir. — Quand le linge est coulé, on le lave soit
au lavoir, soit à la tonne, soit à la rivière. Le lavoir est
un grand bassin en maçonnerie recouverte d'un enduit
de ciment. Il est en profondeur ou en hauteur, suivant
l'habitude des gens, mais il est entouré d'un plat-bord
en pierres dallées ou en planches, et qu'on incline vers le
centre du bassin sous un angle de 45 degrés environ.
Au lavoir en profondeur, c'est-à-dire creusé au-dessous
du niveau du sol, les laveuses se mettent à genoux dans
de petites caisses appelées *boîtes à laver*, et fermées de
quatre côtés seulement sur six : en avant, sur les flancs
et au fond.

Au lavoir en hauteur, les laveuses sont debout et
garanties par une boîte plus haute montant jusqu'à la
ceinture. On appelle ces boîtes des *stalles*, et elles sont
également fermées sur les flancs, en avant et au fond.

Quand on remplace le lavoir par des tonnes ou baquets, ceux-ci sont disposés sur des trépieds. Chaque laveuse est debout et possède sa tonne, avec une stalle pour la garantir et un égouttoir pour placer au fur et à mesure le linge lorsqu'il est lavé. Son plat-bord consiste en une petite planche large de 22 centimètres, et qui s'appuie d'un bout au fond du baquet, et, de l'autre bout au bord de ce baquet le plus rapproché de la laveuse.

A la rivière, l'installation des laveuses diffère quelque peu. Sur la berge, mais à fleur d'eau, ou bien sur un radeau, on enfonce dans le sol ou dans l'eau des tonneaux vides, défoncés d'un bout, de telle sorte que la laveuse, en restant debout, puisse travailler, ayant la ceinture à la hauteur du niveau de la rivière, les jambes et une partie du torse garanties par les parois du tonneau, à l'intérieur duquel elle s'accroupit, ayant devant elle son plat-bord et sur le côté, son égouttoir.

Le reste de la buanderie est garni de tréteaux, de bancs et de baquets divers. Les uns servent à égoutter le linge lavé, les autres, à laver les laines et pièces de couleur de mauvais teint, et aussi à azurer ou passer au bleu le linge de corps.

Les séchoirs. — Comme nous l'avons dit, l'endroit où l'on sèche le linge lavé, s'appelle : *séchoir, étendoir, champ, perché, pré, grenier, calorifère* ou *chambre chaude* selon les habitudes du pays, et suivant aussi l'espèce de séchoir à désigner.

Le *champ* est l'étendoir que le blanchisseur a choisi à une certaine distance de sa buanderie, pour pouvoir disposer d'un plus grand emplacement. C'est ordinairement un pré naturel, dans lequel on a piqué de deux mètres en deux mètres des pieux en acacia ou en châtaignier. Les têtes des pieux sont reliées entre elles par des cordes en aloès ou en chanvre ; et c'est sur ces cordes que le blanchisseur va étendre le linge pour le sécher.

Le *perché*, au contraire, est, le plus souvent, situé près des maisons, dans un emplacement réduit, et c'est pourquoi on prend en élévation ce qu'on ne peut prendre en plan. Le perché est, en effet, une réunion de perches ayant 6 et 7 mètres de hauteur, et piquées en terre comme les pieux du champ. Chacune de ces perches porte trois ou quatre broches fixées à des distances différentes du sol. Les cordes sont accrochées à ces broches après avoir été bien tendues et l'on forme ainsi, dans le sens de la hauteur, trois à quatre étages de linge étendu.

Le *grenier* est un étendoir à air libre couvert par le toit de la maison, offrant sur ses faces latérales de larges baies qui déterminent de violents courants à l'intérieur, courants qu'on atténue à volonté en fermant les baies par des lames mobiles en bois, sorte de persiennes qui se recouvrent l'une sur l'autre.

Le *calorifère* est de construction récente, et on en trouvera la description plus loin. C'est une pièce chauffée à l'aide d'un calorifère.

La *chambre chaude* est également chauffée par une cloche en fonte, et sert à sécher le linge pendant la mauvaise saison.

La repasserie. — La repasserie est la plus grande salle de la blanchisserie. Son véritable nom est la *lisserie*, car on y lisse, plie et repasse le linge séché. Le long des fenêtres, on place les tables de repassage qui sont garnies d'épaisses couvertures de laine, et recouvertes en dessus d'une toile de coton bien unie et solidement fixée.

Les tables de pliage sont au milieu. Dans l'un des coins, à proximité des repasseuses, se trouve le fourneau à chauffer les fers à repasser. La repasserie sert aussi à certains moments de chambre chaude, et c'est pourquoi elle possède, à la partie supérieure, des tringles ou barrettes de bois destinées à supporter le linge à sécher. Au fond se trouvent des casiers ou *ais* destinés à recevoir le linge des clients, lorsqu'il sera repassé et plié. C'est sur ces ais que se fait le triage du linge blanchi, par sorte de linge d'abord, et ensuite par client. A l'autre bout de la salle de repassage, on rencontre la table à préparer le linge. C'est une table très large et presque carrée, sur laquelle on *entable* et l'on mouille légèrement le linge avant le repassage. Sous cette table, on range les ustensiles pour l'amidonnage ou empois du linge. Ce sont : la bassine en métal pour la préparation de l'amidon cuit, la grande terrine qui sert à l'empesage et la petite qui sert à la préparation de l'amidon non cuit.

L'installation d'une blanchisserie de ce temps, se complète par un cheval et une voiture pour la livraison du linge au domicile des clients, et par des paniers, mannes ou malles d'osier pour l'empaquetage de ce linge.

DEUXIÈME PARTIE

PRATIQUE DU BLANCHISSAGE

L'essangeage [1]. — La première opération qu'on fait subir au linge dans les établissements peu ou mal outillés, est l'essangeage à la main. A l'arrivée du linge sale, celui-ci est trié et mis par sortes : d'un côté, les chemises d'hommes ; de l'autre, les chemises de femmes ; puis les jupons, les pantalons, caleçons, camisoles etc., qu'on appelle, avec les mouchoirs et les bas, du *menu linge*. Les bonnets, les rideaux, les cols et parures qu'on appelle *des garnis*, sont mis aussi à part ; à part également, le *cylindre* ou plus exactement, le linge à cylindrer, linge de table ou d'ameublement, puis les draps, les serviettes, les torchons, etc.

Cette classification des pièces de linge n'a jamais été nécessaire ni pour l'essangeage, ni pour le lessivage, ni pour les autres opérations du blanchissage.

Elle ne peut s'expliquer que pour faciliter le travail de distribution aux repasseuses et aux plieuses, lorsque le

[1] Nous avons écrit jadis sous la dictée de Clément Drouard, ancien président de la Chambre syndicale des Blanchisseurs et Buandiers de France, fondateur de la Blanchisserie de Courcelles, à Paris, et directeur de l'un des principaux lavoirs de la capitale, une sorte d'encyclopédie des tours de mains de la blanchisseuse. Nous demanderons à nos lecteurs la permission d'en mettre quelques extraits sous leurs yeux, en même temps que nous décrirons la pratique du blanchissage, telle qu'elle s'opérait il y a trente ans, et telle qu'elle s'opère encore partout où il n'y a pas les engins mécaniques et chimiques adoptés dans les installations modernes.

linge arrive séché à la repasserie. Il est préférable, selon nous, de séparer le linge en deux ou trois sortes seulement : *linge sale*, *linge peu sale*, ou *linge très sale*.

Comme, dans ces petites exploitations, on met toutes les pièces de linge ensemble dans le même cuvier, il faut procéder, avant la mise en cuve, à un essangeage parfait. Le vieil adage : « On ne mêle pas les torchons avec les serviettes », a ici sa raison d'être, car toutes les pièces de linge ne s'essangent pas de même.

Le mot *essangeage* est, du reste, une expression de métier qui dit bien ce qu'elle veut dire.

Le *linge à sang*, que je n'ai pas à désigner plus clairement, doit être débarrassé de ce sang avant le lessivage ; sinon, la tache s'imprimera dans le tissu, le sang *cuira*, comme on dit, et formera une tache indélébile.

D'un autre côté, le noir de fumée, la poussière, la graisse du linge d'essuyage, toutes les matières enfin qui peuvent s'en détacher par un simple passage à l'eau, doivent être enlevées avant la mise en cuve, sinon, la force alcaline de la lessive sera distraite de sa fonction principale : celle de saponifier la crasse et de la rendre soluble.

Le linge à sang est mis dans un baquet où il trempe pendant plusieurs heures, dans l'eau douce et froide ou dans de vieilles lessives. Il est ensuite frotté dans ses parties tachées, soit avec du savon, soit entre les mains, soit encore avec une brosse de chiendent, lorsque la matière fait saillie au-dessus de la surface du tissu.

Les draps non tachés sont seulement mouillés à l'eau froide ; le linge de corps (chemises d'hommes, chemises de femmes, pantalons, etc.), est passé à l'eau comme les draps, frotté dans ses parties tachées et aux endroits qui, par l'usage, sont exposés à être plus salis que les autres.

Pour les chemises d'hommes, ce sont les cols, les poignets et le plastron ; pour les chemises de femmes : les dessous de bras, la gorge, l'ourlet du bas ; pour les pantalons : la ceinture, les hanches et la fente ; pour les camisoles : les manches, les poignets et le col.

La profession qu'exerce celui qui a sali la pièce de linge, détermine souvent une nouvelle manière d'essanger. Si c'est la chemise d'un bureaucrate, par exemple, l'extrémité du col et des poignets est soigneusement visitée par l'essangeuse. S'il s'agit de la chemise d'un artisan, l'essangeuse ne manquera pas de visiter le dessous des bras, les pièces d'épaules et le retroussis des manches. Il en est de même d'une chemise de dame. Au temps où les chemises de femmes se coulissaient par le haut, l'ourlet et les fronces du col exigeaient aussi un supplément d'attention.

Les torchons et les serviettes sont traités séparément. Ils séjournent d'abord dans les baquets remplis de lessives tièdes, et sont rincés ensuite à l'eau froide et douce.

Dans tous les cas, l'essangeuse procède ainsi : Si elle ne possède pas de vieilles lessives, elle prépare un bain d'eau douce, dans lequel elle fait dissoudre quelques cristaux de soude et un peu de savon en pâte, pour y mettre tremper le linge à essanger. Lorsque ce linge a bien trempé dans cette eau alcaline, elle visite chaque pièce, en étend les parties tachées sur son plat-bord et les frotte avec un morceau de savon. Ceci fait, elle trempe le linge dans la lessive, le presse avec ses mains, ou le frotte avec une brosse, et, la mousse du savon en s'échappant sous la pression, entraîne avec elle la plus grande partie de la matière salissante. Lorsque la pièce de linge est trop épaisse pour être pressée utilement entre les mains, l'essangeuse la frappe sur le plat-bord avec un battoir. Après quoi, la pièce de linge est rincée à l'eau froide. Elle est alors essangée.

Quand l'essangeuse se sert de la brosse, elle doit bien étendre la partie tachée sur le plat-bord, et elle accompagne chaque coup de brosse d'une petite vague d'eau empruntée à la surface du liquide contenu dans le baquet.

Le coulage. — Le coulage ou lessivage du linge à la cuve, comporte trois opérations principales : l'*encuvage*, le *coulage proprement dit* et le *décuvage du linge*. La couleuse est la maîtresse-femme de la blanchisserie, car c'est d'elle que dépend tout le succès du blanchissage. *La lessive doit se faire dans le cuvier*, disent les vieux blanchisseurs, pour dire que le linge doit sortir de la cuve, complètement débarrassé de toutes les impuretés qui le tachaient précédemment.

La couleuse prend le linge essangé et le dispose dans le cuvier, de telle façon que chaque pièce soit bien allongée suivant la forme cylindrique de ce cuvier. Le linge ne doit former ni paquets, ni boules. Il est déposé par lits n'offrant ni trous ni bosses, depuis le fond jusqu'en haut. La couleuse met en général le linge le plus sale le premier, puis le linge fin, et ensuite une certaine quantité de pièces de tricot de coton qui viennent doubler, en quelque sorte, le *charrier* ou toile épaisse avec laquelle on recouvre tout le linge, pour le préserver des matières étrangères contenues dans les cendres ou la soude employées.

On mettra donc d'abord dans le cuvier : les torchons, puis les serviettes, puis les draps, puis le linge de corps, puis les chemises, puis le linge fin, cols, manches, rideaux, bonnets, parures, etc. Sur le dessus, comme il vient d'être dit, quelques pièces de gros coton, et enfin la toile appelée *charrier* qui est étendue d'un bord à l'autre du cuvier.

Le cuvier ainsi rempli doit présenter à la partie supérieure et au centre une légère éminence, de manière à ce que la lessive déversée sur le dessus puisse s'écouler sur toute la surface du charrier.

C'est sur cette toile qu'on disposait jadis les cendres destinées à faire la lessive. On a reconnu depuis que cette manière de faire n'est pas la bonne, et l'on a recommandé de dissoudre les cendres dans un récipient à part.

La quantité de cendres à employer varie avec leur qualité, c'est-à-dire avec le tant pour cent de soude ou de potasse qu'elles contiennent.

Les cendres provenant de la combustion des herbes marines : le varech et les goémons, sont bien plus riches en matières lixivielles que les autres. Dans la campagne, les feux des sarments et des vieilles souches des arbres, donnent des cendres qui sont recueillies de préférence aux autres pour le coulage de la lessive.

Quand on met la cendre sur le dessus du cuvier, on l'étale, au centre seulement, et de manière à ce que l'eau qui sera déversée dessus, s'écoule lentement et tout autour du point central par de petites rigoles.

Quand on la fait dissoudre en dehors de la cuve, on la jette dans un baquet d'eau très chaude et l'on brasse jusqu'à parfaite dissolution, puis l'on filtre la lessive ainsi préparée, à travers un linge de grosse toile semblable au *charrier*, c'est-à-dire présentant des pores largement ouverts.

Depuis une cinquantaine d'années, le carbonate de soude, voire même la potasse, a remplacé la cendre de bois, à peu près partout. Cette substitution s'est faite, non seulement parce qu'il est beaucoup plus facile de doser ces divers produits que la cendre de bois, mais encore parce que celle-ci, depuis que l'emploi du charbon de terre comme combustible s'est généralisé, est venue à manquer, surtout dans les grandes agglomérations.

On trouvera, à l'article spécial du blanchissage moderne du linge, les quantités de soude ou de potasse à mettre dans un cuvier par égard à la quantité de linge à lessiver.

Jadis, on croyait que la cristallisation de la soude était comme une suprême épuration du produit. Aussi, n'employait-on partout que des cristaux de soude appelés du *carbonate*, et, par contraction, de la *carbonade*. On a reconnu depuis, que cette cristallisation diminue plutôt la qualité du produit, et, selon la nature des eaux de fabrication, peut en altérer la pureté (Voir page 53). Dans l'évolution dont nous indiquons ici les grandes lignes, les cendres de bois ont fait place aux cristaux de soude ou de potasse, et ceux-ci, aux différents sels de soude dont on trouvera l'énumération plus loin.

L'ouvrière chargée de couler le linge avec un seau pourvu d'un long manche, et qu'on appelle *cassin*, prend avec ce seau l'eau de la chaudière, et la déverse sur le cuvier dès qu'elle est chaude.

Les premières affusions sont faites à l'eau froide, puis tiède, puis chaude, pour être continuées ainsi pendant plusieurs heures à l'eau bouillante, devenue lessive par la dissolution des cendres ou de la soude.

L'opération chimique qui se produit dans le cuvier à la suite de chacune de ces affusions s'explique aisément : la lessive chaude, liquide et abondante, très alcaline, passe à travers le linge et entraîne avec elle toutes les impuretés, qu'elle parvient alors à dissoudre ou à détacher. Grâce à son alcalinité, elle se combine avec toutes les matières grasses de la crasse, les saponifie lentement, mais sûrement, en les désagrégeant au fur et à mesure que la température s'élève à l'intérieur du cuvier.

Quand la saponification est terminée, la lessive est coulée, l'opération achevée. Ceci se reconnaît à différents indices, grâce auxquels la couleuse habile ne se trompe jamais.

On dit alors que *la lessive est cuite ;* et la lessive est cuite, quand *elle ne sent plus le doux*, c'est-à-dire lorsqu'elle répand autour d'elle cette forte odeur d'une âcreté particulière, très pénétrante, mais aussi très supportable à l'odorat. La couleuse reconnaît aussi qu'une lessive est cuite, lorsqu'il se forme, sur les pièces de linge soulevées, de petites bulles multicolores très légères qui crèvent au contact de l'air froid, et qui se reforment aussitôt que la chaleur revient. Au toucher, la lessive cuite est grasse, onctueuse, limpide, très homogène, sans aucune causticité, mais fournissant une mousse abondante dès qu'on l'agite. Elle est plus ou moins colorée et épaisse suivant la nature du linge lessivé, mais elle doit toujours se cailler en se refroidissant.

Ainsi, la couleuse a trois moyens à sa disposition, pour juger le temps qu'elle doit faire durer le lessivage.

Elle doit, en outre, laisser le linge au repos dans la cuve une heure ou deux après la dernière affusion, pour permettre à la lessive de s'écouler tout en achevant son travail de saponification.

Le lavage. — Ici, nous ne nous occupons que du blanchissage fait à la main, c'est-à-dire sans le secours d'une machine d'aucune sorte. C'est le blanchissage tel qu'il se faisait en ces dernières années, tel qu'il s'est fait de tous temps, tel qu'il se fait encore au fond de nos provinces.

En général, le linge bien lessivé ne subit, au sortir du cuvier, qu'une série de rinçages successifs, tantôt dans la lessive, tantôt dans l'eau chaude ou froide. Mais le linge qui n'a pas été coulé ou qui l'est mal, demande un traitement particulier, qui se fait généralement dans l'eau chaude additionnée de carbonate de soude et de savon. Le linge de toile blanche ou bise, et celui de couleur bon teint, peuvent supporter de l'eau plus chaude et, par conséquent, demandent moins de savon que le linge aux couleurs fragiles et que les laines, flanelles et tissus de soie.

Pour toutes les grosses pièces, la laveuse met le linge à tremper dans le baquet d'eau de savon, et les bat ensuite avec son battoir sur le plat-bord. Chaque coup de battoir en exprime le liquide savonneux qui s'émulsionne sous la pression, et qui se précipite au dehors en entraînant les matières salissantes qu'il est parvenu à détacher du tissu. La laveuse recommence plusieurs fois cette opération, jusqu'à ce que le liquide et la mousse de savon exprimés sortent indemnes.

Parfois, pour éviter que ce traitement dure trop longtemps, la laveuse frotte avec la brosse de chiendent et un morceau de savon, comme il a été dit à l'article de l'essangeage, les parties les plus sales. Pour les petites pièces et le linge fin, la laveuse ne se sert ni de la brosse ni du battoir. Elle presse ce linge entre ses mains au sortir du baquet et sur le plat-bord, elle frotte, en les pressant, les parties très salies les unes contre les autres. De cette manière, le liquide savonneux est exprimé comme ci-dessus, et chassé au dehors, où il entraîne avec lui la crasse et toutes les impuretés. Ce traitement du linge est beaucoup plus lent que l'autre, mais aussi beaucoup moins brutal.

Le rinçage. — Quand le linge est lavé ainsi, on le rince à grande eau, autant que possible à l'eau courante. Pour faire un rinçage parfait, il faut d'abord rincer à l'eau chaude, très légèrement additionnée d'eau de javel (un litre d'eau de javel à 5 degrés décolorant et 5 degrés Baumé pour 100 litres d'eau). Sans laisser le linge séjourner dans cette dissolution, on le laissera égoutter au-dessus du baquet la contenant, pendant quelques minutes; puis, on le rincera ensuite à l'eau chaude pure pour enlever l'odeur de l'eau de javel, puis dans l'eau froide et claire, mais douce, et enfin dans l'eau dure pour le débarrasser entièrement de son eau de savon.

Dans les bassins ou lavoirs et dans les tonnes remplies d'eau froide, le linge peut séjourner quelque temps, abandonné à lui-même. Il est ensuite rincé plus facilement. Mais à la rivière ou dans un cours d'eau quelconque, la laveuse rince chaque pièce au fur et à mesure sans l'abandonner, car le courant pourrait l'entraîner. Elle étend la pièce sur l'eau en la lançant devant elle, puis, la tenant à l'une de ses extrémités entre le pouce et l'index, les autres doigts en dessous, elle envoie de petites vagues d'eau avec les doigts de dessous, en enfonçant la main qui tient le linge, peu à peu, au-dessous de la surface de l'eau.

L'autre main dirige la pièce et la maintient contre le courant.

En prenant une serviette comme base, par exemple, les deux mains de la laveuse étendent cette serviette sur l'eau, l'extrémité de l'un des ourlets dans la main gauche, près du plat-bord, la pièce entre le pouce et l'index de cette main, les autres doigts en dessous pour agiter l'eau. Tout en faisant cela, la laveuse ramène à elle la serviette, en l'enfonçant dans l'eau et en frise l'ourlet, qu'elle tient avec la main droite, toujours prête à retenir la pièce si elle vient à s'échapper.

C'est ce bouillonnement de l'eau produit par les mains de la laveuse qui fait gonfler les taies d'oreiller, les chemises, les jupons, etc., et qui les fait ressembler à de véritables ballons sur l'eau des rivières pendant le rinçage.

Les grandes pièces telles que les nappes, les draps de lits, etc., se rincent d'une autre manière. Une ou deux laveuses prennent le drap, par exemple, par la lisière, et le secouent à fleur d'eau, de façon à ce que cette eau traverse et retraverse la pièce de linge, en ruisselant dessus et dessous sur toute son étendue. C'est, en effet, l'objectif de tout bon rinçage du linge : faire passer et repasser l'eau claire et propre, constamment renouvelée, en dessous, en dessus, à travers le tissu, qui à chaque fois s'en imprègne, et la rejette avec force ensuite.

Quand l'ourlet ou la lisière, suivant le cas, n'a pas été frisé pendant le rinçage (ce qui ne peut se faire pour les pièces de linge d'une certaine étendue), on ramène la pièce sur le plat-bord, la lisière ou l'ourlet bien tendu avec les deux mains, qui frisent alors le haut des pièces en se rapprochant l'une de l'autre.

Les torchons, les serviettes, les mouchoirs sont frisés sur l'ourlet ; les draps, nappes, flèches, rideaux, etc., sur la lisière ; les taies d'oreillers, traversins, sacs, sur le fond, l'ouverture en bas; les chemises et les camisoles par le col et les pièces d'épaules ; les caleçons, pantalons, par la ceinture, et les autres pièces par le haut et dans le sens de la largeur.

C'est au moment du rinçage que se fait la visite du linge lavé, c'est-à-dire que la laveuse jette, pendant le rinçage, un rapide coup d'œil sur chaque pièce de linge, et la visite alors dans toutes ses parties, surtout celles qui ont dû être les plus salies par l'usage qu'on en a fait. Toute pièce mal lavée retourne au savonnage, et les pièces qui portent encore des taches de fruits, de vin, de café, de lait, de sang ou de lessive, ainsi que des taches de rouille ou de moisi que la lessive n'a pu enlever, sont traitées à part, et détachées, soit avec de l'eau de javel, soit avec des acides (chlorhydrique, muriatique, oxalique, etc.), appelés vulgairement : eau de chlore, eau de rouille ou sel d'oseille.

Ce détachage se fait ainsi : On étend la partie tachée sur une table en bois blanc, ou mieux sur une plaque de verre, et on la met en contact, en présence de l'air, avec le réactif employé. Dès que la tache a disparu, on précipite la teinte jaunâtre laissée par le réactif, avec de l'eau de javel, et on rince la pièce de linge à l'eau très chaude et ensuite à l'eau froide, comme il vient d'être dit. Il faut éviter de laisser le réactif trop longtemps en contact avec le linge, car il attaquerait et détruirait certainement la fibre. Il faut éviter aussi d'étendre l'emploi de ce réactif au delà de la surface occupée par la tache sur le tissu. On ne saurait donner trop d'attention, ni prendre trop de précautions dans ce détachage. La conservation du linge traité en dépend.

C'est ordinairement la première ouvrière de la buanderie qui fait la visite et le détachage du linge lavé. Elle doit toujours être très au courant du linge traité par la maison, pour pouvoir faire cette visite rapidement et sérieusement, et pour ne détacher aussi de la rouille, de l'encre et du moisi que les pièces qui ont véritablement besoin de l'être.

L'azurage. — Azurer le linge ou le mettre au bleu, ou le passer dans l'eau de bleu, est une opération qui ne se fait que pour certaines pièces de linge de fine toile blanche, pour le linge de corps et le linge de table notamment.

L'eau de bleu se prépare à l'avance dans un baquet *ad hoc*. On employait jadis à cet effet le bleu d'indigo ; mais on lui a substitué le bleu d'outre-mer, inventé par Guimet. Ce bleu se vend dans le commerce, en boules, en poudre, ou en liqueur. Le bleu en poudre est celui que l'on préfère parce qu'il est beaucoup plus pur que l'autre. Le bleu en poudre ou en boules est mis dans de petits sachets de toile bien ficelés par le haut, puis ce sachet est mis dans l'eau du baquet où on l'agite et où on le presse, de manière à en faire sortir l'eau teintée de bleu. Il faut bien éviter de laisser échapper du sachet autre chose que de l'eau teintée, car toute molécule de bleu, si petite qu'elle soit, qui viendrait à s'en échapper sans être parfaitement dissous, resterait en suspension dans l'eau, et viendrait infailliblement se déposer sur le linge en formant une tache. On fait, dans ce cas, sur le linge, ce qu'on appelle des *marbrures* qui sont très désagréables à voir et qui sont aussi très difficiles à enlever.

Jadis, les chemises d'hommes n'étaient azurées qu'au col et aux poignets; maintenant, on les azure dans leur entier. Il faut éviter de faire des dépôts d'eau de bleu dans les triplures des cols, des plastrons et des manchettes des chemises, ce qui arrive souvent aux extrémités et près des coutures. Pour cela, il faut avoir bien soin de faire passer partout d'une façon égale l'eau de bleu, en pressant le linge entre les mains, ou mieux, en lui faisant subir une sorte de torsion opérée sur lui-même, et d'autant plus forte que le tissu sera plus épais, et qu'on se rapprochera le plus de ses extrémités.

Quatre ou cinq fois par jour, l'azureuse doit changer l'eau de bleu dans laquelle elle azure, par une autre nouvellement préparée. A chaque fois, le récipient sera lavé avec soin et au besoin frotté avec la brosse de chiendent, afin que toute trace de l'ancienne eau de bleu disparaisse. L'azureuse remplit alors le baquet d'eau très claire, froide et la plus dure possible. De la main droite elle agite le sachet de bleu dans l'eau, et de la main et du bras gauches, la manche retroussée jusqu'au-dessus du coude, elle brasse le mélange de l'eau et du bleu, jusqu'à ce que ce mélange ait pris une teinte claire, bien homogène et surtout bien fondue. A ce moment, la préposée à l'azurage essaiera son eau de bleu, en azurant quelques pièces prises au hasard et comme échantillon.

Le linge est amené près du baquet d'azurage. Les torchons, les draps ordinaires, les objets de toile bise ou grise, ou dans leur neuf, ne s'azurent pas. La toile unie demande plus de bleu que la toile damassée. Le linge neuf et en bon état, moins de bleu que le vieux linge. Le tricot et le simili-tricot en demandent très peu. Les chemises d'hommes moins que les chemises de femmes.

L'azureuse commence par les pièces qui ont le moins besoin de bleu, et elle augmente la teinte de son eau d'azurage au fur et à mesure des besoins. Pour bien azurer le linge, il faut bien plonger la pièce dans l'eau de bleu et l'en retirer vivement. L'objectif est de faire passer l'eau de bleu partout et qu'elle ne s'y dépose nulle part. C'est pour cela qu'au sortir du bain d'azurage le linge est ordinairement soumis à une sorte de torsion qui en exprime immédiatement l'excédent de bleu. Voici, d'une manière à peu près générale, comment s'y prend l'azureuse pour azurer le linge ou le *mouiller au bleu*, comme on dit dans les blanchisseries : elle prend le *menu linge* à la poignée et par la tête, ou par la frisure des bords, et elle le plonge d'un coup dans l'eau de bleu. Lorsque le linge se trouve entièrement au-dessous de la surface de l'eau, elle le saisit à quelque distance de la partie supérieure avec la main restée libre, en l'abandonnant de l'autre. La tête de la poignée, n'étant plus serrée avec les doigts, s'étale en pavillon, et c'est alors que l'azureuse, d'une secousse et les deux mains réunies à 10 ou 20 centimètres de la tête de la poignée, ramène celle-ci au-dessus de la surface du bain. Les pièces de linge maintenues par la main gauche, sont d'abord serrées sur elles-mêmes par une torsion qu'opère, à la partie supérieure, la main droite de l'ouvrière. Celle-ci achève la torsion des autres parties, en imprimant au tout une sorte de rotation qui fait enrouler les pièces de linge sur elles-mêmes, les deux mains de l'azureuse agissant en sens contraire.

Le séchage. — Au temps jadis, ne disposant, ni d'essoreuses, ni de machine à tordre et à sécher, on laissait le linge s'égoutter de lui-même, en partie, de l'eau qu'il contenait, avant de le porter au séchoir. Cela allait moins vite, mais c'était plus économique. Quand le linge était égoutté, on le transportait, selon la saison et selon le temps qu'il faisait, soit au pré, soit au grenier-séchoir, soit à la chambre chaude ou calorifère, ou séchoir à air chaud.

Dans l'étendoir à air libre (champ ou perché), le linge est étendu sur des cordes et fixé avec des épingles de bois, si la bise est forte ; et sans épingle s'il y a peu de vent et si la température est élevée. Le séchage à l'air libre est toujours le meilleur, le plus sain, le plus expéditif, et le moins coûteux quand il fait beau temps. Pour étendre le linge sur les cordes, l'ouvrière blanchisseuse met un certain nombre de pièces sur son bras gauche et va dans les rangs de perches, de gauche à droite, si elle étend le linge sans épingle ; et de droite à gauche, si elle l'étend avec des épingles. Dans le premier cas, elle prend chaque pièce dans la main gauche en la déployant avec la main droite, et elle jette cette pièce à cheval sur la corde en achevant de l'étendre. Pour faciliter ce mouvement, elle l'accompagne chaque fois d'un léger renversement de corps en arrière. Quand elle doit fixer le linge avec des épingles de bois, l'ouvrière blanchisseuse met celles-ci devant elle, dans une petite pochette dont les cordons sont noués autour de sa taille ou sur l'épaule gauche en bandoulières. Puis elle étire chaque pièce de linge avec les deux mains, la secoue et la place ensuite sur la corde par un petit repli de la partie supérieure. De sa main gauche elle maintient la pièce sur la corde, pendant que de la main droite elle prend deux épingles dans la pochette. L'une d'elles est fixée à l'extrémité droite de la pièce de linge, l'autre à l'extrémité gauche, serrant entre leurs branches de bois la corde recouverte par le linge.

Les épingles à ressort se posent en appuyant sur ce ressort pour ouvrir les branches inférieures de l'épingle. Les épingles ordinaires en bois de charme sont préférées par les blanchisseuses. Elles se posent en plaçant leur tête arrondie dans la paume de la main, les doigts saisissant la corde comme des crochets, on appuie alors sur l'épingle qui vient serrer fortement le linge dans l'angle aigu que forme l'écartement de ses deux branches.

Le séchage du linge demande une certaine attention. Il faut éviter d'*ouvrir* les pièces de linge, telles que les chemises, les taies d'oreiller, au vent, lorsque celui-ci est trop violent. Il en est de même de la partie des pièces qui est repliée sur la corde. Elle sera *contre le vent*, si la bise est faible, à l'opposé si la bise est forte. En règle générale, les parties les plus épaisses sont en haut, sur ou près la corde, et toujours exposées aux rayons du soleil.

Quand le linge est sec, il faut le détendre, le serrer et le rentrer. A cet effet, le blanchisseur avisé *détend* le linge à repasser avant qu'il ne soit complètement sec, afin d'éviter le remouillage de ce linge. Il serre ce linge en poupées ou paquets, ou gerbes ; la tête des pièces en haut, et le tout enveloppé à l'aide d'un corps de chemise, de jupon, ou de tablier, et lié avec les cordons de celui-ci ou les manches de celle-là. Les draps sont *fraudés*, c'est-à-dire lissés sur la corde et pliés sur la couture, d'abord en deux plis et sur le travers, ensuite en deux autres plis. Cette plissure provisoire a pour but : d'éviter que le drap se chiffonne, après le séchage ;

de donner à ce drap un volume moindre pour son transport du séchoir à la lisserie, et aussi pour que le peu d'humidité qui se trouve encore vers la lisière, l'ourlet ou la couture, se répartisse uniformément dans toute l'étendue du drap fraudé, à l'intérieur duquel se trouvent renfermés justement cette lisière, cet ourlet et cette couture.

Les serviettes, torchons, nappes, mouchoirs, tabliers sont également *fraudés* ou mis en flots, c'est-à-dire que ces pièces sont placées l'une sur l'autre par série de quinze à vingt, puis serrées en masse en trois plis qui se recouvrent dans le sens de la longueur. Pour frauder des serviettes, par exemple, l'ouvrière blanchisseuse s'y prend ainsi : Avec la main droite, elle retire la serviette de la corde ou du support d'étendage qui la retenait, elle place ensuite l'une des extrémités, *la corne, le coin* de la serviette dans la main gauche et lissant et déridant la lisière avec les doigts et les ongles de la main droite, d'un ourlet à l'autre, elle secoue la serviette pour dérider la lisière du bas, place l'extrémité droite de la lisière dans sa bouche entre ses dents, le bras gauche tendu, et, d'un revers de la main droite, achève de lisser la serviette étendue sur sa poitrine, la serviette est alors maintenue à gauche par la main gauche tenant l'un des coins, et à droite par les dents de l'ouvrière serrant la lisière le plus près possible de l'extrémité droite.

Les tabliers *se fraudent* sur la ceinture, les taies d'oreiller sur le fond, et les nappes, comme nous l'avons dit pour les draps, mais avec un pli de plus ou de moins, suivant leur grandeur.

Le séchage du linge se fait dans la chambre chaude, le calorifère ou le séchoir à air chaud, comme sur le pré, avec cette différence qu'il demande plus d'habileté et de soin, car là l'ouvrière opère dans un emplacement réduit, au-dessus ou à côté d'objets dont le contact peut salir le linge qu'on vient de blanchir.

Il y a cependant une remarque à faire dans le séchage à l'air chaud. On ne doit jamais y laisser le linge se sécher trop ; car, contrairement à ce qui se passe à l'air libre, la fibre trop séchée à la chaleur d'un foyer quelconque, se brûle, se brise ou s'effrite, et se détruit rapidement.

Les quatre cinquièmes des pièces de linge mises hors de service avant le temps voulu, ne le sont que parce que la fibre en a été brûlée insensiblement de cette manière, pendant un ou plusieurs séchages dus au rayonnement d'un foyer quelconque.

On évitera donc de sécher trop le linge dans la chambre chaude ; mais on remarquera aussi que le linge séché ainsi n'est véritablement sec, que lorsqu'on ne voit plus aucun nuage de buée voleter alentour. Serrer le linge avec quelque peu de buée dans ses plis, équivaut à un véritable remouillage.

Le pliage. — Jadis on ramenait à la repasserie tout le linge séché en paquets, et une fois là, on le lissait en l'étendant et en le mouillant légèrement avec un *goupillon*, sur une grande table.

Maintenant l'*entablage*, c'est-à-dire la mise du linge sur une table, n'est plus qu'une formalité à demi-nécessaire pour le pliage.

Le linge à repasser en arrivant de la sécherie est simplement étendu sur la table, les pièces placées l'une sur l'autre dans le même sens, légèrement mouillées en certains endroits fripés ou trop séchés, et ensuite pliées d'une façon toute spéciale et provisoire.

Ce pliage, précédant le repassage, a le même but et les mêmes effets que celui que nous avons indiqué pour les draps à la sécherie.

Le linge qu'on ne repasse pas, tels que les serviettes, les torchons, les draps, les nappes, les tabliers droits, etc., est entablé à part. A part aussi, le linge à calandrer et à amidonner.

Les flots ou fraudes de serviettes sont dépliés et celles-ci sont étendues et placées l'une sur l'autre, sur la table de pliage, de telle sorte que tous les ourlets de gauche soient sur le même plan vertical, et la lisière de devant aussi sur un même plan vertical formant équerre avec le premier.

Le plieur se place contre ces lisières réunies et près de la table qui supporte le millier de serviettes entassées, et les plie, à la demande, *la marque en dedans ou la marque en dessus*. Dans le premier cas, il fait ses plis sans retourner la serviette, qu'elle soit à l'envers ou à l'endroit. Dans le second cas, ou bien si la serviette est en tissu damassé, il la retourne de telle manière que l'endroit soit en dessous et la marque à l'envers devant lui. Il commence ensuite le pliage de cette serviette en conduisant le coin de gauche le plus rapproché de lui jusqu'au tiers de la largeur, en rabattant, avec la main droite, le coin opposé sur le premier pli. Il en fait de même pour les deux coins de droite, et, prenant la serviette aux extrémités, il la délire dans le sens de la longueur, en passant dessus les mains à plat pour bien marquer les plis. Il achève de plier la serviette en faisant trois ou quatre plis dans l'autre sens, et en plaçant les lisières et les ourlets en dedans du premier et du dernier pli, si la marque doit se trouver en dedans de la serviette pliée, ou en les plaçant constamment dessus à tous les plis, si cette marque doit se trouver en dessus.

La serviette se plie en *livre* ou en *tuile*. En premier lieu, elle affecte, en effet, la forme d'un livre lorsqu'elle est pliée. On obtient cette plissure en rabattant le talon de la serviette, c'est-à-dire l'angle formé par le dernier pli, trois ou quatre fois sur les ourlets. En second lieu, la serviette pliée forme un carré presque parfait. On l'obtient en rabattant le talon, une fois ou deux suivant la grandeur de la serviette, sur les ourlets.

Les serviettes de toile unie ou à liteaux, ou à œils, sont ordinairement pliées en livre. Les serviettes damassées et les serviettes de toilette à nids d'abeilles et celles dites éponges sont le plus souvent pliées en tuile.

Les torchons sont *entablés* dans le sens contraire des serviettes, c'est-à-dire que le plieur a devant lui les ourlets et non les lisières. Le torchon se plie à la manière des journaux, les ourlets réunis par un premier pli, et à l'endroit, puis on rabat le talon ainsi formé sur l'ourlet dans le sens de la longueur, les lisières étant réunies ensuite par un nouveau et dernier pli dans le sens de la largeur.

Les essuie-mains et serviettes d'office ou d'usage spécial se plient comme les serviettes de table, sur la lisière d'abord et sur l'ourlet ensuite; mais on place à chaque pli : lisière contre lisière et ourlet contre ourlet, sans fausse plissure. Les draps sont pliés par deux personnes opérant ensemble sur le même drap. Elles réunissent chacune les coins les plus rapprochés d'elles, de façon à ce que les ourlets se joignent et que le drap forme pli sur la couture ou au milieu de la laize. On fait encore un pli dans le même sens, en rabattant le

talon formé sur les ourlets, on secoue et on étire fortement le drap que l'on achève de plier en rapprochant les
lisières, et en les pliant sur elles-mêmes trois ou quatre
fois dans le sens de la largeur du drap.

Les nappes sont pliées comme les draps, à cette différence près qu'on fait les premiers plis dans le sens de
la largeur, et les derniers dans le sens de la longueur.
Lisière contre lisière d'abord, et ourlet contre ourlet
ensuite.

Les tabliers sont pliés comme les essuie-mains, les
cordons repassés à part et enroulés autour de la pièce
pliée.

L'empesage et l'apprêt. — L'apprêt ordinaire ou cylindrage du linge ne se fait que sur le linge plat : draps,
nappes, serviettes, etc. Une caisse chargée roulant sur
des cylindres de bois qu'enveloppe le linge à cylindrer,
ou bien ce même linge, passant entre deux cylindres
tournant en sens contraire et se serrant l'un sur l'autre
par compression : voilà comment se fait le cylindrage
ou apprêt ordinaire du linge plat, linge de table damassé
surtout. Il est purement mécanique.

Quelques recommandations seulement sont nécessaires
à l'ouvrier chargé de cylindrer le linge. En plaçant le
linge entablé à l'avance et légèrement humecté dans
toutes ses parties, sur les rouleaux de la calandre, cet
ouvrier doit s'attacher à ce qu'il n'y ait aucun faux pli.
Il disposera les ourlets en gradins, de manière à ce que
le rouleau, une fois entouré de linge, ne présente pas
ici ou là de grosses épaisseurs qui en détruiraient la
rotondité. Par-dessus le linge, il place une toile très
propre appelée garniture et qui préserve le tissu de la
poussière et de tout accident.

On ne pliera pas immédiatement le linge qu'on vient de calandrer, on le laissera reposer quelques minutes pendant lesquelles il acquerra une plus grande fermeté.

L'apprêt de l'autre linge s'appelle aussi *amidonnage, glaçage et empesage*. L'empois le plus adopté est l'amidon de riz. Il est employé à chaud et à froid. La blanchisseuse dit, dans le premier cas, qu'elle apprête à l'empois cuit, et dans le second, à l'empois cru. Il n'y a aucune règle pour le dosage de l'amidon, et il ne peut y en avoir, par cette bonne raison que l'on dose toujours ce produit suivant la nature et l'épaisseur de la pièce de linge à apprêter, suivant aussi le degré de fermeté et de raideur qu'on veut atteindre. L'amidon *cuit*, pour employer ce terme, se prépare en faisant dissoudre de l'amidon dans l'eau douce et propre. On soumet le mélange à un feu vif en brassant continuellement, de manière à ce que l'amidon ne s'attache pas au fond du récipient. On forme ainsi une espèce de colle très adhérente et qu'on emploie à chaud après filtration. On devra frotter, soit avec une brosse imprégnée de colle d'amidon, soit avec les mains, les parties des pièces trop épaisses, doublées ou triplées, afin de bien faire pénétrer l'empois à l'intérieur du tissu, et de manière à ce que la fibre en soit comme enveloppée.

On empèse à l'amidon cuit les rideaux, housses, jupons de dames, peignoirs, bonnets, etc., et en général, toutes les pièces peu épaisses. Le linge ainsi empesé, est ressèché, puis *entablé*, comme il a été dit ci-dessus. L'amidon cru se prépare en faisant dissoudre de 200 à 500 grammes de cet amidon dans 3 ou 4 litres d'eau, suivant l'espèce de linge à apprêter. On empèse à l'*empois cru* en trempant dans la solution les parties du linge qu'il est nécessaire d'apprêter. On fait subir ensuite au linge une espèce de torsion, qui rappelle celle déjà décrite pour la mise au bleu.

Jadis, pour faciliter le repassage et le glaçage du linge, on mettait fondre dans l'eau d'amidon en préparation une véritable chandelle. Maintenant, on se contente d'y joindre la mousse d'un savon très pur et non caustique, ou bien on emploie un produit à glacer composé généralement de cire vierge, de gélatine et de blanc de baleine.

En règle générale, le glaçage s'obtient surtout par la pression et le frottement du fer; l'empesage ne venant qu'apporter sa rigidité au linge.

Indépendamment des facilités qu'ils donnent au glaçage et au repassage, les produits à glacer le linge dont nous parlons plus haut, servent aussi dans l'empois à alléger la matière, de manière à ce que le linge, lorsqu'il est repassé, reste ferme et souple à la fois.

Le repassage. — Le repassage du linge est un art qui tient trop à l'habileté, à la dextérité et à l'adresse de la femme qui l'exerce, pour qu'on puisse le renfermer dans les limites étroites d'une règle qui ne saurait d'ailleurs être absolue.

Il faut éviter de se servir de fers trop chauds qui brûlent le linge : le linge brûlé étant perdu sans remède aucun. On juge de la chaleur d'un fer à repasser en l'approchant de la joue. Le fer très chaud ne peut être employé que par une ouvrière habile qui le passe rapidement et légèrement sur le linge, et qui revient achever le repassage de celui-ci lorsque le fer s'est quelque peu refroidi. La repasseuse plie le linge en même temps qu'elle le repasse, son fer marquant chaque pli; mais, en général, ce pliage ne se fait que lorsque toute humidité a été chassée du tissu par le fer. Sinon, le linge après avoir été repassé, reprend cette humidité dans toutes ses parties; et le tissu se *délisse* ou se *réfait*, comme disent les blanchisseuses.

Les chemises d'hommes sont d'abord ébauchées par la repasseuse, c'est-à-dire repassées un peu partout et au hasard. Puis, sur une petite planchette ou sur un morceau de feutre ou de laine très épaisse, l'ouvrière repasse le col, le devant ou plastron et les poignets; puis, elle trace les plis du dos et des manches, et, ramenant celles-ci en dessous du plastron par un coup de fer, elle plisse les côtés et la braguette dont elle porte l'extrémité repliée sous le col et les manchettes.

Le *polonais* ou petit fer rond, sert à repasser les fonds de bonnets; le fer à branches ou fer à tuyauter sert à faire les tuyaux, et le fer à boule ou fer à bouillons sert à faire les coques dans les broderies ou crevés de toutes sortes. La poignée pour prendre le fer, le pied à bonnet, le pied à manche et le pied à bouillons, avec le porte-fer, et la sébille de bois garnie de son mouillon ou petit chiffon imbibé d'eau, complètent l'outillage spécial de la repasseuse.

MATIÈRES EMPLOYÉES ET TRAITÉES

DANS LES BLANCHISSERIES

I. — SELS DE SOUDE ET PRODUITS LESSIVIELS

Nomenclature. — Les différents produits ou matières premières employées dans le blanchiment et dans le blanchissage du linge, sont les suivants :

1° Les sels de soude ou lessives de soude et de potasse ; 2° les savons ; 3° les chlorures, eau de javel, etc. ; 4° les bleus d'azurage ; 5° l'amidon, le borax, la cire et autres produits à apprêter ; 6° Les sels d'oseille, les acides ou essences à détacher, etc., etc.

Nous avons consacré à chacune de ces substances un article spécial : nous allons donc examiner dans celui-ci tous les produits lessiviels ou lixiviels (les deux se disent) connus à ce jour.

Sels de soude. — La cendre de bois n'est plus employée pour le lessivage du linge. Cette matière lessivielle est certainement plus impure, moins propre au lessivage du linge, par conséquent, que la soude ou la potasse vendues dans le commerce comme produits lessiviels.

Les cristaux sont relégués au second plan.

Quant aux soudes naturelles, elles ont, depuis long-temps, par raison d'économie d'abord, et par les nécessités d'un dosage rationnel ensuite, fait place aux soudes artificielles, les seules dont nous avons à examiner ici la composition. Actuellement, les sels et lessives sont en nombre infini. Nous ne citerons que les principaux. D'abord, ceux fabriqués selon le procédé Leblanc (par réaction de l'acide sulfurique sur le sel marin).

Le sel de soude ordinaire ou carbonate de soude caustique, dont le prototype paraît être le produit fabriqué par les usines de Saint-Gobain, Chauny et Cirey. Cette fabrication se marque SSC ou SC, produit légèrement bleuté, très pur lorsqu'il est raffiné, c'est-à-dire lorsqu'on lui a fait subir plusieurs lavages successifs après la fabrication ; absorbe l'humidité et perd beaucoup de sa force alcaline, lorsqu'il est exposé à l'air ou dans un endroit humide, mais il augmente alors de poids. La société de Saint-Gobain fabrique aussi des sels de soude silicatés qu'elle vend au commerce sous la marque SSS. — Les sels bruts dits à fabrication, et par conséquent non raffinés, contiennent des sels de fer et de cuivre provenant de la transformation du sel marin en carbonate de soude. La présence de ces sels de fer et de cuivre, très préjudiciables aux tissus sur lesquels ils se précipitent pendant l'opération du lessivage, vient de ce que nos industriels qui fabriquent la soude suivant le procédé Leblanc, ont depuis une trentaine d'années, substitué la houille au charbon de bois dans leurs fours à fabrication.

Cette remarque s'applique à tous les carbonates de soude, mais spécialement aux carbonates préparés par les usines de Saint-Gobain, de Malétra, de Merle, etc.

Titres et analyses. — Les sels raffinés de Saint-Gobain ont quatre titres principaux qui sont :

Le 82-85 degrés alcalimétriques
Le 70-75   —   —
Le 60-65   —   --
Le 30-35   —   alcalimétriques, dits aussi cris-
    taux de soude.

(F. JEAN.)

Les plus employés dans le blanchiment, sont les sels du premier titre 82-85 degrés. Les 70-75 degrés et les 60-65 degrés sont, au contraire, très en faveur dans le blanchissage. Les lavoirs publics emploient de préférence les 82-85 degrés. Les buanderies particulières, dans les châteaux, couvents, communautés, etc., se servent surtout du sel du dernier titre le 30-35 degrés. Il va sans dire que, moins le degré alcalimétrique est élevé, plus le sel est raffiné, mais il contient alors une certaine quantité d'eau et de matières étrangères qui le rendent très onéreux. Le type moyen à 70-75 degrés donne à l'analyse les résultats suivants :

Carbonate de soude	64 »
Soude caustique	15 »
Chlorure de sodium	0,75
Sulfate de soude......................	traces.
Eau	17.50
Divers................................	0,75

(F. JEAN.)

Les usines de Malétra au Petit-Quévilly, près Rouen, fabriquent d'après les mêmes procédés, possèdent les mêmes types. Les cristaux de soude diffèrent de ces sels en ce qu'ils contiennent beaucoup d'eau, et pas ou très peu de soude caustique :

3*

    Carbonate de soude 34.22
    Sulfate de soude   2,54
    Chlorure de sodium   0,27
    Eau...............................   62.84
    Divers...........................   traces.

                                (F. JEAN.)

Les sels à fabrication contiennent :

    Carbonate de soude..................   70
    Soude caustique   19
    Chlorure de sodium   1
    Eau...............................   3
    Matières étrangères   7

                                (F. JEAN.)

Dans le cristal carbonaté on trouve :

    Carbonate de soude..................   82   »
    Chlorure de sodium   0,25
    Sulfate de soude...................   traces.
    Eau...............................   17,50

                                (F. JEAN.)

La soude moulée renferme :

    Carbonate de soude   80
    Eau...............................   10
    Divers   10

                                (F. JEAN.)

Les sels silicatés de Saint-Gobain se rattachent par
leurs titres alcalimétriques aux types précédents.

C'est d'abord le 70-75 degrés silicatés avec :

    Carbonate de soude   62
    Soude caustique   10
    Silicate de soude...................   15
    Eau...............................   8
    Divers.............................   5

                                (A. MÜNTZ.)

Les 60-65 degrés silicatés avec :

```
Carbonate de soude ..................    54
Soude caustique......................     8
Silicate de soude.... ...............    20
Eau.... ............................     18
```
(CARBONEL.)

Quand on voudra éviter toutes taches de lessive, provenant des sels de fer ou de cuivre contenus dans la soude, ou bien d'une trop forte proportion dans la quantité de soude employée, ou même encore d'un chauffage trop prolongé de la lessive, on se servira des 70-75 degrés silicatés.

Quand on voudra, au contraire, faire une lessive très dense, très colorée, on emploiera les sels 80-85 degrés raffinés ou à fabrication, suivant la qualité du linge qu'on aura à traiter. Le sel à fabrication à 85 degrés est ordinairement employé pour le lessivage du linge des hôpitaux, pour des torchons, chiffons, etc. Il est appelé dans le blanchissage *sel fort* ou *sel à torchons*. Le blanchiment et les lavoirs publics se servent plutôt du sel raffiné à 82-85 degrés, qui contient intimement mélangé au carbonate de soude de 15 à 20 parties de soude caustique.

Les lessives blondes ou de ménage s'obtiennent, lorsqu'il y a eu un essangeage complet du linge, avec des cristaux de soude, ou mieux, avec des sels silicatés ou non à 60-65 degrés.

Les sels de Malétra, de Merle, etc., ont à peu près la même composition et les mêmes titres que ceux de Saint-Gobain; cependant les sels Malétra sont plus riches en carbonate et moins en causticité que les sels de Saint-Gobain, tandis que les Merle ont le degré de causticité en exagération. Dans le blanchiment du coton, le Malétra est préféré aux deux autres : le Merle sert surtout à la fabrication de l'eau de javel et de certains savons ; le Saint-Gobain et le Malétra se partagent la clientèle des blanchisseurs de linge, et le premier est très en faveur parmi les blanchisseurs de toiles du Nord.

Sels Solvay. — Le carbonate de soude Solvay est remarquable par sa pureté. Il offre la composition suivante :

Carbonate de soude...........	99,632
Carbonate de magnésie.............	0,021
Carbonate de chaux	0,071
Alumine..................	0,009
Oxyde de fer..................	0,003
Chlorure de sodium..............	0,064
Silice de charbon	0,053
Eau..................	0,147

F. JEAN.

Le procédé Solvay diffère du procédé Leblanc — ce dernier vieux de près d'un siècle, — en ce sens que c'est l'ammoniaque qui sert à la fabrication au lieu et place de l'acide sulfurique [1]. On obtient ainsi un carbonate de soude beaucoup plus pur et à bien meilleur compte.

Mais la soude Solvay étant entièrement carbonatée, ne peut être employée sous cette forme à la préparation des lessives. Il faut donc la caustifier, soit avec un lait de chaux, comme dans le blanchiment ou dans la fabrication des savons, soit avec de la soude caustique, comme cela se fait dans le blanchissage.

Les usines de Solvay et Cie, à Warengeville-Dombasles,

---

[1] Voyez HALPHEN. *la Soude*. Paris, 1895.

livrent au commerce des sels caustifiés à différents degrés et à titres définis, qui sont d'un emploi fort avantageux, lorsqu'on s'en sert à doses convenables et qu'on tient compte de leur haut degré alcalimétrique. L'échelle des titres se rapproche beaucoup de celles arrêtées par les usines de Saint-Gobain, de Malétra et de Merle. Ce sont les 80-85 degrés, les 70-75 degrés, les 60-65 degrés peu ou point silicatés. Le type le plus en faveur est le 80-85 degrés vendu sous la marque FABB ; en voici la composition :

Carbonate de soude	80
Soude caustique	15
Divers	3
Eau	2

F. Jean.)

Ainsi qu'on l'expliquera plus loin, il faut employer ce sel avec une certaine modération, dans l'évaluation des quantités à introduire dans les appareils de lessivage, en cherchant à augmenter sans trop d'exagération, bien entendu, la quantité d'eau à saturer plutôt que le produit de saturation.

Les blanchisseurs qui emploient communément le sel Solvay caustique à 80-85 degrés FABB, en sont très satisfaits, mais recommandent, en termes de métier, *de ne jamais faire avec ce sel la lessive à courts-bouillons.*

Lessive Phénix. — Le sel Solvay neutre, anhydre, n'est employé dans le blanchissage que depuis une vingtaine d'années, et il n'a été employé que depuis la découverte d'une lessive à base de soude caustique, dont le phénix paraît être le prototype.

Il entre dans ce produit appelé lessive Phénix, qui

n'est véritablement qu'un mélange de diverses substances :

45 parties de carbonate de soude de Solvay.
13   —   de soude caustique.
20   —   de silicate.
 3   —   d'acide oléique.
 8   —   de résine.
 3   —   de *fucus crispus*.
 6   —   d'eau.

(F. JEAN.)

Cette lessive de soude caustique, venant se substituer aux sels fabriqués d'après le procédé Leblanc, eut un succès colossal chez les blanchisseurs, jusqu'au moment où MM. Solvay et Cie se mirent à caustifier leur sel carbonaté, et jusqu'à ce que les usines de Saint-Gobain, Malétra, etc, se missent à silicater le leur.

Une concurrence s'établit alors, et ce fut aux dépens de la qualité. L'analyse d'un échantillon de cette lessive nouvelle nous donna un jour :

Carbonate de soude...................... 40
Soude caustique.......................... 8
Silicate 25
Eau...................................... 22
Divers 5

(J. CORDONNET.)

Le *Fucus Crispus* et l'acide oléique, produits d'un coût très élevé, avaient disparu à peu près complètement de cette fabrication.

Le défaut reproché à la lessive du type Phénix de cette nouvelle manière, était l'exagération de la dose de silicate dans la composition.

Après le séchage, il se dégage du linge qui a été lessivé avec ce produit, une poussière blanche, d'ailleurs inoffensive, mais très désagréable, qui a fait dire à la clientèle que les blanchisseurs se servaient aujourd'hui de chlore, du fameux powder des Anglais, pour laver le linge.

On vend actuellement une foule de lessives à compositions diverses, parmi lesquelles nous citerons :

La soude dite « Salsonate ».

Carbonate de soude de Solvay ou Daguin.	50
Soude caustique......................	12
Silicate de soude.....................	20
Eau...................................	18

La lessive du « Génie ».

Carbonate de soude...................	50
Soude caustique......................	7
Silicate de soude....................	18
Savon en pâte à base de potasse caustique.	5
Eau.................................	20

Cristaux étrangers. — Il se fabrique en Belgique, en Allemagne et en Angleterre, des cristaux dits *mixtes* ou *Anglais*, qui sont vendus comme cristaux de soude, et qui contiennent jusqu'à 75 pour 100 de sulfate de soude cristallisé ; ceux d'une fabrique belge vendus en Hollande ont donné à l'analyse :

Carbonate de soude à 10 équivalents d'eau...	61,13
Sulfate de soude à 10 équivalents d'eau......	38,87

(F. JEAN.)

Ces cristaux sont obtenus en versant sur le sulfate de soude cristallisé une solution saturée de carbonate de soude qui se prend par le refroidissement, en formant une masse dure, à cristallisation confuse. Le blanchisseur, soucieux de ses intérêts doit repousser un tel produit, qui, s'il est absolument inoffensif à la fibre, l'est au moins autant à la crasse du linge, qu'il solidifie, au lieu de contribuer à la dissoudre et à la détacher des tissus.

Sels savonneux. -- Un produit lessiviel très employé dans les Pays-Bas, et qui a reçu le nom de *buanderine*, a la composition suivante :

Acide gras anhydre...................	53k,95
Ozokérite de cire de paraffine	12 23
Soude...........................	7 58
Sulfate ou chlorures alcalins.........	24 96
Eau.............................	1 26

(L. TIXOT.)

M. Van den Berghe, l'inventeur, dit : « Qu'avec ce produit, dans lequel *il ne fait entrer que des produits neutres à l'exclusion d'acides ou d'alcalins*, on peut effectuer n'importe quel lessivage en moins de trois heures de temps. Son emploi dispense, ajoute-t-il, de l'usage du chlore et de la potasse, ingrédients qui dévorent le linge ».

Il nous semble, malgré tout, que la présence de 24 kil. 96 de chlorures par 100 kilogrammes de matières lessivielles, ne doit pas concourir au raffermissement de la fibre. Cependant, si l'on opère en vase clos, en dehors du contact de l'air, on peut, sans danger, se servir de la « buanderine ».

Voici la manière dont on emploie *la buanderine* en Belgique et en Hollande :

On fait dissoudre 250 grammes de ce produit dans 50 ou 60 litres d'eau, dans une marmite quelconque, à double fond perforé; on place le linge dans la marmite sur le double fond, sans le tasser (environ 3 kilos de linge pesé sec pour les 60 litres d'eau) et l'on fait bouillir le tout pendant trente ou quarante minutes. Après ébullition on rince le linge à l'eau chaude, puis à l'eau froide, et le blanchissage est terminé.

Pour lessiver ainsi 500 kilogrammes de linge pesé sec, il faudrait une cuve (montée sur fourneau) d'environ $2^m,50$ de diamètre sur $2^m,50$ de hauteur, dans laquelle on introduirait 2,000 litres d'eau et 42 kilogrammes de *buanderine*. La dépense en charbon, pour atteindre l'état d'ébullition de 2,000 litres d'eau pendant quarante ou cinquante minutes, serait considérable. On voit, par ce simple rapprochement, que le savon appelé *buanderine* et sa méthode d'emploi ne peuvent convenir qu'à de petites exploitations.

Cristaux de soude. — L'emploi des cristaux de soude à faible titre était jadis considéré comme plus satisfaisant, en ce sens qu'on affirmait alors que la cristallisation aidait à l'épuration de la soude. C'est là une profonde erreur, car les cristaux de soude sont maintenant obtenus avec le carbonate de soude pur de Solvay, qui contient 96 parties sur 100 de carbonate de soude, et 4 parties seulement de matières étrangères. Sa cristallisation venant après dissolution dans une eau quelconque ne peut qu'en diminuer la pureté. Là où l'on cristalliserait la soude avec des eaux sulfureuses, par exemple, on produirait des sulfates qui ne viendraient pas augmenter la valeur industrielle des cristaux, au point de vue du blanchissage du linge, bien au contraire. Les cristaux de soude ne sont guère, pour cette raison, employés maintenant dans les blanchisseries.

Savon lessiveux. — On donne la composition suivante à un produit dit « savon lessiveux » :

Silicate de soude	200
Huile végétale	900
Graisse animale	300
Lessive de soude à 22 degrés	200

Il se fabrique ainsi : On prend 6 ou 700 kilogrammes de soude caustique qu'on fait dissoudre dans quatre fois son volume d'eau. Quand toute la soude est bien dissoute, on titre à 22 degrés, soit en ajoutant de l'eau, soit en ajoutant de la soude. Cela fait, on mélange intimement sur feu doux de l'huile végétale ou de la graisse animale fondue et les 2.000 kilogrammes de lessive de soude à 22 degrés.

Dès que toute la lessive a été absorbée, on continue à maintenir la masse à une légère ébullition, jusqu'à ce qu'elle se soit complètement liquéfiée, et l'on ajoute alors, en maintenant l'ébullition, 200 kilogrammes de silicate de soude à 36 degrés, que l'on jette par jets continus en brassant continuellement la masse à l'aide d'un redable. Tout le silicate ayant été versé, on diminue l'intensité du feu, de manière à arrêter l'ébullition, tout en maintenant une légère chaleur, et on laisse la matière en repos jusqu'à ce qu'elle se présente sous l'aspect d'un liquide huileux, transparent et d'une teinte légèrement ambrée, ce qui indique que le silicate (qui n'est employé ici que pour clarifier la masse savonneuse, s'est complètement déposé.

C'est ainsi qu'un fabricant de Beauvais a vendu ce produit lessiviel sous le nom de *Beauvaisine* pendant quelques années.

D'autres fabricants des environs de Paris, ont introduit dans le mélange ci-dessus une certaine quantité de carbonate de soude à 92 degrés, et en ont fait une pâte solide qu'ils ont coulée dans des mises, et vendue sous le nom de *savon à lessiver, savon sel, savon pour machines à laver*, etc.

Ce n'est jusque-là pourtant qu'un produit lessiviel, mais pas encore du savon. Aussi, le savon lessiveux subit-il encore, avant d'être livré aux consommateurs, plusieurs opérations que nous allons décrire brièvement :

On verse le liquide jaune, huileux, obtenu d'après le procédé indiqué, dans une chaudière spéciale munie :

1° D'un couvercle fermant hermétiquement ;

2° D'une ouverture latérale permettant l'introduction du liquide ;

3° D'un robinet inférieur d'écoulement ;

4° Enfin, intérieurement, d'un agitateur à hélice.

Lorsque toute la masse a été transvasée, on attend qu'elle commence à devenir pâteuse ; à ce moment on ferme hermétiquement le couvercle, et l'on introduit par l'ouverture latérale les matières suivantes :

Ammoniaque à 22 degrés........	130 kilogrammes.	
Essence de térébenthine épurée..	70	—

Et l'on brasse le mélange pendant dix minutes environ avec l'agitateur à hélice ; puis on laisse le savon se reposer pendant une heure avant de le couler dans les mises, où il ne tarde pas à se solidifier.

Le savon ainsi préparé est très ferme, d'un beau blanc rosé, et se dissout très bien en donnant une mousse très abondante. Il jouit, en outre, de propriétés détersives très grandes, sans altérer en aucune façon la fibre textile. On peut l'employer aux usages de la toilette, il est hygiénique, en ce qu'il dissout facilement toutes les impuretés organiques, tout en donnant de la souplesse et de la finesse à la peau. Mais, les résultats qu'il donne, en raison de l'énergie de ses propriétés détersives, pour le blanchiment et le blanchissage du linge, sont remarquables, et tels qu'on ne peut les obtenir par aucun des savons connus.

Il n'est pas de blanchisserie un peu importante qui, dans l'avenir, ne fera elle-même la fabrication des savons et des lessives qu'elle emploie, suivant le procédé que nous venons d'indiquer.

Le matériel est bien simple : il se compose de deux chaudières, l'une ordinaire, servant à la préparation de la lessive ; l'autre plus compliquée, munie d'un agitateur à hélice et d'un couvercle fermant hermétiquement avec ouverture latérale, pour l'introduction des matières, et robinet inférieur pour l'écoulement de ces matières.

Tout ceci ne coûte pas bien cher, et, le fabricant improvisé pourra, à son gré, varier sa fabrication, c'est-à-dire faire du savon mou en remplaçant la soude par de la potasse ; faire un savon jaune transparent en y ajoutant quelques kilogrammes de résine ou de colophane.

Déjà, deux grandes blanchisseries de Paris : la blanchisserie de Grenelle, qui appartient à M. Léon Édeline, et la blanchisserie de Courcelles, qui appartient à la société *La Rente foncière*, ont installé dans leurs usines une fabrique de savons. L'exemple est donné, la méthode connue : la pratique en deviendra bientôt générale. Ce savon lessiveux est indifféremment employé au lavage et au lessivage du linge, dans les petits appareils à lessiver, il réussit merveilleusement. Dans les grands appareils, il faut le renforcer avec quelques kilogrammes de carbonate de soude de Solvay.

Le prix de revient brut du savon lessiveux ne dépasse pas 20 francs par 100 kilogrammes. Il équivaut comme qualité au meilleur savon de Marseille, et dépasse en richesse le meilleur savon en pâte.

Fabrication des lessives. — Dans plusieurs blanchisseries, on prépare soi-même les sels ou lessives. Pour cela, on prend un bac en tôle, long de 2 mètres sur 1^m,20 de largeur, mais de 30 centimètres seulement de hauteur, et l'on prépare dedans le mélange des produits énumérés ci-dessous :

Carbonate de soude Solvay ou Daguin..	200 kilogrammes.
Silicate de soude à 30 degrés..........	35 —
Soude caustique dissoute dans l'eau et ramenée à 25 degrés	65 —

Préalablement, on a fait fondre dans un autre bac la soude caustique, et l'on ajoute de l'eau si on titre au-dessus de 25 degrés. Si on titre au-dessous, on augmente la proportion de soude caustique en conséquence dans le mélange.

Le carbonate de soude est étendu dans le bac de préparation, puis avec deux arrosoirs, l'un contenant du silicate de soude; l'autre, de l'eau saturée de soude caustique, on arrose le carbonate de soude simultanément de silicate et de soude caustique, pendant qu'un aide, muni d'un râteau, active et parfait le mélange.

Avec des pelles plates on écrase ensuite les mottes, on met le mélange sécher, et l'on emballe ensuite. On a préparé ainsi du sel de soude caustique variant entre

65 et 70 degrés, et dont le prix de revient brut ne dépasse pas 14 fr. 50 par 100 kilogrammes tout compris. Ce sel est excessivement pur et ne peut produire aucune tache de lessive. Sa préparation est à la portée de tout le monde. Il suffit d'acquérir un bac aux dimensions susdites, deux pelles plates, un râteau, deux arrosoirs et un autre petit bac pour faire fondre la soude caustique. On trouve également dans le commerce, en s'adressant aux principaux commissionnaires ou aux fabricants eux-mêmes, du carbonate de soude Solvay et Daguin, de la soude caustique et du silicate de soude.

Le sel obtenu par cette opération est l'équivalent de ceux vendus par le commerce à 23, 24, 25 francs, et plus, les 100 kilogrammes. Il a l'avantage d'être souvent plus pur et moins variable dans sa composition.

Titrage des sels. — Il nous reste à indiquer comment on s'assurera de la qualité des différents produits lessiviels. C'est ce qu'on appelle le titrage ou *analyse des sels*.

Le carbonate de soude CO^3Na était autrefois employé sous deux formes seulement : le sel de soude et les cristaux de soude.

Le sel de soude est, comme nous l'avons dit, un mélange de carbonate de soude et de soude caustique.

Les cristaux de soude contiennent dix équivalents d'eau de cristallisation, un peu de chrome et de sulfate de soude. Ils font effflorescence à l'air.

On les remplace maintenant de plus en plus par le carbonate de soude pur de Solvay (*sels Solvay*), sel anhydre ne contenant que des traces de chlorure et de sulfate insolubles.

Le dosage du carbonate de soude, sous quelque forme qu'il se présente, se fait par titrations à chaud, au moyen de l'acide sulfurique concentré. On a différents usages pour indiquer la force du carbonate de soude. En France, on l'indique par les degrés Decroizilles, qui marquent combien de parties d'acide sulfurique sont neutralisées par 100 grammes de carbonate de soude :

En Allemagne, on indique la richesse centésimale en carbonate de soude, tandis qu'en Angleterre on calcule la quantité de soude caustique, — Na^2O utilisable [1].

Nous allons maintenant indiquer deux modes de dosage de l'alcali libre à côté du carbonate de soude :

1° On titre avec l'acide sulfurique normal, en présence du bleu soluble de Poirrier, jusqu'à ce que la couleur rouge que détermine l'alcali libre tourne au bleu ;

2° L'autre procédé consiste à dissoudre 10 grammes de sel de soude dans un peu d'eau ; à ajouter du chlorure de baryum pour précipiter tout le carbonate et à mettre à 500 centimètres cubes ; on laisse déposer, on filtre et l'on titre 250 centimètres cubes avec l'acide sulfurique concentré en présence du tournesol. Un carbonate de soude pur, saturé par l'acide nitrique, ne se précipite, ni par le nitrate d'argent, ni par le nitrate de baryum, et il ne bleuit pas le ferro, ni le ferricyanure de potasse. En outre, lorsqu'on le dissout dans l'eau, on doit obtenir une solution claire, ne donnant à l'évaporation qu'un résidu insignifiant.

Dosage de la soude caustique. — La soude caustique est un liquide incolore qui marque, avant la cristallisation, de 15 à 38 degrés Baumé, suivant sa concentration. C'est un produit qui contient généralement beaucoup de

---

[1] *L'Agenda du Chimiste* publie différentes tables de proportions et compare entre eux ces différents titres.

sulfate et de carbonate de soude. Le sulfate se dépose si la soude est bien concentrée, en titrant la soude caustique par l'acide sulfurique fumant, jusqu'à la coloration rouge vineuse du tournesol.

Si l'on fait couler lentement la liqueur en agitant avec la baguette dans le même sens, on dose la teneur en alcali caustique. Si on chauffe à la suite, et qu'on ajoute à nouveau de l'acide sulfurique jusqu'à ce que la couleur de pelure d'oignon soit persistante, on peut doser l'alcalinité totale.

La différence entre les deux chiffres obtenus donne le nombre de centimètres cubes correspondants au carbonate de soude.

Comme impuretés, la soude contient également un peu d'alumine et de fer; si on l'acidule, et que l'on ajoute ensuite à chaud de l'ammoniaque en excès, l'oxyde ferrique et l'alumine se précipitent. Si l'on chauffe ce précipité avec la soude caustique pure, l'alumine passe dans la solution et l'oxyde de fer reste sur le filtre.

Titrage vulgaire du blanchisseur. — Dans la pratique de chaque jour, on se rend compte, par à peu près, de la valeur des sels et des lessives avec l'aréomètre Baumé, appelé aussi *pèse-lessives* (fig. 1), et qui, en effet, n'indique que la densité de la lessive ou du sel.

Cet instrument se compose d'un petit tube en verre creux, soufflé en boule vers l'extrémité inférieure; au-dessous de cette petite sphère creuse, il existe une autre cavité contenant du plomb, qui sert à lester l'aréomètre et à le faire tenir verticalement, lorsqu'il flotte dans un liquide.

L'intérieur de la tige renferme une bande de papier qui porte des divisions.

La construction des aréomètres est fondée sur ce principe d'hydrostatique découvert par Archimède : Un corps solide plongé dans un liquide quelconque perd une partie de son poids égale au poids du volume du liquide qu'il déplace. Donc, plus le liquide aura de densité moins l'aréomètre Baumé s'enfoncera, et, comme les divisions du tube vont de haut en bas, le niveau du liquide s'arrétera, par exemple, plus près de 15 que de zéro, sur l'échelle de l'aréomètre, si le liquide essayé est beaucoup plus dense que l'eau distillée.

Fig. 1.
Aréomètre.

Dans les blanchisseries, pour se rendre compte du degré des sels et lessives, on prend quelques échantillons qu'on pèse en bloc, et on les fait dissoudre dans de l'eau distillée à 0 degré qu'on a également pesée à l'avance.

Cinq grammes de sel de soude à 85 degrés complètement dissous dans 300 grammes d'eau, doivent marquer de 13 à 15 degrés à l'aréomètre Baumé. Si le sel ou la lessive que l'on essaie marque moins, on en fixe le degré en rapportant la différence.

Supposons que le sel essayé comme il vient d'être dit marque 8 à l'aréomètre Baumé, on fera le calcul suivant :

Si le sel 85 degrés marque 15 degrés, le sel à 1 degré marquera 85 fois moins ou en chiffres ronds $15 : 85 = 0,17647$, alors, autant de fois le nombre 0,17647, sera contenu dans 8, autant le sel essayé marquant 8 aura de degrés, soit :

$$8 : 0,17647 = 45°,333$$

Si le sel essayé, toujours à raison de 5 grammes par 300 grammes d'eau, marque 12 degrés à l'aréomètre, on aura :

$$\frac{15}{85} = 0,17647 \qquad \text{et} \qquad \frac{12}{0,17647} = 67°,85.$$

Cette méthode, la seule vraiment prompte et pratique pour le blanchisseur, ne peut toutefois donner que des appréciations douteuses et seulement approximatives. Elle ne permet pas d'affirmer tel ou tel titre à la lessive ou au sel essayé; mais elle permet au blanchisseur de se rendre compte suffisamment de leurs valeurs.

L'eau d'essangeage, au début, marque 2 degrés, à l'aréomètre Baumé. L'eau de lessivage à fin d'opération et refroidie doit marquer environ 3 degrés.

Malgré cela, ces chiffres varieront suivant la qualité du linge à traiter, et les quantités de matières étrangères, crasse, graisses, taches diverses, etc., qu'il contenait ou qu'il contient.

II. — SAVONS

Nomenclature. — Après les sels et lessives, la matière la plus employée dans le blanchissage et le blanchiment, en dehors des chlorures, est le savon.

On divise les savons en deux classes principales : les *savons durs* et les *savons mous*. Depuis quelques années on a modifié cette division, en séparant les *savons à base d'huiles végétales* et les *savons à base d'huiles ou de graisses animales* [1]. Le savon est le résultat d'une com-

---

[1] Voyez JULIEN LEFÈVRE, *Savons et bougies*.

binaison chimique, produite en traitant un corps gras, huile ou graisse, par une base salifiable telle que la soude, la potasse, la chaux, etc. Jadis, on distinguait les savons par la nature de la base salifiable, maintenant on les distingue surtout par leurs quantité et qualité d'acides gras qu'ils contiennent : ce qui nous semble plus logique.

Dans le commerce, on remarque plusieurs espèces de savons dont voici du reste la nomenclature :

Savons dits de Marseille. — Savons durs, d'huiles végétales ; savons unicolores, verts, blancs, savons marbrés, bleu vif et bleu pâle, à base de soude et de chaux.

Savons d'oléine. — Savons durs, d'huile ou de graisse animales ; savons unicolores, blancs, jaunes, noirs, verts ; savons marbrés rouge et marbrés bleu dits « écossais ».

Savons en pâtes. — Savons mous, d'huiles végétales ou de graisse animale ; savons noirs, bronze, transparents, verts, jaunes et blancs à base de potasse et de chaux.

Il existe encore plusieurs autres espèces de savons : la *buanderine*, le *savon liquide*, le *savon lessiveux*, etc., qui se rapprochent plus des lessives que des savons : nous les avons décrits à l'article précédent.

Savon de Marseille. — Les savons les plus connus et les plus employés sont les savons de Marseille, et parmi ceux-ci : les *savons blancs*, dans les ménages ; les *savons verts*, dans les teintureries et usines d'impressions et les *savons marbrés bleu pâle et vif*, dans les blanchisseries.

Dans ces dernières, on emploie aussi très fréquemment le *savon d'oléine* et les *savons mous à base de potasse*.

Les savons de Marseille les plus purs sont fabriqués avec de l'huile d'olive, traitée par des lessives de soude et de chaux.

On emploie pour cela des huiles de qualité inférieure appelées *recenses*. On caustifie d'abord la soude avec de la chaux éteinte ou hydrate de chaux, dans la proportion d'une demi-partie de chaux, contre une partie de soude, et dans 30 pour 100 d'eau.

Cette lessive marque ordinairement 18 à 25 degrés à l'aréomètre Baumé.

On mélange ensuite activement la lessive avec l'huile, *c'est l'empâtage*, qui se fait dans une chaudière chauffée à petit feu.

On a d'abord commencé le mélange avec de la lessive faible, puis avec de la plus forte, et enfin avec une forte lessive saturée de sel marin, en ayant soin de remuer continuellement le mélange avec un redable, c'est le *relargage*.

On laisse ensuite tomber le feu, puis on extrait le liquide qui est en excès, et qui n'a pu se mélanger, puis on procède *à la cuite* ou *coction* qui consiste à faire bouillir le savon avec de nouvelles lessives concentrées. A ce moment, le savon se présente sous une couleur d'un bleu foncé tirant sur le noir.

Pour obtenir le savon blanc, on délaye peu à peu la substance bleu noir obtenue avec des lessives faibles à une douce chaleur, et en l'agitant avec un redable.

Cette opération s'appelle *liquéfaction*. Le savon alumino-ferrugineux qui colorait la masse en bleu noir se précipite au fond de la chaudière pendant le refroidissement, tandis que le savon blanc surnage sur le dessus, et se solidifie bientôt. On le coule alors dans les mises.

Quand on veut, au contraire, faire du savon marbré, on agite la masse un peu avant le refroidissement complet en y incorporant une certaine quantité de lessive, et alors une partie du savon alumino-ferrugineux, d'un bleu plus ou moins coloré, se répand en marbrures et en stries dans la masse du savon blanc et s'y dépose pendant la solidification.

Depuis qu'on emploie des soudes artificielles absolument pures, ne contenant aucune substance se rapprochant de l'alumine de fer, le fabricant n'obtient plus que du savon blanc. On fait alors artificiellement la marbrure en bleu vif ou pâle, en jetant dans la masse une certaine quantité de sulfate de fer.

Le savon marbré bleu pâle, fabriqué dans des conditions normales est d'une composition mathématique. Il contient au moins 60 pour 100 de corps gras; et il ne peut en être autrement. La réussite de la marbrure ne constitue pas seulement un procédé de fabrication, elle offre, de plus, une garantie de la qualité, au point de vue d'une proportion d'eau invariable. Ce n'est pas tout : si la composition de ce savon n'était pas normale, la marbrure ne se produirait pas; et si la fabrication était défectueuse la marbrure serait fondue. On a, de là, deux garanties contre la fraude, puisque ce savon porte en lui-même le cachet et la preuve d'une fabrication loyale. C'est ce qui a fait le succès du savon marbré bleu pâle de Marseille.

Ainsi, tandis que les fabricants de bons savons unicolores sont obligés de désigner qu'ils garantissent 60 ou 70 pour 100 de corps gras dans leurs produits, afin, de les distinguer des autres, les fabricants de savons marbrés bleu se contentent d'indiquer, tout simplement,

4*

la qualité par leur nom gravé dans la matière sortant de leur usine.

Analyses du savon de Marseille. — Le savon de Marseille donne :

	le bleu pâle.	le bleu vif.
Eau	35 »	34 »
Acides gras	54,50	54 »
Soude	6,30	6,60
Sulfate, chlorure, et autres sels solubles.	2 »	2,50
Matières insolubles (fer, chaux, charbon .	0,20	0,30
Glycérine et autres matières non saponifiables	2 »	2,60

(MORIDE.)

On reconnaît un bon savon de Marseille lorsqu'il est, en coupe, marbré franchement d'un bleu pâle dont les tons extrêmes sont nettement tranchés. Coupé en copeaux, la marbrure doit se suivre et se poursuivre, comme on dit dans les blanchisseries, et le savon doit facilement s'effriter sous les doigts. Il doit, en séchant, se couvrir d'un épais manteau entourant la partie bleue. Ce manteau est d'autant plus épais que le savon est plus vieux et mieux fabriqué. Une coloration rose indique un mélange d'huiles ou bien un excès d'alcali. Le cube d'un morceau de bon savon doit rester à angles droits. S'il y a déformation en vieillissant, c'est que le savon contient de l'eau en excès. Si la surface se couvre d'une poudre blanche pulvérulente ou insoluble, c'est un savon talqué, c'est-à-dire un savon inférieur. Si le manteau est peu épais et la masse très compacte, on est en présence d'un savon dit mi-cuit, c'est-à-dire imparfaitement fabriqué. Les savons sans fraude sont ceux qui ne contiennent ni de l'*ajoute* (eau en excès) ni du talc (matières siliceuse, argileuse, terre à foulons, sulfate

de chaux, carbonate de chaux ou chlorure de sodium),
ni en trop grande quantité des huiles étrangères,
comme l'huile de coton, de palme, de coco, de sésame,
etc. Ces savons doivent, bien entendu, se rapprocher le
plus possible, à l'analyse, de la composition-type que
nous avons donnée ci-dessus.

Savons unicolores. — Les savons unicolores de Marseille sont obtenus de la même manière que les savons
marbrés, mais avec cette différence que la plupart sont
fabriqués avec le procédé dit à la petite chaudière, et
que la totalité de ces savons sont à base de carbonate
de soude neutre. La facilité avec laquelle les huiles
végétales se saponifient lorsqu'elles sont mises en contact
avec des lessives de carbonate de soude neutre, permet
d'obtenir, à peu de frais, des savons composés de 60 à 72
pour 100 de corps gras, mais elle a pour inconvénient
d'autoriser la fraude par des grandes ajoutes d'eau, et
par le mélange d'huiles étrangères à toute bonne fabrication. Les savons unicolores sont verts, jaunes ou
blancs. Les savons verts ou plutôt verdâtres sont très
employés dans l'industrie, dans la teinturerie, le blanchiment, etc. On prétend que leur couleur provient de
la pulpe des olives d'où l'on extrait l'huile servant à
leur fabrication.

Les savons jaunes sont aussi très estimés. On les
confond cependant avec les savons d'oléine avec lesquels
ils ont un certain lien de parenté. Quant aux savons
blancs de Marseille, ce sont surtout ceux qui se prêtent
le plus à la fraude, non seulement par des mélanges
hétéroclites d'huile de coco, de palme, de sésame, de
coton, etc., etc., mais encore par l'énorme quantité d'eau
qu'on y rencontre souvent.

On reconnaît le bon savon unicolore de Marseille à sa forme cubique, qu'il doit conserver le plus longtemps possible, à sa nuance foncée, mais toujours nette, qu'il doit avoir dans toutes ses parties, aussi bien celles qui sont en contact direct avec l'air que les autres. Sa surface ne doit pas se granuler en séchant, ni se couvrir d'une poudre blanche fort semblable au salpêtre. Il doit se dissoudre complètement, mais lentement, dans l'eau pure, sans former de grumeaux. On ne doit acheter que des savons qui ne se déforment pas, qui ne se contractent pas en vieillissant. En général, le savon de Marseille qui sèche le plus rapidement et sans se déformer est le meilleur savon.

Savons au lait de chaux. — Le savon unicolore manque généralement de causticité, le blanchisseur adroit sait lui en donner, en jetant dans la solution de savon un léger lait de chaux éteinte, ou bien encore une certaine quantité de soude caustique, préalablement dissoute dans l'eau, voire même du simple carbonate de soude caustique à 80-85 degrés.

Savons caustifiés. — On trouve dans le commerce de la soude caustique toute préparée, en canons de fer, qu'on fait dissoudre ainsi :

Dans un grand bac, on met, en eau, deux fois le volume de la soude à dissoudre, puis, on suspend celle-ci dans un panier en fil de fer au dessus du bac ; l'extrémité inférieure plongeant dans l'eau ; on couvre le bac, dans lequel on fait déboucher un tube de vapeur. De temps en temps on agite le panier. La soude caustique se dissout aussi à froid, mais l'opération est de beaucoup plus longue. A cet effet, on suspendra le panier au-dessus de l'eau qu'on fera tomber par un petit filet sur la soude caustique, de la même manière que les buveurs d'absinthe font fondre leur morceau de sucre, au-dessus du verre qui contient la liqueur verte.

Pour extraire la soude caustique de son canon en fer, on frappe sur celui-ci avec un lourd marteau, jusqu'à ce que l'enveloppe s'ouvre d'elle-même en une large brisure. On prend ensuite les morceaux de soude caustique avec une pelle, en ayant bien soin de ne pas la mettre en contact avec la peau ou les vêtements qu'elle brûlerait infailliblement.

Savons de Paris. — Les savons de Paris sont une espèce de savons durs, à base d'oléine, produits par des mélanges de sel de soude avec du suif, et toutes sortes de matières grasses animales, végétales ou minérales, desquelles on peut facilement séparer l'oléine de la stéarine. Ces savons sont fabriqués un peu partout, mais surtout dans les fabriques de bougies des environs de Paris, à Saint-Ouen, Clichy, Pantin, Saint-Denis, Puteaux, etc.

Ce genre de fabrication a pris une grande extension, et semble vouloir supplanter, dans le blanchissage et le blanchiment, la savonnerie Marseillaise. On ne peut pas dire que ses produits sont de meilleure qualité que ceux de Marseille, ni d'un emploi plus facile. Mais ils sont de beaucoup meilleur marché, et certaines savonneries arrivent à leur donner une qualité égale au savon de Marseille, tout en maintenant une notable différence dans le prix de revient.

Nous avons obtenu dans une usine du Près-Saint-Gervais un savon contenant 50 pour 100 d'acides gras, au prix de revient de 14 francs les 100 kilogrammes, tandis qu'à ce prix, il est difficile d'obtenir un savon acceptable, fabriqué d'après les procédés marseillais.

Les blanchisseries de Courcelles et de Grenelle, à Paris, les teintureries Thuillier et Virard, à Darnetal, près Rouen, de M. Hallu et de M. Marchal, à Boulogne, et bien d'autres usines, fabriquent elles-mêmes leur savon, en utilisant la soude caustique, l'oléine, la résine, l'ammoniaque, l'essence de térébenthine et la colophane.

Avec de certaines huiles de poissons, et même avec l'huile de ricin, on fait un grand nombre de savons vulgaires destinés aux usages domestiques, tels que les savons bronze, le savon minéral, dans la pâte duquel on a introduit une certaine quantité de grès pilé, le savon ponce (même procédé de fabrication), le savon noir dur et les savons marbrés dits écossais. La marbrure de ceux-ci s'obtient en rouge, en bleu ou en vert, avec de l'ocre ou du sulfate de fer, ou bien encore avec une eau de bleu d'outre-mer ou de vert d'outre-mer, jetée pendant l'empâtage.

On reconnaît les bons savons de Paris à leur parfaite saponification, dont on a la preuve absolue en les faisant dissoudre dans l'eau douce : s'il reste beaucoup de matières insolubles, le savon est mauvais ; s'il présente, au contraire, une dissolution homogène, onctueuse, le savon est bon. Quant à leur tant pour cent d'acides gras, ce n'est que par l'analyse qu'on arrive à le découvrir. Cependant, là, comme ailleurs, le savon qui ne se déforme pas trop, qui ne dégage aucune mauvaise odeur en vieillissant, et qui, surtout, présente une pâte ferme, onctueuse au toucher, d'une teinte absolue, sans aucune solution de continuité, est généralement un produit de bonne qualité, démontrant, jusqu'à preuve du contraire, une fabrication honnête et loyale.

Analyses des savons unicolores. — Voici des analyses se rapportant aux savons unicolores :

Échantillon de savon vert de Marseille dit à base d'huile de pulpes d'olives :

Eau...............................	29,80
Acides gras........................	63,60
Alcali combiné....................	6,50
— libre.........................	0,10
Sur..............	100 parties.

(MORIDE.)

Échantillon de savon blanc jaune de Marseille, de la maison Anastay et Daumas :

Eau...............................	18,76
Corps gras, acides et autres..........	71,09
Alcali combiné....................	10,15
— libre.........................	traces.
Sur..............	100 parties.

(FLEIN J.)

Échantillon de savon blanc de la maison Jounet marque « A la Grappe de raisin » :

Eau...............................	33,60
Acides gras (huile d'olive seule).......	59,40
Soude	6,68
Sels divers solubles.................	0,32
Sur..............	100 parties.

Échantillon de savon blanc ordinaire de Marseille marque « 000 » :

Eau..	33,20
Acides gras { huile d'olive 1 3 et huile d'arachide 2 3.......	59 »
Soude..	6,80
Sels divers solubles..............	1 »
Sur.............	100 parties.

Échantillon de savon blanc mousseux :

Eau..	30 »
Acides gras { huile d'arachide 1 3, de coton 1 3, de coprah de palmiste et de coco 1 3	61,90
Soude..	7,42
Matières diverses..................	0,68
Sur.............	100 parties.

Échantillon de savon d'oléine :

Eau..	17,30
Acides gras oléine de suif...........	67,30
Soude..	10,90
Rendu......................................	4,50
Sur.............	100 parties.

Échantillon du savon de palme :

Eau..	24,80
Acides gras................................	61,20
Alcali libre..............................	8 »
— combinée........................	1,70
Matières étrangères insolubles........	1,30
Partie insoluble dans l'alcool........	3 »
Sur.............	100 parties.

Échantillon savon huile de coton :

Eau..............................	19,90
Acides gras.......................	55,20
Soude libre.......................	8,60
— combinée	2,80
Sels étrangers....................	3,30
Matières insolubles...............	10,20
Sur...............	100 parties.

Échantillon savon blanc à bon marché :

Eau..........................		32,10
Acides gras	huile de palme, de coton et de coco	48,40
Alcali libre.......................		11,20
— combinée....................		8,30
Sur...............		100 parties.

(MORIDE.)

Savons marbrés de Paris, dits *écossais :*

	marbré rouge.	marbré bleu.
Eau	27,10	28 »
Acides gras...............	65,52	64,26
Soude combinée..........	5,28	5,12
Impuretés	2,10	2,62
	100 »	100 »

(MORIDE.)

Savons à bon marché. — Le chef d'une très grande savonnerie de Salon, près Marseille, M. Edouard Deiss nous a écrit sur ce sujet les quelques lignes suivantes :

« Il est indiscutable qu'un savon riche est plus avantageux pour le consommateur que les produits de qualité inférieure, très tentants par les apparences. Il faut bien un peu de réflexion pour ne pas se laisser séduire; mais réfléchit-on toujours? »

Le choix du consommateur devrait se borner aux quelques produits riches que peut lui livrer l'industrie; or, j'appelle *savon riche*, le savon cuit et tiré sur gras « le produit franc et loyal, dégagé même des impuretés inhérentes aux matières employées », ainsi que le dit Jules Roux produit qui ne contient plus alors que son eau de constitution normale, soit 30 à 31 pour 100 et 5 à 6 pour 100 d'alcali combiné. Sa richesse en corps gras est donc de 64 pour 100 environ.

D'une façon générale, on peut avancer qu'un savon riche, de bonne fabrication et neutre, répond à peu près à tous les besoins, convient à tous les usages. La neutralité est un indice de bonne fabrication.

Le teinturier doit l'exiger pour la parfaite conservation de ses couleurs; le dégraisseur aussi l'exigera, même s'il n'a pas affaire à des étoffes de couleur attaquable par les alcalis caustiques des carbonatés, parce qu'il peut ajouter de ces sels ce qu'il croit utile à la dissolution savonneuse pour en obtenir le maximum des propriétés détergentes qu'il recherche. Sous cette forme, les sels sont évidemment à meilleur marché que ceux renfermés à l'état libre dans le savon, et vendus au même prix que lui, alors qu'ils valent en réalité beaucoup moins.

Le blanchiment à la main surtout, doit condamner les sels libres dans le savon, car l'épiderme se ressent désagréablement des alcalis caustiques ou non. Dans les eaux très calcaires seulement, l'usage des savons alcalins est indiqué.

A côté des savons *purs cuits* dont nous venons de parler, se place le *savon cuit à l'augmentation* (54 à 57 pour 100 de corps gras), qui est au pur ce que la piquette est au bon vin. La fabrication en est la même que pour les premiers, mais avant d'opérer le coulage en mises, on lui a fait subir une manipulation spéciale, ayant pour but de lui faire absorber un excédent d'eau.

C'est cet excédent d'eau qui permet au fabricant de satisfaire aux prétentions des négociants tout d'abord, et des consommateurs ensuite, qui veulent toujours du bon marché et se rendent bien peu compte de la qualité.

La fabrication des *savons à l'augmentation* a pris un développement considérable.

C'est bien regrettable, puisqu'elle augmente les frais généraux (fabrication, transport et emballage) du fabricant, en diminuant la valeur de ses produits. Si l'on en était resté là, le mal n'aurait pas été bien grand. La fièvre du bon marché et aussi la cupidité insatiable, ont fait surgir partout des produits variant à l'infini comme richesse et comme composition. Les savons durs d'empâtage (mi-cuit, à froid, etc.), mélangés d'huile et de lessive, doivent être considérés dans les annales de la savonnerie comme un retour en arrière, « un pas rétrograde fâcheux dans la fabrication des savons durs » (Batard). Ces dernières années surtout, cet article a pris une extension énorme.

L'huile formant la base de ces savons (coco, coprah, palmiste), ayant la propriété d'absorber et de retenir d'énormes proportions d'eau, on peut arriver, suivant les besoins à des rendements fantastiques. Comme cependant il y a une limite à tout, même à l'eau dans le savon, il ne faut pas expliquer le bon marché incessant de ces produits inférieurs, que par le recours aux matières inertes, plus ou moins habilement introduites pendant la préparation (talc, fécule, alunamite de soude, etc. etc.). Nous en avons analysés qui n'avaient pas 30 pour 100 de corps gras, encore que de très belle apparence.

Savons mous. — Les bons savons mous sont fabriqués à l'aide d'un mélange d'huiles végétales, l'huile de chénevis en particulier, avec des sels de potasse.

Il convient, hors de certains cas particuliers, de les comprendre dans la série des savons pauvres et, par conséquent, moins avantageux.

Du reste, la facilité avec laquelle on peut incorporer des matières étrangères au *savon mou* sans modifier sensiblement son aspect, a favorisé la fraude, et aujourd'hui on trouve dans cette sorte de savon du sulfate de soude, de l'alun, du sel marin, du sulfate de baryte, du verre soluble, de la colle forte, de la gélatine, de la fécule, du sang, etc. (Wurtz).

Cependant le savon mou, malgré ses défauts, est encore très employé à cause de sa solubilité supérieure et de son action détergente, qu'il tient de la potasse servant à sa fabrication. Celle-ci, dont nous dirons un mot, a beaucoup d'analogie avec la fabrication des savons durs. On commence par mélanger les huiles s'il y en a de différentes sortes, huile de baleine ou huile de graines de chénevis, d'œillette, de colza, etc. Dans un autre récipient, on prépare trois sortes de lessives de potasse, l'une à 40 degrés, l'autre à 20 degrés, et la troisième a 18 degrés. On fait ensuite bouillir à feu doux les huiles dans des chaudières de fer de moyennes dimensions et à fond conique, avec des lessives de potasse que l'on y introduit à trois reprises différentes, en commençant par la plus faible en degré.

Quand le mélange est bien homogène et demi-transparent, on le cuit pour en chasser l'excès d'humidité, après quoi on le coule dans des tonneaux pour le livrer au commerce. Les savons mous ont à peu près la consistance du miel. Ils sont transparents ou translucides, mais on les rend ordinairement opaques en introduisant 10 pour 100 de graisse animale dans le mélange d'huile. Il y en a des verts et des noirs. Les premiers sont faits avec des huiles jaunes, et l'on y ajoute vers la fin de la coction, un peu de dissolution d'indigo. Les seconds sont fabriqués avec de l'huile de chénevis qui leur communique cette teinte noire. Mais les savons mous étant fabriqués le plus souvent avec des mélanges d'huiles, où n'entrent que pour peu d'huile de chénevis et les huiles jaunes, on les colore artificiellement, soit avec du sulfate de cuivre, soit avec du sulfate de fer, de la noix de galle et du campêche.

Les savons de potasse sont beaucoup plus caustiques que les savons de soude ; leur solubilité est très grande, et ils sont fort employés par les foulonniers pour cette seule raison. Ils ont le défaut de contenir beaucoup d'eau et de retenir, pendant la fabrication, une grande partie des impuretés de la matière grasse, de telle sorte que les savons à base d'huile de poisson, sentent toujours mauvais, et communiquent ce goût aux objets avec lesquels ils sont mis en contact ; de plus, les savons mous dans lesquels il entre du suif, de l'huile minérale, des détritus d'abattoirs, ou les déchets des raffineries d'huiles et de pétrole, non seulement sentent aussi mauvais, mais ne sont jamais complètement saponifiés, et laissent à la dissolution quantité de matières étrangères nuisibles au blanchissage comme au blanchiment.

Analyse des savons mous. — Les savons mous purs présentent à l'analyse :

	Première marque.	Deuxième marque.
Eau	35,80	49,10
Acides gras	52,10	39,53
Potasse	6,63	7,20
Sulfate de potasse	4,23	3,10
Chlorure de potassium	1,24	1,07
Totaux	100 »	100 »

E. DEISS.

Les savons chargés du nord de la France, ainsi que ceux fabriqués dans la saison d'hiver, se composent en première marque :

Eau	42,600
Acides gras	36,750
Potasse combinée	6,398
Carbonate de potasse libre	5,369
Glycérine	1,600
Matières organiques insolubles dans l'eau résine, alun, sulfate	4,100
Sels minéraux	2,533
Divers	0,650
Total	100 »

E. DEISS.

Le savon mou de Belgique a une composition hybride, qui se rapproche de nos savons de Paris à bon marché :

Eau	34 »
Acides gras	35 »
Potasse caustique	4 »
Soude caustique	0,47
Carbonate de soude	2,60
Glycérine	2 »
Chlorure de potassium	0,76
Sulfate de potasse	0,57
Résine	5 »
Fécule	3,50
Silicate à 15 0/0 de silice	12,10
TOTAL	100 »

E. DEISS.

On reconnaît mécaniquement un bon savon mou, lorsque la pâte est partout semblable dans la masse, sans solution de continuité. Le savon doit être d'un rouge brun, et plus il est transparent ou simplement translucide, meilleur il est. S'il ne contient pas de soude, mais bien de la potasse sans excès de résine, plus il sera consistant et homogène, et meilleur il sera. L'excès de résine se reconnaît au toucher et à la solubilité du savon. La présence de la soude est plus difficile à reconnaître à vue d'œil, sans l'emploi des appareils et des réactifs du laboratoire ; néanmoins, on voit qu'un savon mou est chargé de soude, lorsqu'il ne se dissout pas rapidement dans l'eau froide ou tiède, et surtout à son défaut de causticité. Les savons mous les plus renommés sont ceux fabriqués par la maison Jacotin-Binoche, de Billancourt (Seine) et qui portent les marques de *Savon Mennel* n° 1, *Savon Barbaut* n° 2, n° 3, n° 4, *J. B.* n° 5, n° 6 et n° 7. Nous avons toujours recommandé le savon J. B. n° 5 pour les blanchisseurs. Ce savon est exempt de fraude et d'*ajoute*, suffisamment caustique et très pur.

Le savon mou peut être très utile, et rendre de grands services dans le blanchissage des torchons et pièces de couleur bon teint. On prépare aussi, avec ce savon, des lessives d'essangeages, lorsqu'on manque de vieilles lessives.

En résumé, le blanchisseur ayant une foule d'étoffes de diverses natures à traiter, devra utiliser tout à la fois :

1° Le savon de Marseille bleu ou blanc ou le savon de pulpes ;

2° Le savon d'oléine pour les gros ouvrages ;

3° Le savon mou J. B. n° 5 pour l'essangeage, le lessivage et le lavage du linge très sale.

Savon naturel. — On nomme ainsi la terre à foulons appelée aussi glaise verte ou terre argileuse, qu'on trouve un peu partout. Ce fut le premier savon du monde, et il est encore très employé, non seulement chez les peuples primitifs, mais encore dans la grande industrie des pays civilisés.

A ce point de vue, il mérite une description spéciale. La glaise verte ou jaune (mais la verte est préférée), nettoie rapidement et complètement toute espèce de lainage, tous les coutils écrus et de couleur dont l'usage est général.

Les blanchisseurs de couvertures de laine et de coton s'en servent journellement. Il en est de même des épurateurs de literie et d'étoffes d'ameublement : rideaux, tapis, housses, ainsi que ceux qui traitent du blanchissage et du dégraissage des vêtements de laine, de drap, de coutil, de flanelle, de coton et de soie de fantaisie. Ces objets sont parfaitement lavés et dégraissés avec le savon naturel. Mieux que cela : on a vu des vêtements de prix dont la couleur primitive avait presque entièrement disparu sous les taches de graisse, reprendre la netteté et l'éclat du neuf en moins de dix minutes, par le procédé suivant qui nous servira de guide pour la préparation du savon naturel :

On fait détremper la terre glaise dans un peu d'eau pendant un quart d'heure.

Pour le dégraissage d'un vêtement complet, en drap par exemple, on délaie 2 kilogrammes de terre glaise environ par litre d'eau, et on répand cette espèce de purée sur les vêtements à dégraisser, que l'on a placé dans un baquet. On ajoute peu à peu de l'eau au fur et à mesure qu'elle est absorbée par les étoffes. Puis, quand l'étoffe est bien imprégnée sans être noyée dans le liquide, on la pétrit comme s'il s'agissait d'un savonnage ; au bout de quelques minutes, on rince les vêtements à grande eau et on les retire parfaitement nettoyés. Les coutils ne conservent les nuances de neuf que par ce moyen bien connu des dégraisseurs. Ceux-ci cependant, au point de vue industriel, ont apporté quelques modifications au procédé qui précède. Les vêtements de laine sont imprégnés comme il vient d'être dit, puis on les met dans une machine à laver, dans laquelle il y a une forte batte. La machine subit une rotation qui permet à la batte de remplir le même office que le battoir de la laveuse, tandis que les parois, enroulant les étoffes sur elles-mêmes, jouent un rôle semblable à celui qu'opèrent les mains de cette laveuse. C'est du reste la machine à foulons dont on trouvera le dessin plus loin au rang des machines à laver.

Le procédé ancien, pour l'usage du savon naturel, était de laisser les étoffes séjourner dans le bain d'eau et de glaise, préparé comme il est dit plus haut, au fond d'un baquet.

Puis, de temps en temps, on frappait l'étoffe avec de gros pilons de bois en la tournant et retournant sur toutes ses faces. Quelquefois les foulonniers s'aidaient encore de leurs pieds nus, trépignant sur les vêtements à blanchir, tout en les pilonnant avec les mains nanties de gros pilons de bois. Ainsi, on le voit, le lavage des laines et des vêtements de toutes sortes est à la portée de tout le monde. Il suffit d'avoir un baquet, de la terre glaise, un battoir et de l'eau pure pour le rinçage. Le reste n'est qu'une question de temps. Cependant, ce lavage à l'aide de la glaise n'est vraiment économique que lorsqu'on opère dans de grands appareils perfectionnés, et sur une grande quantité d'étoffes à la fois. La glaise est donc un savon et surtout un savon économique, à la condition toutefois que les marchands ne vous le vendent pas, et ne vous le fassent pas payer au prix du savon fabriqué.

On sait, du reste, que c'est un des moyens de fraudes le plus ordinairement appliqué par certains savonniers peu scrupuleux.

Savon pur. — Avant de clore cet article, il nous faut expliquer les principes de fabrication, adoptés en vue de l'usage qu'on doit faire de ces produits dans l'industrie du blanchissage, du blanchiment et du dégraissage.

Pour désigner la richesse d'un savon, a dit M. Édouard Deiss, on se sert de plusieurs expressions plus ou moins exactes. — A notre avis, on devrait s'en tenir, d'une façon absolue, à la dénomination indiscutablement vraie de *corps gras combiné* et laisser entièrement de côté, entre autres, la désignation de *tant pour cent d'huile* qui ne signifie pas grand'chose, ainsi que nous l'allons démontrer. La première définit bien la quantité de corps gras contenus dans le savon et dosables à l'analyse chimique. L'autre, très vague, définit la quantité d'huile soi-disant employée, pour obtenir 100 kilogrammes de savon.

Or, le rendement des huiles en savon est fort variable, et tient à des causes multiples : en première ligne, à la proportion de glycérine. La glycérine s'éliminant, ainsi qu'on va le voir tout à l'heure, dans la saponification, une huile neutre, par exemple, qui a toute sa glycérine, aura moins de rendement en savon qu'un corps gras entièrement acide ou rance. C'est pour cela, du reste, que nos savonniers les plus habiles prennent de préférence les huiles inférieures, et les gardent le plus longtemps possible en magasin, exposées à l'air, avant de les soumettre à toute manipulation.

La saponification est, en effet, la substitution, dans une combinaison, d'un oxyde métallique (soude, potasse, etc.) à de la glycérine anhydre, existant dans la première combinaison pour former un nouveau sel à base métallique, la glycérine ou base primitive étant mise en liberté.

Ceci revient à dire que l'huile est un sel, une combinaison d'acides gras (stéarique, margarique, oléique) avec de la glycérine anhydre, et que le savon est un nouveau sel, dans lequel l'oxyde métallique a pris la place de la glycérine.

Dans la saponification il s'est opéré un échange de base, si nous voulons bien considérer la glycérine comme base.

La proportion de glycérine dans un corps gras quelconque n'est pas invariablement la même ; elle suit une échelle de 0 à 10 et même plus, suivant sa nature et son degré de transformation. Il en résulte qu'il serait prétentieux de dire d'un savon qu'il contient *tant d'huile*.

Cette appellation est inexacte, avons-nous dit ; il faut ajouter qu'elle est trompeuse ; elle induit en erreur bien souvent l'acheteur, qui ne possède pas toujours suffisamment des notions techniques en la matière. Un savon de 64 pour 100 de corps gras combinés, peut avoir nécessité 65 ou 70, voire 72 pour 100 d'huile, en quoi cela peut-il intéresser le consommateur ? Le négociant qui achète du vin à un propriétaire, ne lui demande pas combien il lui a fallu de raisins pour produire un hectolitre de vin, — ce qui lui importe peu en vérité — ; mais il s'enquerra du degré alcoométrique, de la quantité d'extrait sec, du lieu et du plant de production.

La vérité vraie est tout ce qu'il faut exiger ; c'est, du reste, ce que l'analyse seule détermine. Le chimiste n'a pas à se demander qu'elle pourrait être la richesse, en corps gras saponifiables, de l'huile employée, mais seulement la richesse effective — celle qui se pèse — du savon, en corps gras. Le consommateur ne saurait être trop éclairé sur cette question. Combien en est-il qui en tiennent encore pour leur 70 pour 100 ou 72 pour 100 d'huile, et méprisent les produits à 64 pour 100 de corps gras. On leur fera difficilement croire que ces derniers sont aussi riches que ceux qui ont nécessité 70 ou 72 pour 100 d'huile, et qui en portent triomphalement la marque pour arriver au même dosage final. C'est pourquoi, presque tous les fabricants ont conservé cette appellation fausse, trompeuse, de richesse en huile. Dans ce qui précède, nous avons dit qu'une huile neutre est plus riche en glycérine qu'un corps gras acide. Il nous convient de l'expliquer; et ici le lecteur nous pardonnera une courte digression dans le domaine de la chimie.

La matière grasse neutre est le produit animal ou végétal pur, n'ayant subi aucune altération, soit par l'oxygène de l'air, la température, le milieu ou la surface qu'il occupe, la lumière, etc. C'est un éther de la glycérine considéré comme un alcool triatomique.

$$C^3H^5(OH)^3$$

Ainsi l'oléine, l'élément principal des huiles d'olive, est un trioléate de glycérine ou trioléine; la stéarine, le principe des graisses est, au contraire, un tristéarate de glycérine ou tristéaride, et peut être représenté par :

$$C^3H^5(O.C^{18}H^{35}O)^3$$

En présence d'un hydrate alcalin, la lessive de soude caustique, par exemple, ce dernier éther ou corps gras neutre, se décompose en glycérine et en stéarate de sodium ou savon.

En voici l'équation :

$$C^3H^5(O.C^{18}H^{35}O)^3 + 3NaOH =$$

tristéarine   lessive de soude

$$C^3H^5(OH)^3 + 3(C^{18}H^{35}O.NaO)$$

glycérine   tristéarate de sodium ou savon

Les matières grasses employées dans les savonneries sont donc un composé éminemment variable de trisléate, tristéarate, trimargarate et tripalmitate de glycérine. Ces éthers, suivant leur proportion, donnent une saponification plus ou moins ferme. Les stéarates margarates et palmitates produisent des savons très durs ; les oléates, au contraire, des savons presque mous, très onctueux au toucher, à pâte longue et transparente. Suivant les usages, on doit donner la préférence à l'un ou à l'autre. Pour le lavage à la main, le savon dur vaut mieux, parce qu'il résiste au frottement, et ne s'en va pas par parcelles, adhérant au linge. En dissolution, au contraire, le savon *oléineux* doit être préféré, parce qu'il est plus soluble.

Les corps gras neutres sont loin d'être les seuls employés en savonnerie ; au contraire, on leur préfère les produits acides ou rances, à cause du bon marché d'abord et du rendement ensuite.

En vertu de ce qui précède, les huiles ou graisses, perdent, déchètent d'autant moins dans la saponification qu'elles sont plus acides. C'est ce qui nous permet de dire que le savon à 70 ou 72 pour 100 d'huile est très rare ; on est plus dans la vérité en parlant d'un savon à 65 ou 68 pour 100 d'huile, mais où l'on est tout à fait dans la vérité, c'est lorsqu'on ne nomme que le corps gras combiné, c'est-à-dire celui que le chimiste dose par la pesée.

Les savons riches, ceux absolument purs, n'ayant *subi aucune manipulation étrangère à la fabrication*, devront donc contenir environ 64 pour 100 de corps gras combiné. Cependant, les savons séchés à l'étuve ou vieillis en magasin, dépassent un peu cette moyenne pour atteindre quelquefois jusqu'à 70 pour 100.

III. — CHLORE, CHLORURES, EAU DE JAVEL, etc.

Chlore. -- Nous avons expliqué comment on obtenait le gaz chlore servant au blanchiment et au blanchissage [1]. Nous avons parlé aussi, de l'importance et du succès de la découverte de Berthollet, ainsi que de la fabrication industrielle du chlorure de chaux et de soude, due à Ch. Tenant, et qui datent d'environ un siècle.

Le procédé de Ch. Tenant consiste en une chaudière en plomb, dans laquelle il introduisait le péroxyde de manganèse, du sel marin et de l'acide sulfurique. On chauffe en agitant le mélange en vase clos, et le gaz chloreux se dégage par un tube partant de l'extrémité supérieure de la chaudière, et aboutissant à une grande caisse, dans laquelle se trouve une certaine épaisseur de chaux hydratée, qu'on remue de temps en temps avec un râteau ; mais disposée de telle sorte que l'air extérieur ne puisse pénétrer dans la caisse. On obtient de cette façon un chlorure de chaux sec, mais contenant un excès de chaux hydratée, qui en rend l'emploi difficile et dangereux pour la conservation de la fibre. Ce chlorure de chaux ainsi obtenu est employé dans le blanchiment, après dissolution dans l'eau.

Plusieurs industriels préparent eux-mêmes le chlore qui leur est nécessaire, et qui est du reste employé dans le blanchiment soit à l'état de gaz, soit à l'état liquide.

On prend 8 parties de sel marin contre trois parties (en poids) de peroxyde de manganèse, qui sont mélangés et réduits en poudre et introduits dans la chaudière décrite ci-dessus. On verse sur le mélange, ensemble et préalablement mêlées, 6 parties d'acide sulfurique à 66 degrés et 12 parties d'eau. On agite la solution, puis on bouche les ouvertures de la chaudière que l'on chauffe ensuite doucement en augmentant graduellement la

---

[1] Voyez *Historique du Blanchiment*, p. 9.

chaleur. On obtient ainsi du chlore à l'état de gaz, et qui sert tel quel suivant la théorie de Berthollet, au blanchiment des tissus de toutes sortes.

Chlorures. — Le chlore liquide est tout simplement le gaz chlore en solution dans l'eau. Cette solution sera plus ou moins concentrée, selon la pression avec laquelle on enverra le gaz chloreux, obtenu comme on vient de le dire, dans l'eau, pour l'y concentrer. Le degré de concentration s'indique par le degré chlorométrique ou pouvoir décolorant de l'eau saturée. Pour obtenir le chlore liquide ordinaire, on place, à côté de l'appareil produisant le gaz chloreux, une série de bonbonnes en grès, remplies aux trois quarts d'eau et se communiquant entre elles par une série de tubes recourbés en forme d'S, plongeant dans l'eau et aboutissant près du fond de chaque bonbonne. La première bonbonne est reliée par un tube à l'appareil conducteur, qui lui envoie le gaz produit ; celui-ci arrive dans la bonbonne par le tube qui descend jusqu'au fond du récipient, et sature l'eau qu'il contient.

L'excès de gaz est alors repris à la partie supérieure de la première bonbonne par un second tube qui le fait passer dans la seconde, puis dans la troisième de la même manière qu'il a passé dans la première.

Les chlorures décolorants sont beaucoup plus employés que le chlore à l'état de gaz.

On compte quatre principaux chlorures qui sont : le chlorure de potasse ou eau de javel, le chlorure de soude, le chlorozone et enfin le chlorure de chaux, auquel nous avons fait l'honneur d'une première description.

Eau de javel. — C'est vers 1788, que les propriétaires de l'usine de produits chimiques de Javel découvrirent que la potasse, mêlée au chlore liquide, favorisait la destruction des couleurs végétales. Depuis lors, l'emploi de l'eau de Javel, ou chlorure de potasse, prit une extension considérable. Sa fabrication se fait comme pour le chlore liquide, avec les mêmes produits et les mêmes appareils, seulement on met préalablement dissoudre dans l'eau contenue par les bonbonnes, de la potasse de commerce, environ 2 kilogrammes pour 25 litres d'eau.

Le chlorure de soude, appelé aussi *liqueur de Labarraque*, vendu presque toujours sous le nom d'*eau de javel*, et qui est d'origine anglaise, se fabrique d'une autre manière que le chlorure de potasse.

Le carbonate de soude est dissous dans l'eau qui, après saturation, devra marquer 12 degrés à l'aréomètre Baumé. Cette eau est introduite dans l'appareil producteur de chlore avec le chlorure de sodium, le peroxyde de manganèse en poudre et de l'acide sulfurique à 66 degrés, dans les proportions que nous avons indiquées plus haut.

Chlorozone. — Le chlorozone est un hypochlorite de soude dont la fabrication a une grande analogie avec celle du chlorure de potasse, seulement, ici, la potasse sera remplacée par une lessive de soude concentrée et plus ou moins caustique.

L'eau de javel est employée dans les familles pour le lavage à la main, il en est de même des chlorures de soude et du chlorozone, de l'hypochlorite de soude à divers degrés ou eau de javel concentrée, ou bien encore extrait de javel ; mais dans l'industrie, c'est le chlorure de chaux qui tient la première place.

Dans la théorie, 26 parties de chlore pur n'exigeraient que 20 parties de chaux pour se combiner ;

mais, dans la pratique, on est loin de ces proportions. Soit par économie, pour l'établissement des prix de revient ou de la manutention, soit pour bien maintenir la stabilité du chlorure, ainsi qu'on l'affirme, les fabricants de chlorure de chaux ne livrent jamais leurs produits décolorants qu'avec un énorme excès de 63 pour 100 de chaux.

Ceci présente de très graves inconvénients pour la fibre des tissus, dans le blanchiment et le blanchissage au chlorure de chaux, inconvénients que nous allons signaler ici même.

Inconvénients de l'abus du chlore et des chlorures. — Le chlorure de chaux est dissous dans l'eau, puis on laisse reposer et l'on décante deux tiers environ de cet excès de chaux, soit 40 pour 100 qui s'est précipité pendant la dissolution ; il en reste donc un tiers, soit 20 pour 100, qui reste à l'état libre dans l'eau de dissolution. Voici maintenant le phénomène qui va se produire pendant la mise au blanc ou blanchiment, dans le bain de chlore ainsi préparé : au fur et à mesure que le chlore se sépare de sa combinaison, au profit de la décoloration, l'acide carbonique de l'air et de l'eau, ainsi que l'oxygène qui se dégage pendant la réaction, agissent sur le calcium ou chaux pure du carbonate de chaux.

Dans le blanchiment, les bains d'acides, si faibles qu'ils soient, que l'on est obligé d'employer à la suite des bains de chlorure, forment avec la chaux insoluble du sulfate de chaux. Il en est de même dans le blanchissage, si le rinçage se fait avec de l'eau pure comme cela doit toujours se faire du reste.

Toutes ces matières, carbonate de chaux et sulfate de chaux, étant insolubles dans l'eau, vont s'incruster dans les pores des tissus; elles résisteront à tout rinçage, et, elles agiront lentement, mais sûrement, d'une manière destructive sur la cellulose de la fibre. Il en résulte que les tissus laissés en repos pendant quelques mois après le séchage, se couvrent de toutes petites taches d'un jaune brun, provenant de l'oxydation des sels métalliques renfermés avec la chaux dans les pores du tissu; et, d'un autre côté, ces tissus dégagent généralement, dès qu'on les touche, une poussière fine d'un blanc gris, d'un goût âcre très prononcé. Ces molécules insolubles du carbonate et du sulfate de chaux, proviennent du bain de décoloration et de la mise au blanc, où il y avait un excès de chaux.

Analyses. -- Le meilleur chlorure de chaux que l'on trouve dans le commerce donne à l'analyse en chiffres ronds :

Hypochlorite de calcium	29
Chlorure de calcium	23
Hydrate de chaux	31
Eau combinée ou non	17
Total	100

ou en d'autres termes :

Chlore	27
Chaux	56
Eau	17
Total	100

(F. Jean.)

Nous ferons remarquer que, selon les nouveaux procédés économiques de fabrication, le chlorure de chaux n'est plus le produit d'un mélange d'hypochlorite de calcium et de chlorure de calcium, mais une combinaison de chlore et de chaux, dans laquelle de grandes quantités de chaux caustique se trouvent mélangées mécaniquement.

Il en résulte que l'action du chlorure de chaux ainsi préparé en dissolution, est de beaucoup trop énergique sur la matière colorante et sur la fibre, au début de l'opération de la mise au blanc, pour devenir absolument insignifiante à la fin de cette opération. Une grande perte de gaz chloreux s'est donc produite, sans profit pour la décoloration, et au détriment de la bourse du chef de l'établissement et de la santé des ouvriers qu'il emploie.

Aussi, pour remédier à cet inconvénient, le blanchisseur, après avoir essayé tous les différents chlorures connus, est-il revenu au gaz chlore, qu'il dissout d'une manière spéciale d'abord, et qu'il emploie à doses très faibles, mais souvent répétées.

Dissolution du chlore. — Le blanchisseur devra donc faire sa solution de chlorure de chaux en tenant compte des prescriptions suivantes :

Dans un récipient quelconque, contenant, je suppose, 1,000 litres d'eau douce, il fera dissoudre 20 kilogrammes de carbonate de soude neutre anhydre de Solvay, à l'aide d'un jet de vapeur ; il ajoutera alors à la dissolution une eau de chlore concentrée ainsi préparée : Faire fondre dans un grand mortier avec un pilon, 5 kilogrammes à la fois de chlorure de chaux en poudre, mélangé d'eau carbonatée. Quand le chlorure de chaux semble bien fondu, filtrer le mélange au-dessus du récipient indiqué ci-dessus ; recommencer ainsi, jusqu'à ce que l'on ait fait fondre 50 kilogrammes de chlorure de chaux, puis, à l'aide d'un seau ou d'une pompe, voire même d'un appareil à affusions graduées, dans le genre de ceux qui servent pour les lessives dans le blanchissage du linge, faire passer plusieurs fois toute l'eau carbonatée, contenue dans le récipient, sur le marc de chlorure de chaux reposant au-dessus du filtre, qui ne devra laisser échapper aucun molécule solide. Les affusions devront se faire en vase clos, autant que possible ; on agitera ensuite la dissolution ; et, après un repos de trois heures au moins, on peut soutirer la liqueur, en ayant soin de fixer le robinet de soutirage, à 20 centimètres au moins du fond du récipient.

Il se formera sur le filtre, aussi bien que sur les parois et le fond du récipient, un dépôt abondant de calcaire qu'il faudra enlever et jeter avant de recommencer une nouvelle expérience. On aura ainsi un chlorure, ou plutôt un hypochlorite de soude, titrant 20 à 25 degrés décolorants, et de 20 à 30 degrés Baumé, et qui vaut tout autant que la meilleure eau de javel concentrée.

Durée des bains de chlore. — Cependant, là comme ailleurs, les bains de mise au blanc ou de décoloration devront être à dose très faible et de peu de durée. Il est évident, pourtant, que la force du bain en degrés chlorométriques, doit être d'autant plus grande que le tissu est plus grossier, plus coloré ou plus sale, mais *la durée* de son action doit être en raison inverse de sa force. C'est là un précepte que toutes les personnes qui se donnent la mission de blanchir, devront toujours avoir présent à la mémoire.

Actuellement, bien des produits à base de chlore sont mal ou trop hâtivement fabriqués. En dépit de leurs splendides étiquettes, de leur marque pompeuse et de leur belle apparence, ils ont tous les défauts du chlorure de chaux et n'en ont pas les qualités. Ce sont pour la plupart de grossières falsifications. L'eau de javel surtout est particulièrement mauvaise aujourd'hui, qu'elle soit ou non concentrée, cuite ou faite à froid, comme on dit vulgairement. Elle est toujours fabriquée par les procédés les plus imparfaits de la distillation du chlore, que l'on obtient ainsi très impur, et que l'on fait absorber par des soudes ou des potasses plus impures encore. Ce produit est généralement trop alcalin, son poids spécifique est toujours trop élevé par rapport à son pouvoir décolorant, et son action directe sur la fibre est des plus néfastes.

Le blanchisseur devra donc, selon nous, prendre le taureau par les cornes, et faire lui-même, avec les procédés que nous venons d'indiquer, l'eau de chlore ou l'eau de javel, ou les chlorures qui lui sont nécessaires, qui lui paraissent aussi les meilleurs ou qui lui semblent les plus faciles à préparer.

Titrages. — L'analyse des solutions décolorantes, leur titrage même, sont choses assez difficiles, et peu à la portée de ceux qui n'ont pas fait d'études spéciales. Elles font l'objet d'une science particulière qu'on appelle chlorométrie, et qui doit rester en dehors du cadre que nous nous sommes tracé ici. Il nous suffira d'indiquer que les blanchisseurs ont l'habitude de titrer leur eau de javel, en mesurant celle-ci dans un dé à coudre, et en cherchant à décolorer une certaine quantité de vin contenue dans un verre à boire. Les résultats ne s'obtiennent alors que par voie de comparaison. On a fait titrer, par exemple, dans un laboratoire de chimie, une bouteille d'eau de javel qu'on a eu bien soin de conserver hermétiquement bouchée. Le chimiste vous a dit dans son rapport que cette eau de javel titrait, je suppose, 15 degrés décolorant. Voulez-vous savoir combien titre l'eau de javel que votre marchand vient de vous livrer? C'est bien simple : Vous prenez dans votre cave du vin rouge quelconque. Vous versez également quelques gouttes de ce vin dans deux verres à boire semblables ; puis, vous essayez de décolorer le vin du premier verre avec de l'eau de javel d'épreuve qui titre, comme vous le savez, 15 degrés décolorant. Si, par exemple, cinq dés à coudre, qui pèsent ensemble 6 grammes, suffisent pour faire tourner la teinte du vin, du rouge au jaune brun, il vous sera facile de déterminer combien il vous faut de grammes ou de dés de l'eau de javelle nouvelle que vous voulez titrer, pour décolorer, jusqu'à la même nuance, le vin de l'autre verre. Supposons qu'il vous en faille 10 grammes, la différence dans les proportions, vous donne la différence en degrés chlorométriques qui sépare les deux eaux de javel, celle que vous vouliez reconnaître et celle qui vous a servi d'épreuve.

Le résultat obtenu, sans être absolument juste, peut servir d'indication, et ce procédé de titrage est le seul qui se présente d'une manière aussi pratique à notre esprit.

Cependant, nous ne manquerons pas de signaler ici la méthode de Gay-Lussac, pour reconnaître la richesse du chlorure employé. On emploie une solution d'indigo faite dans les proportions de 1 pour 1,000. Le pouvoir décolorant du chlorure essayé, est indiqué par le volume de cette solution qu'il parvient à décolorer.

La liqueur d'épreuve ou d'indigo est préparée comme suit, au moment même où l'on doit s'en servir : On dissout de l'indigo très pur dans l'acide sulfurique étendu d'eau, de telle manière qu'un volume de chlorure de chaux très pur et saturé complètement, puisse décolorer 10 volumes de la solution d'indigo. On peut dire alors de la liqueur d'épreuve, qu'une partie de gaz chloreux bien sec peut en décolorer 10 parties.

Pour reconnaître alors la force chlorométrique d'un chlorure quelconque, on fera dissoudre 10 grammes de celui-ci dans 1 litre d'eau; on se rend compte ensuite combien 1 volume de cette solution bien claire, décolore de volumes de la dissolution d'indigo, ou plutôt de sulfate d'indigo, servant de liqueur d'épreuve.

En supposant, par exemple, qu'il faille ces 100 grammes de chlorure en solution dans 1 litre d'eau, pour décolorer 10 litres de dissolution d'indigo : on constatera alors que les 10 grammes de chlorure contenaient 1 litre de chlore, soit 100 litres de ce gaz par kilogramme de chlorure. Ce qui s'exprime ordinairement en disant que le chlorure en question titre 10 degrés chlorométriques, puisque cela fait 10 litres de gaz qui se dégagent sur 100 grammes de chlorure essayé. Si le résultat est de 11 litres par 100 grammes, on dira que le chlorure est à 11 degrés et ainsi de suite.

Extrait de javel. — Nous terminerons cette étude sur les chlorures, par l'examen d'un produit nouveau appelé *extrait de javel*, et qui n'est, en somme, que de l'eau de javel plus ou moins concentrée. L'inventeur de ce produit n'a pas eu pour but de faire mieux que ce qui se faisait avant, son objectif a été de réduire le chlorure en un plus petit volume, de manière à en rendre le transport plus facile.

On a revendiqué pour M. Cotelle de Ponthierry (Marne) la paternité de cette fabrication qui n'existe que depuis une vingtaine d'années. D'autres, l'ont attribuée à M. Déroche de Billancourt. Quoi qu'il en soit, le résultat des recherches de l'inventeur a eu un grand succès dans le blanchissage du linge, succès qui dure encore. Du côté du blanchiment il a été moins favorisé, et pas du tout du côté des dégraisseurs qui, du reste, se servent peu de chlorures.

L'extrait de javel, lorsqu'il est bien fait, a non seulement l'avantage de diminuer les frais de transport, et d'emballage, mais encore d'obtenir le chlore beaucoup plus pur, plus oxygéné et moins encombré de sels alcalins et caustiques, qui détruisent la fibre, lorsqu'ils sont mis en contact avec l'oxygène de l'air.

Jadis, et encore maintenant, dans certains milieux ignorants, on exige de l'eau de javel qu'elle soit douce au toucher, et qu'elle donne à l'aréomètre Baumé un fort degré. C'est là une erreur profonde, car l'eau de javel « douce au toucher » et marquant à l'aréomètre, indique la présence d'un alcali caustique en excès dont l'utilité est loin d'être démontrée. En effet, ce que l'on demande à l'eau de javel, c'est d'avoir un pouvoir décolorant très élevé tout en épargnant la fibre. Or, l'alcali caustique mise en contact avec l'oxygène de l'air, et avec l'ozone développé par l'action du chlorure sur la fibre, aide sans doute à la décoloration, mais de telle sorte qu'il vaudrait mieux ne pas décolorer, car le tissu, dans ces conditions, est plus atteint, plus désagrégé, et en un mot, plus détruit que la tache ou la matière colorante qu'on veut faire disparaître.

C'est pourquoi on recommande d'employer les lessives caustiques en vase clos, et ce n'est que lorsque cette lessive a été dénaturée par la saponification, et qu'elle s'est transformée alors en savon, qu'on peut s'en servir à l'air et en présence de l'oxygène.

Donc, l'adjonction d'une certaine quantité de soude caustique, ou même de carbonate de soude caustique dans l'eau de javel, présente de multiples inconvénients pour la conservation des tissus.

Il y a, du reste, une expérience bien connue des blanchisseurs de tissus écrus, qui consiste à suspendre dans un lait de chaux très étendue d'eau, une pièce de toile dont la plus grande partie plongera dans le liquide, et le reste sera suspendu au-dessus dans le sens vertical. Après un bain de quelques heures, on remarquera que la partie immergée est blanchie, et que celle qui se trouve à fleur d'eau et, par conséquent, en contact direct avec l'oxygène de l'air, est totalement brûlée.

Ceci prouve qu'industriellement, la décoloration se faisant avec le concours de l'oxygène ou de l'ozone son dérivé, pour se rapprocher le plus en définitive de ce qui se passe pendant l'exposition sur le pré : le blanchisseur devra donc éliminer, autant que possible, tous les sels alcalins pendant cette décoloration pour ménager la fibre.

De là, la nécessité d'avoir une eau de javel possédant un pouvoir décolorant très élevé, car, si le volume de chlore y est plus considérable, la partie d'alcali caustique le sera d'autant moins et *vice versa*, tout en tenant compte, bien entendu, du pouvoir absorbant de l'eau de dissolution. A ce point de vue, l'extrait de javel bien fabriqué répond bien au principe que nous venons d'énoncer, et la seule règle que doit s'imposer le fabricant, contrairement au préjugé notoirement répandu, c'est d'obtenir et de vendre un produit qui ne soit pas « doux au toucher » et qui, fort en degrés chlorométriques, marque relativement peu à l'échelle Baumé.

Ozonine. — On a signalé depuis peu, l'apparition d'un nouveau produit appelé l'*ozonine*, dont l'essai toutefois reste à faire. Il est composé de la manière suivante : on dissout 125 parties de résine dans 200 parties d'huile de térébenthine, puis, on ajoute une solution de 22 à 25 parties d'hydrate de potassium dans 40 parties d'eau et 90 parties de peroxyde d'hydrogène. La gelée obtenue, exposée à la lumière, se change, en deux ou trois jours, en un fluide clair qui agit alors énergiquement sur les fibres, le bois, la paille, le linge, le papier, ainsi que sur les solutions de gomme et de savons. Son effet de blanchiment, dit l'auteur du procédé, est identique dans les solutions acides et dans les solutions alcalines. Le pouvoir décolorant et l'influence de ce produit sur la fibre, n'ont pas encore été essayés industriellement. Peut-être est-ce le décolorant de l'avenir, celui qui enlève toutes les impuretés, toutes les matières étrangères, tout en épargnant, tout en conservant la fibre et sa solidité première. Peut-être est-ce aussi le contraire.

IV. — MATIÈRES TEXTILES

Matière textile. — Les vêtements et les étoffes diverses de la parure et de l'ameublement, sont ordinairement tissés avec des matières textiles, dont l'énumération est presque aussi longue que celle de tous les végétaux ligneux connus.

C'est, en premier lieu : le chanvre ; le lin ; le coton ; la soie ; la ramie ; la bourre ; le fil de tourbe ; les stigmates de maïs, etc. [1].

Chanvre. — Le chanvre est une plante annuelle, originaire de la Haute-Asie, que l'on cultive de temps immémorial en Europe. On en extrait la *filasse*, qui sert à de nombreuses applications dans l'industrie, mais dont la plus grande partie est employée à la fabrication des *toiles*, dites *de ménage*. On soumet, avant toute chose, le chanvre à l'opération du rouissage, puis on le file, on le tisse, et enfin on le confie au blanchisseur, dont la mission est de faire disparaître la matière colorante, qui a subsisté après le rouissage.

Cette matière est d'un gris roux qui, à l'analyse, donne un produit ressemblant fort à la résine, mais à une résine d'un genre particulier, qui diffère des véritables résines en ce qu'elle n'est point soluble dans les huiles essentielles. Elle a quelque rapport avec la laque.

Lin. — Le lin est aussi une plante annuelle, qui a la même origine que le chanvre, et qui fait la culture principale de nos départements du Nord, de la Hollande et de la Flandre. Sa matière colorante est à peu près la même que celle du chanvre, mais elle est plus fine et tire sur le noir gris. Elle contient une certaine quantité d'oxyde de fer.

Coton. — Le coton est cultivé dans les contrées chaudes ou tempérées des deux continents. Il paraît réussir dans quelques localités du Midi. Il est couvert d'une matière colorante plus jaune que grise, sorte de résinoïde qui s'enlève beaucoup plus facilement que celle

---

[1] Voyez Gabriel JOULIN, *L'industrie et le commerce des tissus en France et dans les différents pays*. Paris, 1893. (*Encyclopédie de chimie industrielle.*)

qui colore le lin et le chanvre. C'est une substance gommo-cireuse, ressemblant, mais de loin, au suint qu'on sépare de la laine après la tonte.

Laine. — La laine est le vêtement du mouton, qui devient après la tonte, le désuintage, le filage et le tissage, le vêtement de l'homme. Le suint ou surge est la matière colorante et salissante que le blanchisseur doit enlever, avant toute transformation de la laine en fils ou tissus. Le suint est onctueux au toucher et d'une odeur particulière. Il donne à l'analyse une sorte de savon de graisse, à base de potasse, un peu d'acétate, de carbonate et d'hydrochlorate de potasse, et enfin une substance animale, à laquelle il doit son odeur particulière, et qui semble résulter d'une combinaison d'huile, de sang et d'eau. Cette matière est beaucoup plus saponifiable que celle du lin, du coton et du chanvre, elle a beaucoup d'affinité avec des lessives alcalines faibles, et sa partie colorante ne résiste pas aux fumigations du soufre.

Tissus divers. — La *ramie*, la *bourre*, le *fil de tourbe* et les *stigmates de maïs* servent depuis trop peu de temps à la fabrication de certaines étoffes spéciales, pour que nous puissions nous rendre un compte exact de la matière colorante qu'il faut leur enlever pendant le blanchiment. Jusqu'à présent, on n'a fait que de tâtonner au milieu d'expériences plus ou moins probantes. Les procédés employés à l'heure actuelle n'ont rien de bien satisfaisant, en vue d'un blanchiment parfait, aussi bien qu'en vue de la conservation de la fibre.

Soie. — Il n'en est pas de même de la soie, qui fait l'objet des soins de la plupart des blanchisseurs et teinturiers de Lyon et de Saint-Etienne, et dont la matière colorante a été reconnue depuis de longues années [1]. Elle se compose d'une substance gommeuse et cireuse, dans les proportions de 23 à 25 pour 100 du poids de la soie brute, telle qu'elle est sortie du ver. Cette substance est un composé de gomme, de cire et d'huile odorante, colorée en jaune clair. Elle forme sur la soie une espèce de vernis que l'alcool, les lessives légèrement alcalines, le savon, l'eau chaude réduisent facilement et promptement.

Linge en service. — Les tissus soumis à l'action du blanchissage sont aussi de diverses sortes ; mais, soit en lin, en chanvre, en coton, ou en laine, on les classe plutôt alors selon l'usage qu'on en fait ordinairement, que selon leur nature ou leur origine.

Le blanchisseur procède ordinairement à un premier triage du linge à blanchir, qui consiste à séparer le linge *qui va à la lessive* et les vêtements *qui n'y vont point*.

La première sorte comprendra tout le linge blanc de coton, de chanvre et de lin. La seconde comprendra, au contraire, les vêtements et pièces de laine et de soie, ainsi que les linges en coton, en chanvre et en lin, de couleur plus ou moins bon teint.

Les objets en laine et en soie seront également séparés en deux parties, d'un côté *les objets de laine et de soie blanches*, de l'autre côté *toutes les pièces de couleur*.

Le linge qui *va à la lessive* est sali diversement, et se compose :

1° Des draps de lit, taies d'oreillers, etc. ;

2° Des rideaux et étoffes d'ameublement ;

3° Du linge de table ;

---

[1] Voyez Léo VIGNON, *La Soie au point de vue scientifique et industriel.* Paris, 1890. (*Biblioth. des connaissances utiles.*)

4° Du linge de corps ;

5° Du linge de cuisine.

Crasse du linge. — La crasse des draps de lit s'enlève très facilement pendant le lessivage, elle se compose ordinairement d'une matière grasse , due aux produits de la transpiration humaine, mélangés d'un peu de poussière argileuse ou siliceuse. Quelquefois aussi, ils se trouvent tachés de graisse, de sang, d'excréments, de produits pharmaceutiques à bases diverses, quand il s'agit des draps de malades, d'enfants ou de personnes indisposées.

Dans ce dernier cas, les draps de lit devront subir un essangeage parfait, dans lequel les taches susdites seront réduites.

Les rideaux de vitrage, flèches, housses et autres étoffes d'ameublement, sont souvent salis par le frottement des mains et des vêtements, par la poussière des appartements, et aussi par la fumée qui s'échappe des appareils de chauffage. La fumée est de la suie volatilisée; elle contient une matière résineuse analogue au noir de fumée, de l'acide pyroligneux (acétique bitumeux), du sulfate d'ammoniaque, etc. Sur les rideaux de vitrage, l'action des rayons de soleil et les corps constitutifs de l'air ambiant, ont souvent fixé dans le tissu même les corps solides de la crasse dus à la fumée et à la poussière. Une longue immersion dans des bains de vieilles lessives tièdes plusieurs fois renouvelée, en viendra à bout facilement, car l'objectif est de détacher de la fibre ces matières solides et de les précipiter aussitôt. Pour cette sorte de linge, un essangeage est aussi nécessaire, mais, dans la plupart des cas, une simple immersion dans l'eau alcaline suffira.

Le linge de table ne comporte le plus souvent que des taches de graisse, de vin, de fruits, de café, de chocolat, de lait, etc. Toutes ces taches résistent rarement à une bonne lessive. Cependant pour certaines taches de vin, de fruits, etc., une décoloration préalable, faite au moins avec de l'eau acidulée ou légèrement chlorurée, rendra l'action de la lessive plus complète.

La crasse du linge de corps ressemble à celle des draps de lit, mais elle est bien plus résistante, car en certains endroits elle s'est recouverte de poussière, de boue, de cambouis, ou de matières *excrémentitielles* qui la rendent moins soluble dans la lessive.

Le linge de la femme devra, en certains endroits, être soumis à un essangeage complet, si l'on veut que les taches de sang, de lait, etc., ne reviennent pas du lessivage plus apparentes encore et bien moins solubles qu'avant.

Le linge de l'homme exerçant certaines professions dans l'emploi des métaux, devra aussi être parfaitement essangé, car on craint là d'introduire dans la lessive des sels de fer et de cuivre qui pourraient même nuire à l'autre linge.

Les cols, manchettes, bonnets, parures, etc., possèdent en outre de la crasse composée de graisse et de poussière mélangée de sueur.

Les parties basses des jupons, des pantalons, cottes, etc., sont quelquefois recouvertes de boue tantôt jaune, tantôt grise. La boue jaune, la boue de la campagne ne résiste pas à un passage dans l'eau; sa matière colorante siliceuse disparaît à la lessive.

La boue grise, la boue des villes, et en particulier, la boue de Paris, est composée de fer, de substances graisseuses et minérales qu'il faut traiter presque toujours avant le lessivage à chaud, et en présence d'un acide dissous dans l'eau.

La crasse des bas et des chaussettes est encore plus difficile à enlever. Elle se compose de divers éléments, et entre autres, d'une matière colorante peu soluble, empruntée au cuir, drap ou feutre, et au cirage des chaussures. Une manipulation de ce linge dans un liquide alcalin et tiède, puis un passage ou une rapide immersion dans l'eau douce et pure pendant l'essangeage, facilitera de beaucoup l'action du lessivage sur cette crasse.

Il en est de même de celle qui recouvre le linge de cuisine. Très grasse, même huileuse, combinaison du noir de fumée, de la poussière, etc. La crasse du linge de cuisine est très résistante, mais en vertu de ses propriétés saponifiables, elle devient soluble en présence d'un liquide chaud, très alcalin et même un peu caustique.

Étoffes et vêtements de couleur, en laine et en soie. — Les étoffes qui ne *vont pas à la lessive* se partagent, comme nous l'avons dit, en deux classes : objets de tissu blanc, objets de tissu de couleur.

Ceux-ci sont le plus souvent essangés et lavés de suite, sans interruption, dans une eau légèrement alcaline et avec un savon neutre exempt de toute causticité qui pourrait nuire à la conservation des couleurs. Les taches de vin, de fruits, de sang, etc, s'enlèvent avec beaucoup de difficultés, lorsqu'elles résistent au savonnage.

Si l'étoffe est en couleur bon teint, l'usage rapide d'un chlorure fortement étendu d'eau est tout indiqué, si, au contraire, l'étoffe est en couleur mauvais teint, on détachera, soit avec un acide ou un alcali quelconque étendu d'eau, et dont on aura reconnu la parfaite innocuité sur la couleur, en tentant des essais sur des morceaux de la même étoffe tachée.

Les étoffes de tissu blanc qui ne *vont pas à la lessive* se traiteront à l'essangeage et pendant le lavage, à peu près de même que les tissus en couleur bon teint.

La nature de la crasse qui souille tous ces tissus a, du reste, la même composition et la même origine que celle qui recouvre le linge de corps ou de cuisine, suivant l'usage qu'on en fait dans la vie domestique.

On trouvera du reste par la suite, les procédés de blanchiment, de blanchissage et de dégraissage de tous ces tissus, étoffes ou vêtements ; nous avons voulu indiquer seulement ici, et d'une manière générale, quelles étaient les substances que le blanchisseur et le dégraisseur avaient à détruire, celles qu'il doit enlever ou séparer de tissus qui lui sont donnés à blanchir ou à détacher. Et, pour mieux fixer l'esprit du lecteur sur leur composition, nous avons mis en regard le produit qui les attaquait le mieux, et qui les réduisait le plus rapidement. L'emploi de ces produits, le procédé lui-même, soit pour la décoloration des tissus neufs, soit pour l'essangeage et le dégraissage des tissus en service, viendront en lieu et place, lorsque nous décrirons chaque opération particulièrement.

QUATRIÈME PARTIE

BLANCHIMENT

I. — BLANCHIMENT DES ÉTOFFES DE LIN

Voici ce qu'en dit, d'une façon générale, **M. J. Batifolier** :

Il existe deux procédés principaux pour blanchir les fils et les étoffes de lin : le plus ancien est le *blanchiment à l'air*, l'autre, plus récent, dû à Berthollet, est le *blanchiment par le chlore*.

Dans la pratique, ces deux méthodes sont souvent employées simultanément.

Blanchiment par l'air. — On étend les pièces sur le pré pendant un certain temps.

Les conditions les plus favorables sont : un temps clair, un soleil ardent, une végétation luxuriante, de fortes rosées ou un arrosage qui mouille l'étoffe.

Alors, sous l'influence de la radiation solaire, les parties vertes des plantes, par leur respiration, décomposent l'acide carbonique de l'air en carbone qu'elles absorbent et en oxygène électrisé, puisqu'il se dégage à froid. Cet oxygène, doué de propriétés très énergiques, se dissout dans l'eau dont l'étoffe est imprégnée, et oxyde, mais à la surface seulement, la matière colorante de la fibre dont une mince couche se trouve désorganisée.

On lessive, on lave et on dégorge pour enlever le produit de la décomposition, et découvrir la partie subjacente de la fibre à décolorer. Puis, on rapporte les pièces sur le pré où une nouvelle oxydation a lieu, laquelle est suivie comme la première, de lessivage, lavage, dégorgeage. Ces diverses opérations se répètent, jusqu'à ce que le tissu soit parfaitement blanchi.

On termine par l'immersion dans un bain d'acide sulfurique à un degré, tout au plus ; *c'est le vitriolage* qui a pour objet de conserver le blanc parfait, acquis en enlevant le carbonate calcaire qui s'est déposé sur les fibres, l'alcali qui peut se trouver dans l'étoffe, la résine ayant résisté à la chaux, et enfin, en dissolvant certains oxydes métalliques, surtout l'oxyde de fer.

Blanchiment par le chlore. — Cette méthode consiste à faire tremper l'étoffe plus ou moins longtemps dans une dissolution de chlorure de chaux, ensuite à la soumettre à l'action du bain acidulé, qui met en liberté l'oxygène nécessaire à la décoloration de la fibre, puis à lessiver, laver, dégorger et renouveler jusqu'au blanc parfait, que l'on fixe au moyen du vitriolage suivi d'un lavage à grande eau.

Au point de vue chimique, voici ce qui se passe : Le chlorure de chaux du commerce, hypochlorite de chaux des chimistes, en présence d'un acide hypochloreux, corps excessivement instable, qui se sépare en chlore et en oxygène à l'état naissant, lequel se porte sur la matière colorante et l'oxyde. Il en est de même pour l'oxygène résultant de l'action du chlore sur l'eau. Il reste alors du chlore, de l'hydrogène et de la chaux, qui se combinent de façon à former en définitive de l'eau et du chlorure de calcium.

La dissolution de chlorure de chaux peut être étendue

ou concentrée. Dans le premier cas, la décoloration de la fibre est très lente, sans danger ni pour l'étoffe ni pour les ouvriers. Dans le second cas, la décoloration est très rapide, mais il faut prendre de grandes précautions afin de ménager le tissu, et surtout pour sauvegarder la santé du personnel.

Les tissus de lin une fois blanchis, doivent, avant d'être offerts à l'acheteur, subir encore quelques manipulations, telles que l'étirage, soit dans le sens de la largeur, soit dans le sens de la longueur, selon le cas. On les cylindre à chaud ou à froid pour faire ressortir le grain ; enfin, ils passent à la calandre qui leur donne du brillant.

A la blanchisserie de Cagny, toutes les opérations que nous venons de décrire sont faites méthodiquement, par un personnel choisi et à l'aide de métiers perfectionnés, qui assurent la réussite complète du travail, et permettent d'obtenir rapidement le résultat recherché.

Avant d'être employés par le tissage d'Allencourt, les fils de lin subissent diverses opérations, suivant le genre de tissus auxquels ils sont destinés. On commence toujours par les lessiver dans des cuves en fonte d'une contenance de 4,000 litres. Ensuite, ayant été attaqués plus ou moins par le chlorure de chaux, puis battus et séchés, ils sont désignés selon leur nuance, comme suit :

Fils lessivés ; fils crémés (ordinaires) ; *fils crémés* (avancés) ; *fils un quart blanc ; fil demi-blanc ; fil trois quarts blanc ; fil blanc parfait.*

Dix ouvriers et un contremaître sont employés au traitement des fils de lin ; ils en manipulent environ 275,000 kilogrammes par an.

Le blanchiment des toiles est de beaucoup plus important, et un personnel plus nombreux est attaché, sous la direction d'un contremaître, aux diverses manipulations des tissus à traiter, tels que le blanchiment, les apprêts, le séchage, le cylindrage, le pliage et le paquetage.

Les opérations chimiques, qui ne durent pas moins d'un mois, y compris le temps pris pour les expositions sur le pré, sont exécutés dans un grand atelier bien éclairé, et disposés d'une façon ingénieuse, ce qui diminue la main-d'œuvre et fatigue beaucoup moins les ouvriers.

Les pièces d'étoffes attachées les unes aux autres sont attirées par des machines et placées dans des bains sans le concours de l'ouvrier, pour y subir les différentes opérations chimiques.

Traitements divers. — Ainsi que nous l'avons fait observer dans notre étude sur les matières textiles, la plus grande analogie existe entre la matière colorante des diverses fibres végétales ; cependant, celle du coton étant bien moins tenace dans sa composition, on s'en débarrasse plus facilement que celle du chanvre et du lin. Alors que, pour ces derniers, même avec le procédé *bertholléen*, on doit combiner la décoloration au chlore avec des expositions sur le pré ; pour le coton, on arrive à se passer totalement de ces expositions très coûteuses et souvent difficiles à pratiquer pendant la mauvaise saison. L'action seule de la vapeur et des lessives alcalines suivie de bains de chlore, suffit, dans la plupart des cas, pour le coton. Il est loin d'en être de même pour le lin et le chanvre ; mais, à part cette différence dans la durée et la nature des opérations, le procédé de blanchiment reste le même. Nous nous contenterons donc de décrire exactement toutes les opérations auxquelles se livre le blanchisseur, sans nous préoccuper si c'est du lin, du chanvre ou du coton qu'il blanchit.

Du reste, il est impossible de fixer les règles d'une méthode qui s'applique à tous les cas particuliers ; car, ainsi qu'on l'a vu plus haut dans le mémoire que nous transmet M. Batifolier, le blanchisseur recherche *plusieurs blancs* pour la même toile, et le fil en écheveau ne se blanchit pas tout à fait comme la toile. De même, le fil à coudre, la batiste, le linon, les toiles destinées à la teinture ou à l'impression, exigent, dans le blanchiment, des appareils et des manipulations aussi diverses que le comportent les usages auxquels on les destine.

II. — OPÉRATIONS DU BLANCHIMENT

Au commencement de ce siècle, le blanchiment des toiles ne demandait pas moins de vingt-trois opérations successives, que nous allons énumérer :

1° Grillage des étoffes ;
2° Dégommage ;
3° Premier lavage et lessivage ;
4° Immersion chlorurée ;
5° Deuxième lavage et lessivage ;
6° Première immersion chlorurée ;
7° Troisième lavage et lessivage ;
8° Bains dans l'eau acidulée à l'acide sulfurique ;
9° Quatrième lavage et lessivage ;
10° Première exposition sur le pré pendant six jours ;
11° Deuxième immersion chlorurée ;
12° Premier rinçage ;
13° Deuxième bain acidulé ;
14° Deuxième rinçage ;
15° Dernier lessivage ;
16° Troisième immersion chlorurée ;

17° Troisième rinçage ;
18° Premier bain d'eau savonneuse ;
19° Deuxième exposition sur le pré pendant trois jours ;
20° Quatrième rinçage ;
21° Débouillage ou deuxième bain d'eau savonneuse ;
22° Mise au bleu ;
23° Séchage, apprêt, cylindrage, métrage et pliage.

Depuis quelques années, on a simplifié la méthode en la bornant à neuf opérations principales qui résument toutes les autres :

1° Grillage des toiles ;
2° Macération ou dégommage ;
3° Lavage ;
4° Lessivage et décoloration ;
5° Rinçage et exposition sur le pré ;
6° Azurage, apprêt ;
7° Séchage ;
8° Maillage, calandrage, lustrage ;
9° Métrage et pliage.

Première opération : Grillage des toiles. — Un grand nombre de toiles sont recouvertes d'une espèce de duvet qui cacherait leur éclat et leur finesse si on le laissait subsister après le blanchiment. On enlève ce duvet par le grillage, sans attaquer la fibre végétale qui constitue le tissu. Certaines toiles se grillent des deux côtés, d'autres d'un seul, les procédés sont toutefois les mêmes.

La toile est apportée et enroulée sur un cylindre de bois placé sur un chevalet.

A chaque bout de la pièce de toile, on coud une rallonge de 5 mètres, puis on passe l'un de ses bouts sur le dessus du fourneau en briques, recouvert d'une plaque de fonte demi-cylindrique, qui sera portée en rouge dès que l'opération commencera.

C'est en passant sur cette plaque que se grille le duvet, relevé sur la toile à l'aide d'une brosse métallique placée entre le cylindre dévideur et la plaque. En abandonnant cette plaque, la toile passe sous un racleur qui enlève tous les résidus, et elle vient s'enrouler autour d'un autre cylindre muni d'une manivelle. Au-dessus du grilleur se trouve une espèce de hotte destinée à emporter au dehors tous les résidus et odeurs de la combustion.

Pour griller l'autre côté de la toile, on retourne les deux cylindres bout pour bout sur leur chevalet, on reporte la manivelle d'un cylindre sur l'autre, et la traction de la toile se fait alors dans l'autre sens, la brosse ayant remplacé le racleur, et celui-ci la brosse.

Pendant le changement de mouvement, l'un et l'autre de ces accessoires servent à maintenir la toile à quelque distance de la plaque de fonte.

Il y a plusieurs autres appareils à griller les toiles : les uns sont à flamme directe, les autres sont basés sur le principe que nous venons de décrire.

L'*appareil de Paul Descroizilles* est à flamme directe, et se compose d'une sorte de cuvette demi cylindrique, percée de trous, et à l'intérieur de laquelle on introduit de l'alcool ou du gaz. Cette cuvette a la forme d'une gouttière dans laquelle tournerait un cylindre, la toile passe sur ce cylindre, sans s'y enrouler.

L'*appareil Molard* diffère de ce dernier en ce sens que la flamme de gaz part du cylindre fixe placé au-dessus, et sur lequel vient frôler la toile qui se déroule et s'enroule, comme il est dit ci-dessus.

L'appareil anglais possède ce cylindre grilleur en dessous, mais en dessus il y a un autre cylindre fendu dans sa partie inférieure. Une pompe aspirante branchée sur ce cylindre enlève tous les produits de la combustion.

La *machine Godard*, qui n'utilise pas la flamme directe, se complique d'une série de ventilateurs et de rouleaux tendeurs.

Deuxième opération : Dégommage. — L'opération du dégommage est une sorte de macération de la toile. Elle a pour but de dépouiller les toiles de la colle dont on les imprègne pour faciliter le tissage. Cette colle a reçu le nom de *parement :* le dégommage a donc pour objectif de débarrasser la toile de son *parement.* Les toiles étant assorties, suivant la quantité de parement dont elles ont été imprégnées, et suivant aussi leur épaisseur, elles sont mises dans une grande cuve, rangées comme les feuillets d'un livre, en ayant bien soin de jeter, sur chaque lit de toile, plusieurs seaux d'eau de rivière légèrement chauffée. Dès que le cuvier est plein, on le charge d'un poids très lourd, de manière à ce que la toile ne le soulève pas pendant l'opération. Il se fait alors une fermentation qu'on active par différents moyens, mais qu'il faut ménager, et qu'il faut surtout éviter de faire devenir trop précipitée, car on altérerait ainsi, sans retour, le tissu ou la fibre végétale dont la toile est formée. Plus la température atmosphérique est élevée, plus vite se fera cette fermentation qu'il faut surveiller de près. Elle cesse ordinairement au bout de vingt-quatre ou trente-six heures, suivant la quantité de parement contenu dans la toile, et suivant, ainsi que nous l'avons dit, la température du dehors.

On reconnaît que la fermentation se produit, aux bulles de gaz qui se dégagent au-dessus du cuvier ; on reconnaît qu'elle a cessé et que, par conséquent, l'opération est terminée, lorsqu'il ne se produit plus aucune bulle à la surface de la cuve.

Le dégommage sera toujours suivi d'un lavage, afin d'extraire complètement l'acide carbonique et le gaz hydrogène qui se sont dégagés pendant la macération.

Troisième opération : Lavage. — L'opération du lavage, que nous allons décrire une fois pour toutes, puisqu'elle se recommence dans le procédé commun, quatre fois au moins, consiste à dépouiller les toiles de toutes les matières crasseuses et graisseuses que n'attaquent point les produits décolorants, et qui viendraient même, pendant les opérations qui vont suivre, nuire à leur action.

Le lavage des toiles se fait à mains d'hommes et par différentes machines. Il se fait ordinairement dans le ruisseau voisin où coule une eau très claire et très propre, ou bien dans des buanderies installées à cet effet.

Le *lavage à la main* s'appelle le *lavage à la bande*, et s'effectue dans le ruisseau avec un matériel rudimentaire ainsi disposé. On jette d'une rive à l'autre quatre ou cinq plats-bords, éloignés l'un de l'autre d'une demi-longueur de chaque pièce. Un homme placé sur le premier plat-bord, au plus bas de la rivière, jette la toile dans le ruisseau, de telle sorte que l'autre extrémité puisse être reprise par un second ouvrier placé sur le deuxième plat-bord et en amont du courant. Les deux ouvriers de concert, agitent dans l'eau la pièce de toile qui est submergée de toutes parts, puis le second ouvrier la ramène par feuillet entre ses jambes sur son plat-bord, en la pressant à chaque instant, de manière à en extraire l'eau. Cela fait, il la retourne et la jette derrière lui, dans le ruisseau, à un troisième ouvrier qui opère de même que lui, et ainsi de suite, jusqu'à parfait lavage. Celui-ci est ordinairement effectué au bout de quatre immersions. On peut laver ainsi, déclare Rouget de l'Isle, de douze à quinze cents pièces par jour avec quatre bons ouvriers.

Presque partout, on a remplacé ce lavage, forcément incomplet, par des machines diverses, dont on trouvera la description à la partie réservée au blanchissage (voir page 245). Cependant, dans le nord et l'ouest de la France, on a conservé le lavage à la bande, mais il a été fort amélioré. C'est ainsi que sur chaque plat-bord on a dressé deux montants, soutenant deux cylindres en bois, soit unis, soit à cannelures entre lesquelles passe la toile.

Les pièces ajoutées les unes aux autres se déroulent, passent dans le courant de la rivière, en le remontant, viennent sur chaque plat-bord exprimer, sous la pression des cylindres, l'eau que la toile contient, et qui, en l'abandonnant, entraîne ses diverses impuretés, pour venir s'enrouler d'elles-mêmes sur un tambour placé au milieu du dernier plat-bord.

Le mouvement est donné, si le courant est assez rapide ou s'il y a une légère chute d'eau, par un moteur hydraulique actionnant le tambour enrouleur. Ce moteur très simple, consiste en une roue à aube qui a le même axe que le tambour ou bien par une petite turbine située à proximité.

Cette manière de procéder permet de supprimer deux

ouvriers sur quatre. Le premier ouvrier surveille et assure le déroulement de la toile dans l'eau, le second s'occupe de son enroulement sur le tambour.

Un système de battoirs mécaniques a été aussi très employé pour le lavage des toiles dans le blanchiment. On établit en plein courant une sorte de plateau en bois horizontal et tournant, sur lequel viennent s'abattre trois battoirs reliés à un arbre horizontal muni de cames, qui les soulèvent par le mouvement de rotation de l'arbre, pour les laisser retomber ensuite de tout leur poids, en les abandonnant à une certaine hauteur et sur une inclinaison de plus de 45 degrés.

L'action est donnée à l'arbre par une roue hydraulique, celle-ci élève en même temps et continuellement une certaine quantité d'eau qui s'écoule sur la toile, avant qu'elle ne subisse l'action des battoirs.

Un excentrique placé à l'extrémité de l'arbre moteur, fait tourner le plateau portant la toile, par une série de petits mouvements alternant avec de courts repos.

Dans certains endroits, le lavage proprement dit est précédé d'un bouillage dans l'eau de savon, ce qui facilite beaucoup le départ de la crasse et de la graisse dissoute dans l'eau ou saponifiée.

Quatrième opération : Lessivage. — C'est, comme dans le blanchissage, la partie la plus importante du blanchiment. Le résultat final auquel on tend, dépend presque entièrement de cette opération. Il faudra donc, dans tous les cas, la diriger avec soin. Les proportions d'alcali doivent varier, suivant la grosseur et la coloration de la toile, suivant aussi la richesse alcaline des produits employés.

Le lessivage des toiles se fait dans de grandes cuves,

soit à l'aide d'un arrosage permanent des toiles, avec de
la lessive chauffée dans une chaudière *ad hoc*, soit en
y amenant la vapeur sous pression (*fig.* 2).

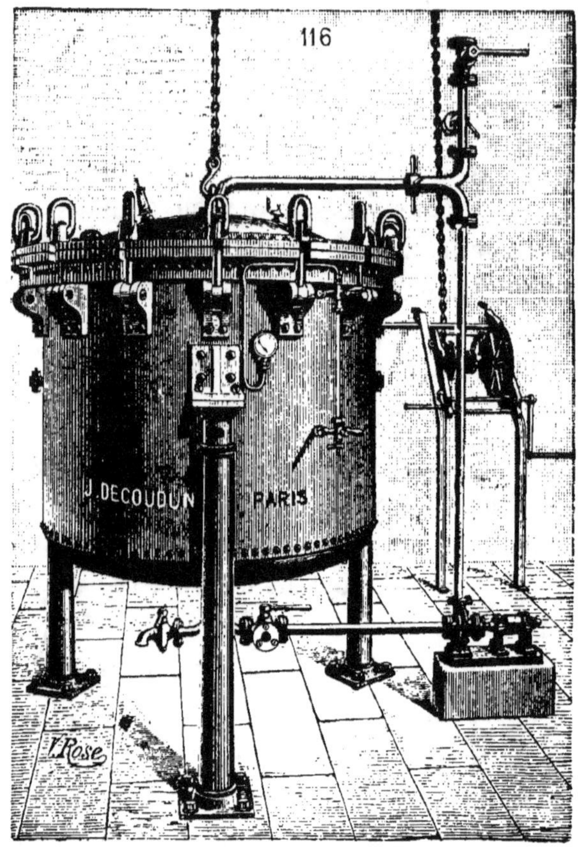

Fig. 2. — Chaudière à débouillir dite autoclave.

Dans le premier cas, les appareils à lessiver se rapprochent beaucoup de ceux qui sont employés dans le
blanchissage, et dont on trouvera la description plus loin
(*fig.* 3).

Dans le second cas, les appareils à lessiver sont disposés dans la cuve, de manière à ce que la vapeur en atteigne

toutes les parties. La toile est mise par feuillets, séparés seulement par des canaux perforés, où s'écoule la lessive placée ainsi directement sous l'action de la vapeur.

Le lessivage a non seulement pour but de préparer l'opération qui va suivre, c'est-à-dire la décoloration, en enlevant à la toile toutes les matières grasses et saponi-

Fig. 3. — Cuve à lessiver.

fiables faisant corps avec la fibre, mais encore de rendre solubles la crasse et la graisse laissées ou apportées à la toile pendant le tissage, le grillage et le dégommage.

Cette opération du lessivage, dont dépend tout le blanchiment des toiles, demande à être faite avec des appareils bien construits; car de brusques arrêts dans leur marche peuvent aussi arrêter et compromettre la saponification des matières étrangères à la fibre, et qu'on rendrait ainsi insolubles dans l'eau.

Chaque lessivage est suivi d'un lavage, tel qu'il a été décrit plus haut.

Décoloration. — Cette opération se fait simplement sur le pré, comme nous l'avons dit, par exposition et arrosages successifs. C'est là la méthode ancienne. Elle

Fig. 4. — Cuve à chlore.

est remplacée aujourd'hui par une série de mises au blanc dans des bains de chlore : Cuve à chlore ou à acide avec la pompe de circulation (*fig. 4*).

Chaque blanchisseur a sa méthode particulière, son secret si l'on veut, pour préparer ses bains de chlore et en assurer l'effet sur la toile qu'il a à blanchir.

Bien entendu, toute façon de faire part du même principe dont l'application, plus ou moins exacte, plus ou moins rapide, reste subordonnée aux exigences de la clientèle.

Dans les grandes usines à blanchiment, la toile est

tirée d'un vaste bassin très long, mais large seulement d'un mètre ou deux.

Ce bassin est séparé dans le sens de la longueur par

FIG. 5. — Machine à laver, dite *clapot*.

des cloisons verticalement placées, et qui forment comme autant de petits réservoirs dans lesquels est préparée une eau de chlore différente. Au-dessus de chaque bassin, la toile passe entre des cylindres compresseurs ou sous des appareils appelés CLAPOTS (*fig.* 5). Le clapot est aussi employé dans le lavage, et actuellement les blanchisseurs de toile réunissent les deux opérations, en accolant les récipients qui contiennent le bain de chlore aux bassins dans lesquels se fait le lavage.

Cinquième opération : Rinçage. — Celui-ci s'exécute comme le lavage. Voici du reste une machine à laver et à rincer au large, fonctionnant par courroie pour les tissus en pièces (*fig.* 6).

On en est arrivé même à faire suivre le lavage et la décoloration d'une machine à sécher, à apprêter et à calandrer, dont la forme et le mouvement se rapprochent beaucoup de la machine à sécher le papier, que nos lecteurs connaissent, sans aucun doute, pour l'avoir vue fonctionner à toutes les expositions.

Sixième opération : Apprêt. — L'apprêt des toiles se fait avec les mêmes produits et de la même manière que l'apprêt du linge dans le blanchissage.

Des bains d'amidon, de fécule et de diverses solutions gommeuses et cireuses, sont préparés à l'avance pour certains tissus qui exigent une grande fermeté.

Un repassage sous des cylindres chauffés, lorsque la toile est encore très humide, constitue aussi un très bon apprêt.

Enfin le *mangle* est l'appareil le plus employé par les apprêteurs de toile (Voir page 182, *fig.* 36).

A la fin du chapitre *le Blanchissage industriel du linge*, nous donnerons les meilleurs modèles des machines à calandrer et à apprêter.

L'opération de l'apprêt proprement dit, du cylindrage, du repassage et du satinage des toiles, est toujours suivie du métrage et de l'empiéçage. La toile, au sortir des diverses machines que nous venons d'énumérer, est reprise par une sorte de métier où elle est détirée, mesurée et

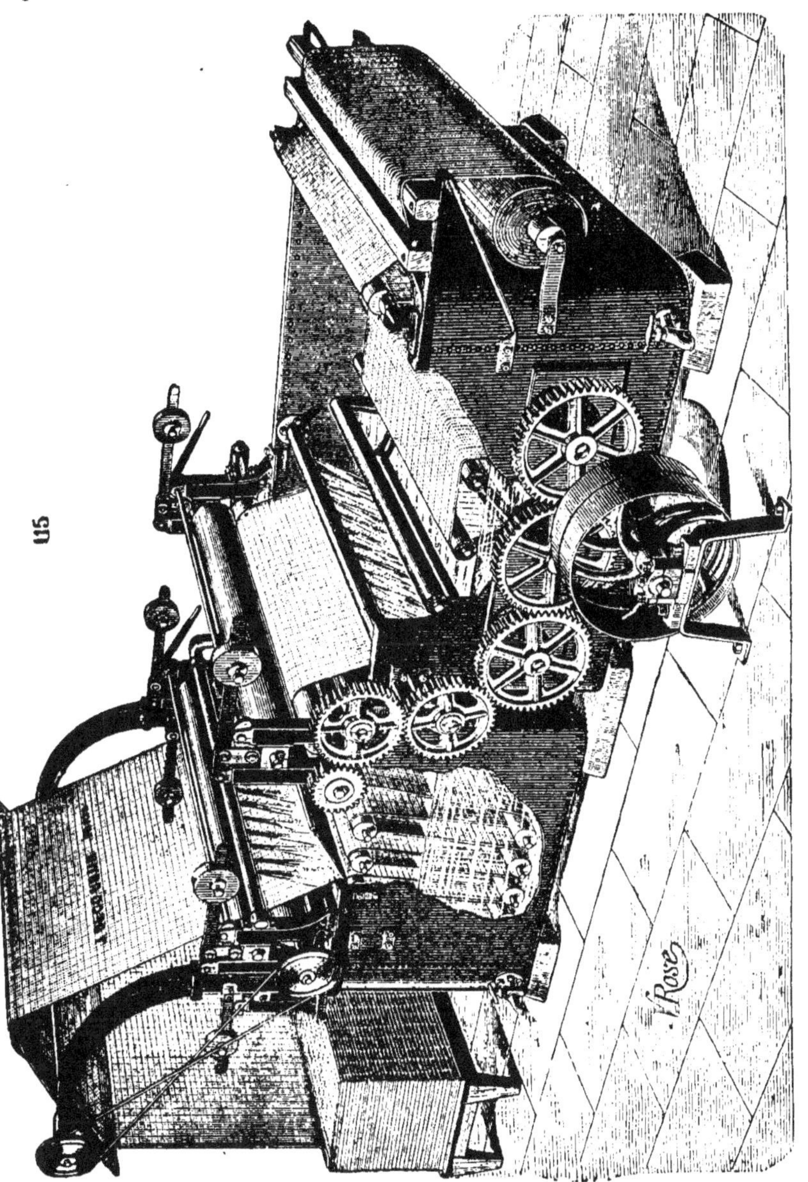

Fig. 6. — Machine à laver au large.

mise en pièces, telle enfin qu'on la livrera dans le commerce de gros ou de détail,

CINQUIÈME PARTIE

BLANCHISSAGE DU LINGE

CHAPITRE PREMIER

LE BLANCHISSAGE A PARIS

Son importance. — On ne saurait nier l'importance prise depuis quelques années par l'industrie du blanchissage du linge.

A Paris et dans sa proche banlieue, dans les principaux centres qui l'environnent : Boulogne-sur-Seine, Rueil, Arcueil-Cachan, Vanves, Meudon, Sèvres, Chaville, Clichy, Courbevoie, Puteaux, Issy-les-Moulineaux, Gentilly, Saint-Maur, Saint-Denis, Versailles, Viroflay, etc., cette industrie du blanchissage occupe du cinquième au tiers du nombre des habitants. Plus de sept mille industriels l'exercent en grand dans ces localités et dans Paris, et chacun d'eux fait en moyenne un chiffre d'affaires évalué à 50,000 francs par an, soit pour l'ensemble 350,000,000 de francs de blanchissage par an, et, à raison de trois cents jours ouvrables dans l'année, cela nous donne 1,166,666 francs de blanchissage par jour, rien que pour Paris.

En province, à part quelques grandes villes, telles que Lyon, Lille, Rouen, Le Havre, Bordeaux, Nancy, Nantes, etc., le blanchissage industriel du linge n'existe qu'à l'état embryonnaire. Le blanchissage se fait encore dans chaque famille avec un outillage plus ou moins perfectionné, dont le rendement est inappréciable et l'évaluation impossible. Le repassage ou lissage est presque seul confié à l'entreprise privée. Néanmoins, on estime que chaque individu dépense, en France, pour le blanchissage de son linge, au minimum 1 franc par semaine, ce qui fait pour 38,000,000 d'habitants, 38,000,000 de francs de dépenses par semaine, et près de deux milliards par an. Sur ce dernier chiffre, Paris, avec sa population flottante, ses visiteurs, son luxe, ses fêtes et ses réceptions, compte pour 350,000,000 de francs, comme il est dit ci-dessus.

Calculs d'évaluation. — On estime qu'il est sali, journellement, dans la capitale, plus de deux millions et demi de kilogrammes de linge pesé sec, qui forment près de 8,000,000 de pièces, se décomposant ainsi :

		Kilos
800,000	grandes pièces : draps de lits, alèzes, flèches, etc., pesant chacune en moyenne 1 kil. 200, et ensemble	960,000
2,360,000	pièces moyennes de table ou d'office : serviettes, essuie-mains, torchons, etc., pesant chacune en moyenne 140 grammes, et ensemble	330,400
42,850	grandes pièces de tables et d'office : nappes, napperons, etc., pesant chacune en moyenne 350 grammes, et ensemble.	14,997
390,000	grandes pièces de linge de corps : chemises, jupons, robes, etc., pesant chacune en moyenne 550 grammes et ensemble	214,500
510,000	pièces moyennes de linge de corps : caleçons, camisoles, gilets, pantalons, etc., pesant chacune 400 grammes, et ensemble	204,000
4,102,850	*A Reporter.*	1,723,897

4,102,850	*Report.*	1,723,897
1,250,000	petites pièces de linge de corps : paires de bas, de chaussettes, de manches et de manchettes, faux-cols, parures diverses, mouchoirs, etc., pesant chacune 200 gr., et ensemble	250,000
1,348,000	pièces de linge d'enfants, fillettes, garçonnets et bébés, pesant chacune en moyenne 180 grammes, et ensemble. . . .	242,000
842,000	pièces d'ameublement: paires de rideaux housses, couvertures, tapis, portières, couvre-pieds, etc., pesant chacune en moyenne 800 grammes, et ensemble. . . .	673,600
	Soit :	
7,542,850	pièces, pesant ensemble	2,889,497

qui sont blanchies chaque jour par les blanchisseurs de Paris et sa banlieue, pour la somme totale de 1,166,666 francs, ce qui remet chaque kilogramme de linge blanchi à 0 fr. 40, et chaque pièce de linge à 0 fr. 15 en moyenne.

CHAPITRE II

LE BLANCHISSAGE MODERNE
DANS LA FAMILLE
OU CHEZ LES PARTICULIERS

I. — BLANCHISSAGE PROPREMENT DIT

La pratique moderne. — La pratique du blanchissage dans la famille comprend, en tout, neuf opérations, qui sont : 1° la division ou triage; 2° l'essangeage; 3° le lessivage ; 4° le lavage ; 5° le rinçage ; 6° l'azurage ; 7° le séchage ; 8° l'apprêt ; 9° le lissage ou repassage.

Division ou triage. — Essangeage. — Le linge de cuisine formera une sorte ; les draps de lit, une autre sorte ; le linge de corps, une troisième ; le linge de table, une quatrième ; et enfin le linge fin, une cinquième et dernière sorte.

Le linge, ainsi divisé, permet un essangeage rapide et méthodique.

Le linge fin se contentera le plus souvent d'une immersion dans l'eau et d'un léger lessivage ; le linge de table exigera, au contraire, un détachage préalable des taches de vin, de fruits et de café, etc., — ce qui peut se faire dans l'eau alcaline à 1 ou 2 degrés, — en frottant avec un savon légèrement caustique les taches dont nous venons de parler ; le linge de corps devra être trempé dans l'eau froide, et les taches de sang frottées et décolorées, soit avec une vieille lessive plutôt froide que chaude ; les macules et les endroits recouverts d'une crasse épaisse devront être frottées avec un morceau de savon ; les draps de lit seront simplement mouillés à grande eau, et les taches de sang et autres enlevées en partie, comme nous venons de le dire. Quant au linge de cuisine, on le fera tremper d'abord dans l'eau chaude, dans laquelle on aura fait fondre un peu de soude ou de potasse, puis on le rincera dans une eau plus chaude encore, et on le placera tout au fond de l'appareil à lessiver.

Pour essanger à la main, on se sert de la *brosse* et du *battoir*, du *savon noir*, et du *savon de Marseille*. Quelques personnes se servent aussi du savon écossais marbré rouge ou bleu, ainsi que du savon bronze dur. A part quelques étoffes de couleur tendre, qui ne subissent pas du reste l'action de la lessive, l'usage de ces derniers savons doit être banni. Le bon savon noir pour la graisse du linge de cuisine, et le bon savon marbré bleu de Marseille pour la crasse et autres impuretés, suffisent dans la plupart des cas.

La *brosse* (*fig.* 7) à employer est en chiendent, elle a ordinairement 12 centimètres de longueur sur 5 centimètres de largeur, et possède quarante-huit trous à la surface extérieure. C'est par ces trous que passent les faisceaux de chiendent pliés en deux, sous forme de boucles,

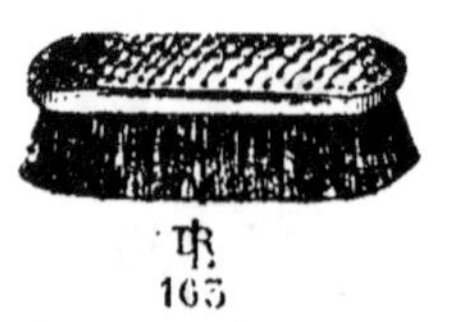

Fig. 7. — Brosse.

et retenus ensemble par des bouts de ficelles reliés et croisés entre eux et sur la partie extérieure de la brosse. La brosse de chiendent doit être bien fournie, les brins ne doivent pas avoir plus de 2 centimètres, et autant que possible ne doivent retenir aucun chevelu. Les meilleures brosses pour le linge sont faites avec des petits brins de chiendent bien peignés.

Le *battoir* (*fig.* 8) est en bois de charme ou de châtaignier; le sapin est trop faible et s'imbibe trop facilement d'eau; l'acacia est trop lourd, et le chêne noircit le linge. On en

Fig. 8. — Battoir.

fait aussi en pitch-pin qui réussissent très bien. La brosse doit servir le moins possible, et rien que pour enlever les matières solubles faisant saillie à la surface du linge. Chaque coup de brosse doit être précédé et suivi d'un mouillage à grande eau de la pièce traitée. On obtient ce mouillage de l'endroit frotté, en plaçant la pièce sur une planche inclinée trempant dans l'eau, et en accompagnant chaque coup de brosse d'une petite vague d'eau.

Le battoir servira pour le linge de cuisine et pour tout le linge crasseux, dans lequel la crasse ou la graisse forme corps avec le tissu. On trempe la pièce de linge dans la solution alcaline, savonneuse, chaude ou froide, puis on la roule sur elle-même, et on la frappe avec le battoir sur la planche. On recommence plusieurs fois ce mouvement, en ayant bien soin de ne pas enrouler deux fois de suite la pièce dans le même sens, et en la retrempant chaque fois dans l'eau. Le battoir exprime le liquide contenu dans la fibre naturellement spongieuse, et celui-ci entraîne au dehors les matières dissoutes dans l'eau. Le battoir assouplit aussi la fibre, la détend, la déplace, et permet ainsi à l'eau de dissolution de passer facilement entre les mailles du tissu.

Néanmoins, la brosse et le battoir, bien qu'indispensables dans un essangeage à la main, devront n'être employés que le moins possible, car ils ont des effets désastreux pour la solidité de la fibre.

L'essangeuse aura donc, pour matériel strictement nécessaire, un baquet (*fig.* 9) monté sur trépied,

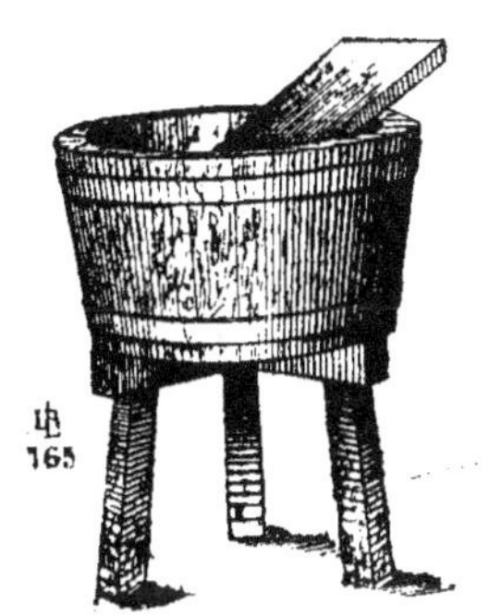

Fig. 9. — Baquet.

une planche unie en sapin ou en charme, de 60 centimètres de longueur sur 25 centimètres de largeur, et un ou deux tréteaux pour mettre le linge et le faire égoutter.

Les baquets cerclés de fer galvanisé de la maison Decoudun, E. Delaroche et ses neveux, successeurs, montés sur trépieds en fer ou en bois assemblés, sont très solides. Quant à ses tréteaux en fer ou en bois, ou en fer et bois assemblés, ils sont du dernier genre, à bon marché, et de plus, très solides.

La maison Decoudun s'est fait une spécialité dans les appareils et outils nécessaires au blanchissage.

Lessivage. — C'est là une opération des plus importantes. D'elle, dépend le parfait décrassage du linge. Un mauvais lessivage entraine toujours avec lui un mauvais lavage, un mauvais azurage, un vilain apprêt, et encore un plus vilain repassage. Si votre lessive a été bien faite, dans un appareil bien conditionné, votre linge sera bien lavé, bien détaché, bien blanc, bien apprêté, bien repassé, sentant bon et parfaitement conservé. Selon que votre lessive sera plus ou moins manquée, ou opérée dans un appareil plus ou moins défectueux, selon aussi votre linge sera plus ou moins blanchi, et la fibre plus détruite, brûlée ou détériorée.

La première condition pour faire une bonne lessive c'est d'avoir un bon appareil ; et c'est pourquoi nous nous élevons contre les petites lessiveuses qu'on vend à bon marché dans les bazars. Celles-ci sont à tel point défectueuses, qu'elles abrègent de plus de moitié la durée du linge. Leurs dispositions rapprochent trop le linge du feu pendant le coulage, et permettent à la partie chauffée de brûler la fibre, en présence d'un alcali d'autant plus puissant et détériorant, qu'il agit seul sans être détendu par l'eau. Nous allons justifier notre critique.

Fig. 10. — Lessiveuse de ménage.

La petite lessiveuse (*fig.* 10), pour être vendue bon marché, doit contenir beaucoup de linge, par rapport à sa contenance totale et à son prix de vente.

Elle sera donc construite avec de la tôle très peu épaisse et elle n'offrira que peu d'espace libre pour séparer l'eau de lessive avec le linge, de l'endroit chauffé directement par le feu. Il s'ensuit qu'avant l'opération le linge repose à peu de distance de la tôle mise directement en contact avec le feu, et, qu'après quelques minutes, l'eau de lessive, réduite par un chauffage trop rapide dans un espace trop restreint, se vaporise aussitôt sans se condenser. Le linge est alors soumis à une sorte de cuisson à sec, ou bien, si l'on veut, dans un volume réduit de vapeur sèche, en présence d'un acide d'autant plus violent qu'il est moins saturé d'eau, et qui s'est dégagé de la soude ou de la potasse contenue dans la lessive.

Le principe qui a guidé la plupart des constructeurs de lessiveuses a été de faire à bon marché, tandis que le principe qu'ils devaient appliquer eût dû être de faire de bons lessivages.

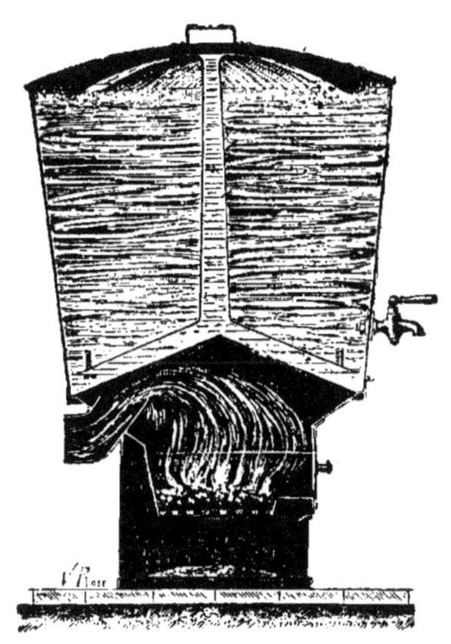

Fig. 10 *bis*.
Coupe d'une lessiveuse de ménage.

Rien qu'en regardant la coupe de l'un de ces appareils, on est convaincu des difficultés et des inconvénients qu'ils présentent (*fig.* 10 *bis*).

Dès qu'on commence à chauffer cette eau en activant le feu du foyer, elle s'échauffe, augmente de volume, et, retenue par la masse de linge, elle s'échappe avec l'ébullition par la colonne montante dont l'intérieur est libre. Arrivée en haut, l'eau devenue bouillante s'échappe, vient frapper le dessous du champignon, et retombe de chaque côté de la colonne sur la surface du linge ; pendant quelques instants, l'eau de lessive traversera les différentes couches de linge, entraînera avec elle les impuretés et la crasse rendues solubles par la chaleur et l'alcali, et remontera ensuite dans le tube par le même moyen que précédemment. A ce moment, l'appareil fonctionne bien.

Mais en peu de temps le degré de température, dans un espace aussi restreint et avec un volume d'eau si réduit, s'élèvera considérablement, transformera l'eau en vapeur, et celle-ci, ne pouvant se condenser, ne retombera plus sur le linge, ne le traversera plus comme au début de l'opération. Elle restera, au contraire, suspendue au-dessus du linge, entre le couvercle et le champignon, et, se dilatant alors, le couvercle étant hermétiquement fermé, elle comprimera le linge, en pressant sur le double fond en dépit de tout coulage et de tout lessivage rationnel. Si, au contraire, le couvercle est mal fermé, la vapeur s'échappera à l'air libre, et l'eau de lessive sera de plus en plus réduite pour terminer à sec dans un récipient soumis à une température directe de plus de 100 degrés.

On a essayé d'enrayer le mal et de faire disparaître, ou tout au moins de diminuer, ces inconvénients multiples de la petite lessiveuse dite portative.

On a d'abord conseillé aux ménagères de mettre beaucoup de savon mousseux dans leur appareil. Le savon, faisant soulever le linge en moussant, soulevait aussi le couvercle, et l'eau de lessive s'échappait de même. On a ensuite modifié le système d'ascension de la lessive, en le transportant du centre à la périphérie. Deux ou trois tubes partant de l'espace compris entre le fond et le double fond, remplacent le tube central pour l'ascension de l'eau de lessive, qui circule alors le long de la paroi extérieure en contact avec l'air. Un certain refroidissement se produit, la lessive monte avec difficulté, mais elle a l'avantage d'arriver liquide sur le linge. Le degré d'ébullition se maintient, avec ce nouvel appareil, beaucoup plus longtemps qu'avec les autres ; mais la fin de l'opération a les mêmes inconvénients que ceux que nous avons décrits, et qui se présentent aussitôt que l'équilibre, entre la montée et la descente de la lessive à travers le linge, est rompue par l'élévation excessive de la température au fond du récipient et sous le couvercle.

On a cherché aussi à augmenter le volume d'eau, en remontant de quelques centimètres le double fond, mais on augmentait alors, du même coup, les dimensions de l'appareil, dont le prix s'éleva considérablement, tandis qu'on augmentait également, et par la même occasion, la dépense en soude et en savon.

Le tort de la plupart des ménagères qui recherchent un bon appareil à lessiver, est de ne pas se renseigner sur la valeur et la forme de tel ou tel de ces appareils, avant de l'acheter. Ainsi, parmi les constructeurs qui s'occupent spécialement des machines et appareils destinés au blanchissage du linge, il s'en trouve qui ont compris la nécessité de construire une lessiveuse permettant de faire la lessive à bon compte, tout en ménageant la solidité des tissus à blanchir.

Nous emprunterons encore à l'ancienne maison Decoudun la figure de l'un de ces nouveaux appareils qui, par leurs dispositions parfaitement raisonnées, évitent la cuisson du linge, et partant, son usure prématurée, due seulement à un mauvais lessivage.

MM. Delaroche et ses neveux ont fait de nombreux essais, et ils se sont arrêtés à un type qui nous semble remplir toutes les conditions exigées d'un appareil économique, fonctionnant selon les règles. Ils ont nettement séparé le fourneau, la cuve et la chaudière. Dans les autres lessiveuses que nous avons décrites, la chaudière est l'espace compris entre le double fond et le fond même du récipient. Dans l'appareil de Decoudun, rien de tout cela; il y a la cuve, la chaudière et le fourneau, formant trois choses distinctes (*fig.* 11). La cuve est placée en haut, et le fourneau et sa chaudière en dessous. L'eau est chauffée dans la chaudière qui communique avec l'extré-

Fig. 11.
Lessiveuse de ménage Decoudun.

mité inférieure de la cuve par le tube muni d'une soupape. Celle-ci se ferme automatiquement, dès que la chaudière est aux trois quarts pleine. Lorsque l'eau chauffée a atteint la période d'ébullition, elle dégage la vapeur produite à la partie supérieure de la chaudière laissée libre par la fermeture de la soupape. Au fur et à mesure que la vapeur augmente de volume, elle agit par compression sur la surface de l'eau bouillante qui se trouve au-dessous d'elle, et la chasse bientôt au dehors; celle-ci se précipite alors par le seul chemin qui lui reste, et, montant par le tube, elle vient s'épandre sur le linge qui est dans la cuve. La vapeur la suit à son tour et vient se condenser sous le couvercle par le refroidissement et le contact de l'air du dehors. La chaudière vidée se remplit par le tube et à l'aide de l'eau qui repose entre le fond et le double fond. Cette eau s'échauffe à nouveau dans la chaudière, et l'ascension de la lessive recommence bientôt comme la première fois et ainsi de suite, sans jamais faire sortir par la colonne montante autre chose que du liquide bouillant, chassé au dehors de la chaudière par un petit volume de vapeur sous pression, qui l'accompagne jusqu'en haut de l'appareil, et qui, en quittant la chaudière, y fait le vide et permet l'ouverture de la soupape du tube. La portion d'eau de lessive qui vient d'être projetée à la surface du linge, après avoir passé du haut jusqu'en bas, entre les différentes couches de ce linge et par tous les pores du tissu, arrive enfin au fond de la cuve, et remplace dans la chaudière incessamment, et jusqu'à ce qu'on arrête le coulage et qu'on éteigne le feu, la portion de lessive qui vient de s'écouler par le tube. Cette disposition, basée d'ailleurs sur le principe de la chaudière à ébullition, très employée chez les blanchisseurs de moyenne importance, permet d'éviter la cuisson de la crasse et l'usure prématurée du linge. Elle assure, en éloignant celui-ci du feu, en le laissant toujours saturé d'eau alcaline, en facilitant la saponification et l'entraînement de toutes les matières étrangères, la conservation du tissu et son nettoiement parfait.

Avec la lessiveuse Decoudun, l'opération du lessivage demande une demi-heure seulement de plus qu'avec les autres appareils, même les plus perfectionnés, mais elle procure une économie notable dans l'emploi des produits chimiques et dans la consommation du combustible. Bien que cet appareil de Decoudun soit d'un prix un peu plus élevé que les autres, à cause du jeu de tubes, de la soupape et de la chaudière séparées ; nous n'hésitons pas à en conseiller l'emploi exclusif aux ménagères désireuses d'éviter l'usure de leur linge par le blanchissage. Nous sommes certains qu'au bout de deux ou trois lessivages comparatifs, elles s'apercevront de la véracité de nos dires, et si, à ce moment, elles font la balance entre l'achat des uns et les inconvénients des autres, elles verront qu'il y a avantage à acheter, pour quelques francs de plus un appareil bien construit et méthodiquement disposé, de préférence à un appareil qui cuit la crasse, quand il ne brûle pas complètement, et sans espoir de retour, le tissu qu'il devait nettoyer.

Munie donc d'un appareil Decoudun, la ménagère faisant elle-même sa lessive devra mettre les torchons dans le fond de la cuve, les draps par dessus, le linge de table ensuite, le linge de corps après, et tout en haut, le linge fin, qu'on recouvrira de pièces de gros coton, caleçons, tricots, bas, couvertures, etc.

Cette manière de procéder résume les différents principes d'encuvage édictés par les patriciens. Mais avant de procéder à l'encuvage du linge, il faut mettre dans la cuve la mesure d'eau contenant de la soude, de la potasse ou de la cendre dissoute et filtrée, le tout en proportion avec la grandeur de l'appareil, la quantité de linge à lessiver, et aussi la quantité et la nature des matières salissantes qu'on a à enlever.

Ce dosage se fera très bien, dès qu'on aura acquis quelque peu d'expérience, mais, en raison même des motifs qui en décident, nous ne pouvons indiquer ici les proportions de sel et d'eau en regard de la quantité de linge à lessiver, que d'une manière très approximative. On remarque que plus la quantité de linge à lessiver est réduite, plus la quantité d'eau et de soude augmente en proportion, et inversement diminue, sans toutefois dépasser certaines limites.

La quantité de soude peut varier aussi, suivant la qualité de celle qu'on emploie. Il est évident qu'il faudra moitié moins de soude à 60 degrés que de soude à 30 degrés, pour obtenir une même lessive. Un peu de causticité ne messied pas à une bonne lessive; elle permet une saponification rapide et complète, et, lorsque le degré de causticité est faible, la lessive qui en est le résultat n'attaque en aucune façon la fibre.

Nos ménagères ayant l'habitude d'acheter, soit des cristaux, soit des sels de soude mélangés, dans le genre du Phénix, pour faire leur lessive, nous leur donnerons nos proportions avec l'emploi de ces deux produits, les cristaux de soude et la lessive Phénix. Le linge étant bien essangé comme nous l'avons dit, on fera dissoudre dans de l'eau tiède :

Quarante grammes de cristaux de soude à 30 degrés avec 5 grammes de savon noir par kilogramme de linge pesé sec. (La quantité d'eau à mettre dans l'appareil à lessiver, sera de 1 kilogramme d'eau pour 1 kilogramme de linge pesé sec, mais mouillé ensuite avant la mise au cuvier, soit 1 kil. 500 par chaque kilogramme de linge pesé sec.) Ou bien 30 grammes de sel Phénix à 50 degrés avec 3 grammes de savon, ou 35 grammes de sel Phénix sans savon pour la même quantité de linge et d'eau que ci-dessus.

En résumé, on mettra dans le cuvier pour 100 kilogrammes de linge sec, 150 kilogrammes d'eau et 4 kilogrammes de cristaux avec un demi-kilogramme de savon
noir, ou 3 kilogrammes de sel Phénix avec 300 grammes
de savon noir; ou bien encore, 3 kil. 500 de sel Phénix
seulement.

Le savon et le sel seront dissous dans un seau ou dans
un petit baquet, puis, la dissolution sera jetée dans la
cuve avant l'encuvage du linge. A cet effet, on place une
grosse toile ou charrier formant filtre sur le dessus du
cuvier, et on passe ainsi la dissolution à travers. Le
résidu est fondu encore une fois, si c'est possible, et tout
ce qui ne peut fondre doit être impitoyablement rejeté.
Ceci fait, on procède à l'encuvage, comme nous l'avons
dit, en allongeant bien les pièces de linge, et en évitant
de faire avec elles des trous et des bosses dans l'intérieur
du cuvier. Les objets de toile serrés seront allongés le
long des parois extérieures; une toile blanche, mais
grossière, entourant la colonne montante pour l'isoler du
reste du linge. Le cuvier étant couvert, le feu allumé, la
première jetée de lessive tiède sur le linge ayant été faite
à l'aide d'un seau, on laissera le lessivage se faire
ensuite de lui-même. L'opération dure à peine trois
heures pour du linge bien essangé, quatre au plus, dans
le cas contraire. On peut cependant, au bout d'une heure
ou deux, enlever le linge fin, et commencer à le laver,
pendant que le lessivage se continue pour le reste du linge.
On fera bien de laisser le linge se reposer après la dernière
jetée, c'est-à-dire qu'il faudra laisser un intervalle d'une
heure environ, entre le moment où l'on a cessé d'entretenir
le feu, et le moment où l'on découvrira le cuvier, pour
commencer le lavage du linge lessivé qu'il contient,

Ce repos du linge dans la cuve, sans être obligatoire, a sa raison d'être. Il permet d'abord à la lessive répandue dans toute la masse, de s'égoutter au-dessous du double fond et dans la chaudière, et ensuite d'achever la saponification de la crasse, sous l'influence d'une température lentement décroissante. Ce que l'on vient de dire explique l'habitude prise par les blanchisseurs de couler leur lessive le soir, de six heures à minuit, par exemple, pour ne commencer le décuvage que le lendemain matin. Le repos de la lessive a, en ce cas, une durée de cinq à six heures, mais il s'agit d'un volume considérable de linge pouvant atteindre plusieurs mètres cubes, et un poids de 700, 800 et 1,000 kilogrammes de linge pesé sec.

En ramenant à une heure ou deux, au plus, le repos de la lessive d'une ménagère, nous restons dans la réalité. Il faut, d'ailleurs, éviter un refroidissement trop complet ou trop brusque du linge après le lessivage, car la coloration rousse de la lessive même se fixerait sur le linge, et il y aurait arrêt dans la saponification de la crasse. Les précipités de celle-ci non combinés encore avec l'alcali de la lessive, se déposeraient alors sur tous les endroits où la trame est serrée, épaisse ou peu élingée, c'est-à-dire non amincie par l'usage.

Les appareils vendus couramment et à bon marché dans les bazars doivent être rejetés, comme nous l'avons dit, par la ménagère soucieuse de ses intérêts ; les autres appareils, lorsque la chaudière fera partie de l'ensemble, devront être sérieusement examinés avant l'achat. Il faudra s'assurer, d'une part, que la partie réservée au-dessous du double fond pour le chauffage de la lessive, est au moins le cinquième de l'ensemble comme contenance ; que le double fond perforé de petits trous très rapprochés est solidement établi et bien horizontalement placé ; que le tube ascenseur de la lessive est parfaitement soudé au-dessous de ce double fond, et que toute la partie basse de l'appareil est en tôle beaucoup plus forte que la partie haute.

Numérotage des appareils mobiles. — Les lessiveuses ont un numérotage spécial, qui correspond avec le nombre de kilogrammes de linge pesé sec, qu'elles peuvent lessiver à la fois. Cependant, ce numérotage varie souvent avec le fabricant, et les renseignements que nous donnons ci-dessous ne sont qu'approximatifs :

Le n° 1 contient 10 k. de linge pesé sec.

—	2	—	20	—	et mesure $0^m,43$ de hauteur de cuve.
—	3	—	30	—	—	$0^m,50$	—
—	4	—	50	—	—	$0^m,53$	—
—	5	—	70	—	—	$0^m,56$	—
—	6	—	100	—	—	$0^m,64$	—
—	8	—	150	—	—	$0^m,80$	—
—	9	—	200	—	—	$0^m,88$	—
—	10	—	250	—	—	$0^m,92$	—

Le dernier ayant, pour diamètre intérieur, en haut, $1^m,20$.

A partir de 250 kilogrammes, la lessiveuse pesant à elle seule plus de 120 kilogrammes environ, et avec son fourneau plus de 300 kilogrammes, cesse d'être transportable, et, dans ce cas, il vaut mieux adopter un autre moyen, celui de lessiver avec une cuve fixée à demeure sur un solide bâti en briques. Le dernier type, le n° 12, qu'on rencontre rarement dans le commerce, peut contenir de 300 à 350 kilogrammes de linge pesé sec. Comme pour mouiller ce linge, il faut son poids en eau, soit 350 kilogrammes, et pour le lessiver, environ autant, le poids total de l'appareil en plein fonctionnement atteindra donc : en linge 350 kilogrammes, plus 2 fois 350 kilogrammes en eau, plus le poids du fourneau et de la cuve, 300 = 1,350 kilogrammes.

On voit, avec un poids pareil, combien il faut rendre stables et solides les assises qui le supportent.

Afin de faire mieux saisir au lecteur la quantité, le volume que représentent 310 kilogrammes de linge pesé sec, nous allons décomposer ce poids, suivant le nombre et la nature des pièces de linge, qu'une ménagère aurait à lessiver pour emplir la cuve d'une lessiveuse n° 12 :

Linge commun, dit de ménagère :

60 draps à 1 kil. 600 l'un......................	96 kil.
300 serviettes diverses, à 120 grammes l'une.....	36 »
400 torchons, essuie-mains, etc., à 140 grammes l'un..............................	56 »
3 nappes, etc., à 1 kil. 100 l'une...	3 300
50 chemises d'homme (pour le jour, et avec cols et poignets), à 350 grammes l'une.........	17 500
50 chemises de femme (pour le jour), à 300 gr. l'une.................................	15 »
24 chemises de nuit d'homme, à 320 grammes l'une.................................	7 780
24 chemises de nuit de femme, à 370 grammes l'une.................................	13 200
30 taies d'oreiller, à 215 grammes l'une........	6 450
240 mouchoirs, à 60 grammes l'un.......... ...	14 400
36 paires de chaussettes, à 90 grammes l'une...	3 240
24 paires de bas, à 110 grammes l'une	2 600
8 camisoles, à 250 grammes l'une............	2 »
24 pantalons de femme, à 350 grammes l'un....	8 400
24 caleçons d'homme, à 440 grammes l'un.....	10 560
16 jupons de dessous, à 550 grammes l'un......	8 »
8 jupons de dessus, à volants, etc., à 720 gr. l'un..	6 160
1 couverture de coton	3 250
1,322 pièces pesant ensemble	309 840

La maison Delaroche et ses neveux construit des appareils mobiles à lessiver dont voici la description et les dimensions (*fig.* 12 et 13).

APPAREILS A LESSIVER A UNE CUVE

Numéros	Contenance approximative du cuvier en linge pesé sec	Dimensions du cuvier	
		Diamètre intérieur	Hauteur extérieure
0	100 kilogr.	1^m »	$0^m,60$
1	150 —	$1^m,10$	$0^m,80$
1 *bis*	200 —	$1^m,25$	$0^m,80$
2	250 —	$1^m,25$	1^m »
2 *bis*	300 —	$1^m,35$	1^m »

L'appareil se compose de deux parties principales : une chaudière indépendante avec son fourneau, et une cuve ou deux cuves reliées à cette chaudière.

La chaudière est en tôle, hermétiquement fermée, installée sur un fourneau en métal, garnie de pièces en terre réfractaire formant foyer, et munie d'un robinet de vidange. Une tuyauterie de cuivre établit la communication entre la cuve et la chaudière, de manière que la lessive contenue dans cette dernière s'élève par le tuyau vertical et se répande en pluie par le champignon. La rentrée de la lessive se fait par le tuyau du bas.

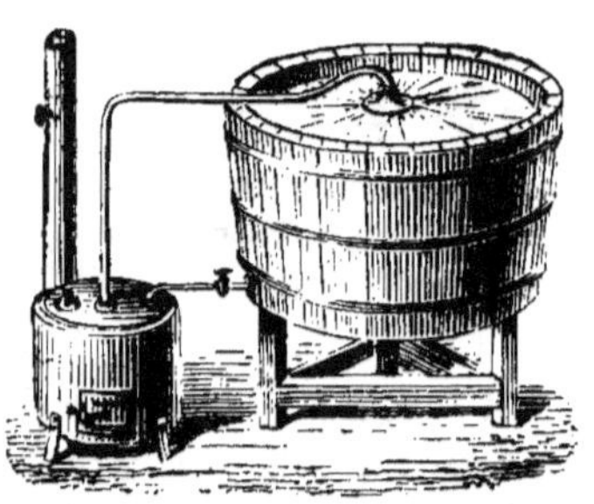

Fig. 12.
Appareil à lessiver par ébullition.

On appelle ce genre d'appareil, des *appareils à lessiver par ébullition*. Il faut que la chaudière soit en contre-bas de la cuve, de manière que la lessive, du double fond de celle-ci, puisse s'écouler dans la chau-

Fig. 13. — Appareil à lessiver par ébullition.

dière après avoir traversé le linge. Pour obtenir ce résultat, on place la cuve sur un trépied, ou bien on abaisse la chaudière et son fourneau, de telle manière que le dessus de la chaudière soit à hauteur du fond du cuvier.

APPAREILS A LESSIVER A DEUX CUVES

Numéros	Contenance approximative de chaque cuvier en linge pesé sec	Dimensions des cuviers	
		Diamètre intérieur	Hauteur extérieure
0	100 kilogr.	1^m »	$0^m,60$
1	150 —	$1^m,10$	$0^m,80$
1 *bis*	200 —	$1^m,25$	$0^m,80$
2	250 —	$1^m,25$	1^m »
2 *bis*	300 —	$1^m,35$	1^m »

Ces appareils donnent d'excellents résultats; la pose en est simple. Ils ne nécessitent presque jamais de réparations, et sont les plus employés partout où l'on ne dispose pas de vapeur.

Le principe qui a dirigé le constructeur dans sa fabrication est celui que nous avons préconisé; il a pour but d'empêcher la cuisson du linge, de forcer l'écoulement de la lessive à travers la masse du linge et par toute cette masse, ce qui assure toujours un parfait lessivage, en évitant l'usure prématurée des tissus.

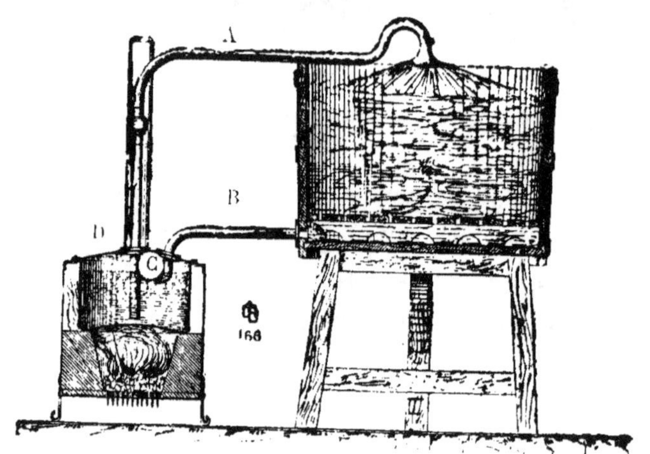

Fig. 14. — Coupe d'un appareil à lessiver par ébullition.

Le phénomène de l'ascension de la lessive dans le tube vertical de la chaudière est assez original pour être décrit ici (*fig.* 14) :

En A se trouve le tube vertical ascensionnel de la lessive ; il possède en D un petit trou pour l'échappement de l'air.

B est le tuyau d'arrivée de la lessive muni à son orifice et dans la chaudière d'une soupape à bascule C. Dès que la lessive arrivant par le tuyau B a rempli la chaudière jusqu'en E, la soupape, se trouvant noyée, ferme d'elle-même le tuyau d'arrivée de lessive. A ce moment, la chaudière est aux 4/5 pleine de lessive, et elle ne le sera jamais davantage ; elle est chauffée alors, et l'ébullition de l'eau de lessive se produit. Un léger nuage de vapeur vient tout d'abord se former à la partie supérieure S de la chaudière, au-dessus de la surface de l'eau ; puis, au fur et à mesure que l'on chauffe, le nuage de vapeur augmente en quantité, en volume, en pression et, resserré bientôt entre la calotte de la chaudière et l'eau, il agira par pression sur la surface de l'eau, et, semblable à la poudre dans le fond du canon, la vapeur triplant, décuplant son volume par l'expansion, chassera la lessive par le tube A, le seul qui présente une libre sortie, puisque le tube B est fermé par la soupape C qui se serre d'autant plus sur l'orifice que la force vient davantage s'exercer sur elle de l'intérieur de la chaudière.

La lessive chassée de la chaudière par l'expansion rapide du volume de vapeur fera donc son ascension par le tube A, et, lorsqu'elle arrivera au point où ce tube devient horizontal, elle s'écoulera naturellement sur le cuvier. Un champignon retourné, sorte d'arrosoir qui la reçoit au bout du tube, aide, par sa disposition, à répandre cette lessive d'une manière égale, sur toute la surface du linge.

On voit que les appareils à lessiver, construits par la maison Delaroche et ses neveux, sont conformes à la théorie que nous avons développée pour assurer un parfait lessivage en même temps que la conservation du linge. Les ménagères, les maisons bourgeoises, communautés, châteaux, hôtels, fermes, petites blanchisseries, etc., feront bien de supprimer toutes leurs petites lessiveuses qui usent plus le linge qu'elles ne le blanchissent, et de les remplacer immédiatement par l'appareil méthodique de Decoudun.

Nous avons donné ci-dessus les dimensions de ces appareils. En consultant nos deux tableaux, on pourra déterminer l'appareil qui convient le mieux pour telle ou telle exploitation.

Le prix de ces appareils varie suivant les numéros et les grandeurs, il se chiffre entre 3 et 500 francs.

Bouillage du linge. — Nous terminerons par une revue des procédés étrangers. En règle générale, en Allemagne, en Angleterre, en Suisse, en Belgique et en Amérique, on ne lessive pas le linge, *on le fait bouillir*, aussi bien chez les blanchisseurs que dans les familles. Il n'y a qu'en France, dans les pays d'origine latine et grecque, en Asie et en Afrique, qu'on pratique depuis un temps immémorial le lessivage.

Le bouillage du linge se fait dans des appareils peu compliqués ; une marmite, une casserole qu'on pose tout simplement sur le feu. On a soin d'avoir une double cloison dans ces récipients, pour que le linge soit séparé de la partie chauffée par une certaine quantité d'eau, dont l'épaisseur protègera le linge des effets d'une cuisson trop directe. En résumé, le bouillage du linge est une application du procédé culinaire bien connu : *le bain-marie*. Il a cet avantage sur la méthode de lessivage, c'est qu'il agit beaucoup plus rapidement et fait un linge beaucoup plus blanc. En vingt-cinq ou trente minutes de bouillage, le linge est lessivé, prêt à être rincé, tandis qu'il faudra quelques heures, trois ou quatre heures environ de notre appareil à lessiver, pour donner le même résultat ; mais, il faut bien le dire, cette rapidité dans l'opération de blanchir, ne peut s'exercer qu'au détriment des tissus. Ce dernier, dans le bouillage, est soumis à l'action brutale de l'eau alcaline en mouvement dans tous les sens. Pour que cette action se fasse sentir immédiatement, il faut que l'eau chauffée et chargée de sels alcalins attaque immédiatement la fibre encrassée. Le dégraissage ne se fait pas comme dans le lessivage par petits prélèvements successifs, déterminés par une eau légèrement alcaline, agissant lentement, mais modérément sur les parties crasseuses, il se fait à l'emporte-pièce, par voie d'arrachement qui n'est pas sans désorganiser les tissus ; d'autant plus que cette action s'exerce aussi bien là où il n'y a pas de crasse que là où il y en a.

Dans le lessivage, au contraire, il se produit une combinaison lente et parfaitement graduée. Une eau alcaline, absolument inoffensive à l'égard du tissu, commence (sous l'action de la chaleur qui ne dépasse pas toutefois 100 degrés), à se combiner avec la crasse, pour former avec elle ensuite un savon soluble que l'eau entraîne. Le lessivage est, comme on l'a dit, une fabrique de savon. Le bouillage ne permet pas la saponification de la crasse, ni des impuretés grasses, ni des matières colorantes ; c'est donc plutôt une opération mécanique qu'une opération chimique, et c'est à ce point de vue que les petites lessiveuses, qu'on vend dans le commerce, et qui reposent à la fois sur le lessivage au début de l'opération, et sur le bouillage à la fin, sont loin d'assurer la conservation du linge ; car, dans le lessivage, la combinaison chimique dont nous parlons, la saponification de la crasse, si vous aimez mieux, se fait vers la fin de l'opération et non au commencement ; tandis que dans le bouillage, c'est surtout au début que l'action de l'eau alcaline est efficace et provoque le départ, le détachage de la crasse du tissu.

Ce que nous venons d'avancer est, du reste, prouvé par l'application d'une nouvelle méthode de blanchissage, très répandue dans les familles de l'Allemagne du Nord.

« On fait dissoudre 750 grammes de savon dans 13 ou 14 litres d'eau contenue dans une marmite ordinaire. On chauffe cette solution jusqu'à une température voisine de l'ébullition, puis on y ajoute une cuillerée à bouche d'essence de térébenthine et trois cuillerées d'ammoniaque liquide. On remue le mélange, puis on y plonge le linge à blanchir, au préalable essangé dans de l'eau tiède, puis on ferme hermétiquement le récipient, et on laisse tremper pendant trois heures, après quoi, on peut retirer le linge et le rincer, il est parfaitement décrassé. »

Ainsi s'expriment les auteurs allemands qui se sont spécialement occupés du blanchissage du linge dans la famille. On se demandera après eux, sans doute, ce qui peut bien se passer pendant les deux ou trois heures, pendant lesquelles le linge trempe dans la solution de savon, d'ammoniaque et de térébenthine. Il se produit, tout naturellement, le phénomène de la saponification de la crasse, et c'est justifier à l'aide de la marmite de bouillage, les avantages de la méthode du lessivage.

Quant à la destruction de la fibre par le bouillage, nous nous sommes livrés avec plusieurs blanchisseurs à des essais comparatifs qui ne laissent aucun doute à ce sujet. Nous y reviendrons à propos des machines à laver et à lessiver, appartenant aux divers systèmes français, américain, anglais et allemand [1].

Lavage. — Les personnes qui, après le lessivage,

____

[1] Voir page 222.

désirent laver le linge à la main, et qui cherchent des renseignements techniques sur ce point, devront se reporter à la description des différents tours de main que nous avons donnée [1].

Cependant, nous ferons remarquer que, de même que pour le lessivage, on construit maintenant des appareils mécaniques qui usent moins le linge que la brosse et le battoir, et font une plus grande somme de travail, en moins de temps et à moins de frais.

Pour le lavage du linge dans la famille, on devra nécessairement se servir des appareils fonctionnant à bras. En réalité, le linge bien lessivé ne demande qu'un bon passage dans l'eau de savon suffisamment agitée. Si ce passage se fait à la main, une ouvrière aura beaucoup de peine à traiter, en trois jours, les 1,422 pièces de linge que nous avons énumérées plus haut, et dont le poids total atteint 310 kilogrammes. Le coût en main-d'œuvre sera donc de trois

Fig. 15.
Machine à laver à ouverture libre.

journées d'ouvrière, à 3 francs par jour, soit 9 francs pour 300 kilogrammes, soit enfin 0 fr. 03 par kilogramme. La dépense en savon restant la même, nous allons voir la différence que va nous offrir le lavage mécanique sur le lavage à la main.

Prenons, si vous le voulez, la machine à laver du système Decoudun . Le modèle n° 1 (*fig.* 15), qu'une jeune

---

[1] Voyez *Pratique du blanchissage*, page 27 et les suivantes.

fille peut tourner à bras très facilement pendant une journée entière, lave, en dix ou douze minutes, 3 kil. 500 de linge pesé sec, ou autrement dit, dix chemises d'hommes, ou trente serviettes, ou deux draps, ou l'équivalent d'autre linge à la fois. Chaque opération, chargement et déchargement de la machine, transport et visite du linge compris, dure au maximum douze minutes. On lavera donc, à la machine Decoudun, 300 kilogrammes de linge en moins de dix-sept heures ; soit une journée et demie d'ouvrière, payée à 3 francs la journée, soit 4 fr. 50 au lieu de neuf francs, pour laver 300 kilogrammes de linge, ce qui donne, comme prix de revient du lavage mécanique, 0 fr. 015 au lieu de 0 fr. 03 par kilogramme.

Le principe de la machine à laver, procède tout à la fois de ce qui se passe, lorsque la lavandière traite son linge à la main. Il y a un doux frottement du linge sur les parois de la machine, dans une dissolution d'eau savonneuse. Chaque frottement du linge sur lui-même et sur les parois est suivi d'une chute du haut en bas de l'appareil, dans cette même dissolution de savon. Cette chute, ainsi amortie par l'eau savonneuse, évite les effets destructeurs du battoir de la lavandière, et produit un résultat meilleur, car elle a lieu dans une abondante eau de savon, qui s'émulsionne d'elle-même, au mouvement de rotation de la machine. Cette eau savonneuse passe et repasse avec force à travers les pores du tissu, et entraîne chaque fois avec elle toutes les matières étrangères à la fibre, qui ont résisté à l'action du lessivage.

La machine à laver est appelée aussi *roue batteuse* et *tonneau laveur*, car c'est, en effet, une espèce de roue ou tonneau en bois ou en métal, dont la disposition intérieure est la suivante (*fig.* 16).

Sur la circonférence intérieure, on a placé des petites barrettes en bois, destinées à retourner le linge sur lui-même, et à le retenir pendant la rotation de la machine. Le linge, lorsqu'il est mis dans la machine, est au point mort et trempe au milieu du liquide savonneux. Dès qu'on met la machine en marche, le linge prend successivement diverses positions à l'intérieur de la machine, car il est arrêté successivement par les barrettes. Quand la machine a fait un demi-tour environ, il se détache, de par les lois de la pesanteur, de la paroi et des barrettes, pour venir tomber dans la partie basse.

Mais le liquide, lui, n'a pu être retenu par les barrettes, et, beaucoup plus mobile que le linge, il a glissé tout naturellement le long de la circonférence intérieure, passant dès la mise en marche, et au fur et à mesure de la rotation,

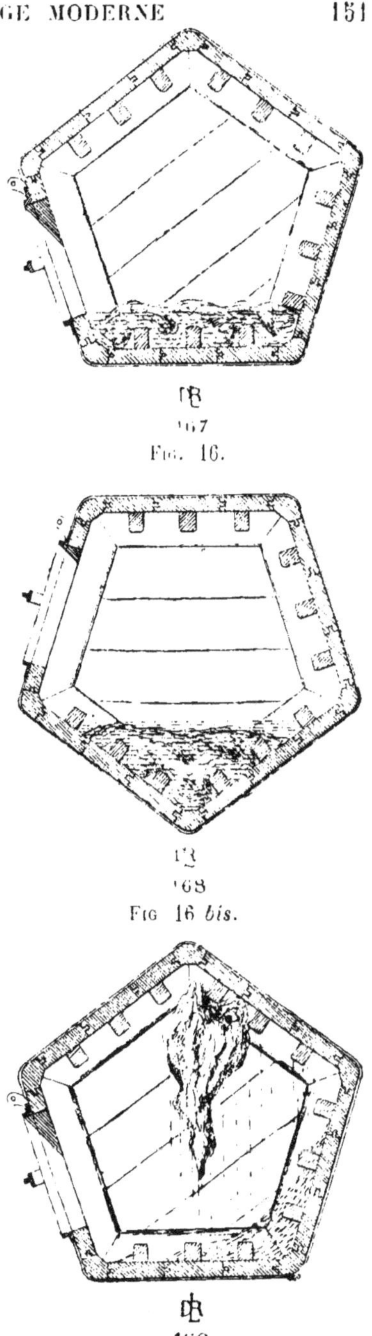

Fig. 16.

Fig 16 bis.

Fig. 16 ter.

par-dessus les barrettes, pour venir, bien avant que le linge perde son équilibre, reposer en B. Au moment où la chute du linge se produit de A à B, c'est le liquide autant que la paroi de la machine qui le reçoit, et plus le liquide sera volumineux et plus savonneux, plus la chute sera amortie. On voit, par ce simple exposé, combien le préjugé qui tient à faire croire que la machine à laver, use plus le linge que la brosse et le battoir de l'ouvrière, est peu fondé.

Plusieurs constructeurs spéciaux ont inventé différents systèmes de machines à laver, mais ils reposent tous sur le même principe.

L'aide laveuse de M. Piel, peut se transformer en baquet à laver; sa forme est ovoïde au lieu d'être ronde. Le modèle à quatre et cinq pans dont on trouvera la description plus loin, ne peut recevoir dans les familles et dans les petites blanchisseries, aucune application sérieuse, pour toutes sortes de raisons; la machine à double enveloppe encore moins, puisqu'il faut avoir à sa disposition de la vapeur sous pression, pour pouvoir lui faire donner tout le rendement dont elle est susceptible.

Il faut donc nous arrêter au type créé par **M. Decoudun,** le véritable instigateur du progrès de la mécanique en matière de blanchissage de linge.

Le tambour-laveur de la machine à laver n° **1,** a $0^m,650$ de diamètre intérieur, et $0^m,665$ de longueur, en dehors des fonds.

Il permet, ainsi que nous l'avons dit, de réaliser une économie de 50 pour 100 sur le lavage fait à la main.

Le lavage se fait de la manière suivante:

On introduit dans la machine, par l'ouverture laissée

libre à cet effet, la quantité de linge que nous avons indiquée, et par espèce, c'est-à-dire les draps avec les draps, les serviettes avec les serviettes, etc.

En même temps que le linge, on introduit dans la machine une eau très chaude, dans laquelle on a fait dissoudre un peu de cristaux ou de carbonate de soude et de savon marbré de Marseille, s'il s'agit de gros linge : draps, serviettes, etc., et de savon blanc mousseux, s'il s'agit de linge fin : chemises, cols, manchettes, etc.

Avant de commencer à laver à la machine, on fait fondre dans un baquet et dans un peu d'eau très chaude, les quantités de savon et de soude correspondantes à la quantité de linge à laver.

Le savon coupé par petits morceaux sous forme de copeaux, est dissous complètement dans cette eau bouillante, qu'on agite avec un bâton, puis on y ajoute des cristaux ou du carbonate de soude qu'on fait fondre également.

Cette solution étant ainsi préparée, on prend comme mesure une petite casserole en métal, une cassine, une tasse ou bien encore une sébille en bois, avec laquelle on puise dans le baquet à chaque opération. Le dosage consiste à diviser, en autant d'opérations à faire, une eau de lessive, dans laquelle on fait fondre 10 kilogrammes de savon de Marseille pour 1 000 kilogrammes de linge de différentes sortes, avec 12 kilogrammes de cristaux de soude, ou bien 5 kilogrammes de sel de soude à 76 degrés, ou mieux encore 3 à 4 kilogrammes de carbonate de soude neutre de Solvay, titrant 96 degrés alcalimétriques.

Pour les 300 kilogrammes de linge que nous avons lessivés (voir page 141 et les suivantes), il nous faudra faire fondre 3 kil. 500 de savon marbré bleu pâle de Marseille, 5 kilogrammes de cristaux, ou bien 2 kilogrammes de sel de soude à 76 degrés, ou bien encore 1 kilogramme de carbonate de soude neutre de Solvay, dans 50 litres environ d'eau bouillante. Avec une mesure d'une contenance d'un demi-litre, on conduira ainsi chaque opération du lavage :

Dans une première manœuvre de la machine, on mettra donc environ 3 kil. 500 de linge avec un demi-litre du liquide laveur, ou sòlution de savon et de sel, dans douze litres d'eau très chaude. On tournera la roue pendant cinq ou six minutes environ, suivant le linge qu'on a à blanchir, puis on arrête la machine, on déverse le liquide et le linge qu'elle contient dans une brouette à claires-voies, qui laisse échapper le liquide, mais qui retient le linge. Ce dernier étant suffisamment égoutté, on le remet dans la machine, après avoir introduit dans celle-ci, pour un premier rinçage, de 12 à 15 litres d'eau bouillante avec une demi-mesure, soit un quart de litre d'eau de savon, et quelques gouttes d'eau de javel, si la nature et la coloration des tissus l'exigent ou le permettent. On tourne encore pendant quatre ou cinq minutes, et l'opération du lavage est terminée complètement. Un rinçage dans un baquet à l'eau propre, froide et claire, plutôt dure que douce, suffit pour enlever la mousse du savon, et obtenir un linge d'une parfaite blancheur.

Pour l'emploi du savon, on se basera sur les données suivantes :

Les draps, taies d'oreillers, serviettes de toilette, mouchoirs, etc., lorsqu'ils ont été bien lessivés, demandent moitié moins de savon que les autres pièces de linge : chemises, pantalons, bas, chaussettes, caleçons, camisoles, etc. Les torchons et les serviettes d'office, et, en général, tout le linge ayant servi aux essuyages, en demandent, au contraire, une fois de plus. L'ouvrière, à chaque opération de la machine à laver, suivant l'espèce de linge qu'elle aura à traiter, et suivant aussi les matières étrangères et les impuretés qu'elle aura à faire disparaître, devra donc doser la quantité de savon à introduire dans la machine. Pour les draps de lit, les blanchisseurs vont jusqu'à se passer de savon dans le lavage à la machine ; pour les torchons, non seulement ils doublent et triplent même la dose, mais encore ils ajoutent au liquide savonneux de la lessive, plus ou moins riche en degrés alcalimétriques, ou bien ils ne se servent que du savon mou, dit savon noir, en pâte, lequel, comme on sait, est beaucoup plus caustique que l'autre. L'emploi de l'eau de javel dans le rinçage à la machine à laver, pourra être supprimé presque totalement, si l'on a soin de se servir d'eau très chaude. Néanmoins, l'emploi de quelques gouttes d'extrait de Javel concentré (environ 3 à 4 centilitres d'extrait à 28 degrés décolorant par opération, c'est-à-dire par 12 ou 15 litres d'eau chaude), sera inoffensif quant à la fibre, et donnera un linge plus blanc et plus propre.

On fera pour l'eau de javel, ce que l'on a fait pour le savon ; c'est-à-dire qu'on la fera dissoudre, au préalable, dans un baquet d'eau tiède (3 litres d'extrait à 28 degrés de décoloration, pour le lavage de nos 300 kilogrammes de linge), et on la dosera avec la mesure adoptée pour chaque opération, comme il est dit ci-dessus. Il faut faire remarquer ici que chaque opération de lavage doit être plus ou moins longue, suivant l'espèce de linge qui se trouve dans la machine.

Ainsi les draps de lit seront parfaitement lavés et rincés par un mouvement continu de la roue, durant, au total, pour les deux manœuvres, de quatre à six minutes. Les serviettes de toilette, le linge fin peu sale, etc., se laveront à la machine en quatre ou cinq minutes, et se rinceront dans cette même machine en trois minutes de rotation. Les torchons et serviettes d'office ou d'essuyage, demanderont, au contraire, dix bonnes minutes pour la première manœuvre, et cinq minutes au moins pour la seconde.

Pour les autres sortes de linge, une rotation de dix à douze minutes, tout compris, suffit généralement. La moyenne sera donc d'environ cinq opérations à l'heure, chargement et déchargement de la machine compris. Nous insisterons sur ce point, que le lavage à la machine exige un liquide laveur bouillant ou très chaud, et d'autant plus chaud que le linge est plus coloré par la lessive ou plus imprégné de matières grasses.

Chauffage de l'eau de lavage. — L'emploi de l'eau très chaude peut faire économiser la moitié du savon et de l'eau de javel, qui seraient absolument nécessaires si on ne lavait qu'à l'eau tiède. Dans ce dernier cas, chaque opération devrait aussi avoir une durée beaucoup plus longue, et on peut dire, d'une manière certaine, indiscutable, que plus le liquide laveur est chaud, plus on fait vite et bien à la machine à laver, avec une économie allant de 25 à 50 pour 100 dans l'emploi des produits chimiques. Avec de l'eau à une température voisine de l'ébullition, on obtiendra donc un linge beaucoup plus blanc, mieux conservé, et à un prix de revient de 25 à 50 pour 100 inférieur à celui que nous avons indiqué ci-dessus. On ne saurait trop faire attention à ce que l'ouvrière préposée à la conduite de la machine à laver, ait toujours à sa disposition de l'eau toujours bouillante. On construit à cet effet pour les petites buanderies, des chaudières portatives, contenant de 100 à 200 litres d'eau, plus que suffisantes pour alimenter la machine à bras du modèle n° 1.

Le meilleur modèle (*fig.* 17) que nous connaissons, le plus pratique, et celui qui permet de donner l'eau très chaude en peu de temps et d'une façon continue, avec économie dans l'emploi du combustible, se compose d'une chaudière en tôle galvanisée, montée dans un fourneau métallique en tôle également, mais renforcée et garnie à l'extérieur de cercles et de ferrures, et à l'intérieur d'un foyer en fonte avec grille et conduits de

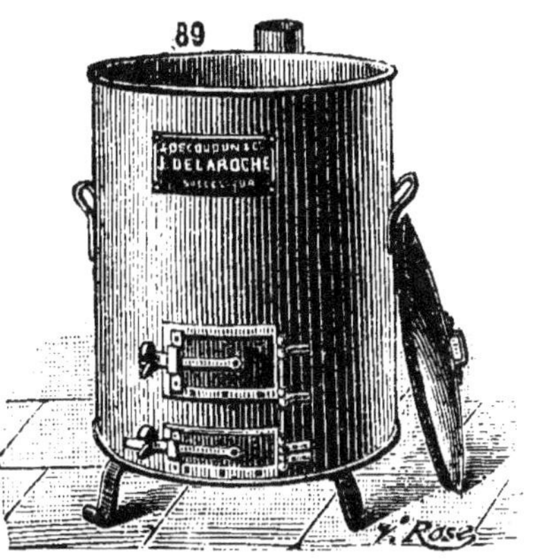

Fig. 17. — Chaudière à eau.

circulation de fumée. La chaudière est munie d'un couvercle en tôle galvanisée, et l'appareil reposant sur trois pieds, peut être transporté au gré de la blanchisseuse, à l'aide de deux poignées de fer fixées sur les côtés. On peut, à volonté, chauffer le fourneau par la houille, le bois ou le coke.

Cet appareil, grâce à sa double enveloppe métallique, ne nécessite jamais de réparations coûteuses. La réfection du foyer consiste dans le remplacement soit de la grille, soit du foyer en entier lorsqu'ils ont été détériorés par le feu, ce qui n'arrive que tous les deux ou trois ans.

La maison Delaroche construit encore une chaudière plus parfaite (*fig.* 18), mais aussi d'un prix d'achat plus élevé. C'est une chaudière à chauffer l'eau par circulation. Elle a l'avantage d'éviter l'ébullition de l'eau au dehors et les pertes de chaleur.

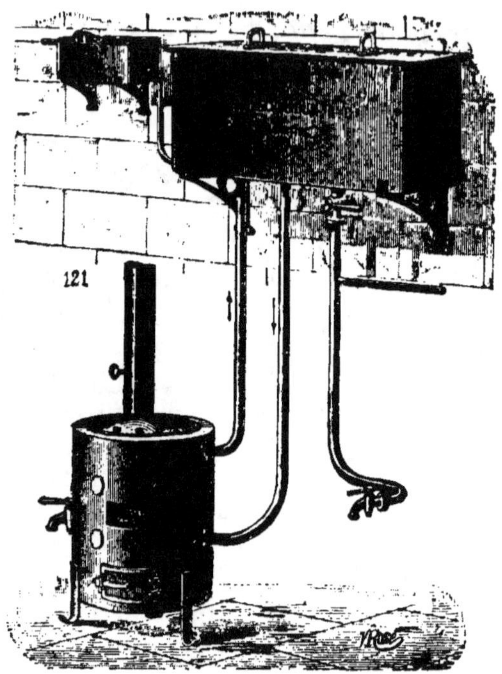

Fig. 18. — Chauffage d'eau par circulation.

L'appareil se compose de la chaudière et du fourneau décrits ci-dessus, mais avec un couvercle boulonné, et des tubulures de départ et d'arrivée communiquant avec un réservoir superposé, agissant comme un thermo-syphon. Une petite bâche reçoit l'eau froide d'un robinet muni d'un flotteur, l'envoie dans le réservoir où elle commence à se réchauffer par voie de circulation, entre ce réservoir et la chaudière placée en dessous.

L'ouvrière laveuse puise l'eau chaude au robinet de vidange situé sur le côté et en bas de l'appareil. Cette chaudière est d'une contenance de 200 litres. L'appareil tout entier (*fig*. 18) comprend : chaudière, fourneau, robinets, réservoir de 1,000 litres en tôle galvanisée placé à environ 2 mètres au-dessus de la chaudière sur console en fer, bâche d'alimentation, robinet à flotteur, tuyau de vidange du réservoir et ses deux robinets. Selon l'usage qu'on en fera dans la famille, soit pour la buanderie, soit pour la salle de bains, soit encore pour d'autres opérations ménagères, cette chaudière peut être construite avec des réservoirs de capacité différente, elle peut être montée à volonté dans un fourneau tout en briques, et être d'une contenance deux, trois ou quatre fois plus considérable, selon l'emplacement dont on dispose et le but qu'on veut atteindre.

Nous ne citerons ici que pour mémoire, la chaudière à foyer intérieur, la chaudière thermo et la chaudière à bouilleur qui, dans certains cas, devront être préférées à la chaudière ordinaire. Du reste, toutes les dispositions sont bonnes, pourvu qu'elles assurent une eau toujours très chaude dès que la préposée au lavage en a besoin.

Essangeage à la machine à laver. — La chaudière et la machine à laver que nous venons de décrire, peuvent être utilisées dans l'essangeage du linge. Seulement, au lieu d'employer le liquide très chaud, on l'emploiera plutôt tiède. Les taches de sang seront soumises préalablement à l'eau froide. Voici comment s'opère l'essangeage à la machine à laver : On divise le linge à blanchir en trois sortes : la sorte peu sale, la plus sale, la très sale. La première sorte est simplement mouillée dans l'eau, et mise telle quelle au cuvier, la seconde est mise dans la machine à laver avec quelques litres (10 à 15 par opération dans la machine n° 1) d'une vieille lessive qu'on a fait légèrement chauffer. Si l'on n'a pas de vieille lessive, on fait dissoudre un peu de savon et de sel de soude à 76 degrés dans l'eau tiède, juste de quoi donner à cette eau une légère teinte rousse.

Ceci fait, on tourne la roue pendant quelques minutes (de trois à huit minutes, suivant le degré de saleté du linge), puis on déverse le linge qu'on rince ensuite à grande eau dans un baquet. On le laisse égoutter, et on le met au cuvier ensuite.

Le linge très sale s'essangera de même à la roue batteuse, mais on augmentera la dose en savon noir et en sel de soude, dans la solution d'eau tiède ou de vieille lessive. Les torchons et les serviettes d'office, tabliers et linge de cuisine, pourront être essangés avec un liquide beaucoup plus chaud que celui employé pour l'essangeage de l'autre linge.

Le linge ainsi essangé à la machine, subit mieux l'action de la lessive dans l'appareil à lessiver, et fait gagner une minute ou deux par opération, au moment de son lavage à la même machine. On voit donc quels services peut rendre la machine à laver, aussi bien chez les particuliers que chez les blanchisseurs, dans les fermes, châteaux, hôtels, pensions, couvents, ouvroirs, etc. On choisit un bout de hangar, une vieille remise, un cellier quelconque, qu'on transforme en buanderie, avec l'appareil à lessiver dans un coin, la machine à laver avec sa chaudière dans l'autre, et au milieu, des bacs pour le rinçage et l'azurage.

L'installation se complète par une essoreuse et un séchoir, dont nous allons dire deux mots.

Rinçage, azurage, essorage. — Lorsque le linge sort de la machine à laver, traité comme nous l'avons dit, il est parfaitement lavé. Il n'y a plus qu'à le visiter et à le rincer dans une grande quantité d'eau froide. La visite du linge lavé consiste à se rendre compte des taches qui ont résisté à la double action du lessivage et du lavage mécaniques. Le rinçage s'effectue encore tel que l'a décrit la partie de notre ouvrage, réservée à l'application des différents tours de main de la lavandière. Le linge étant bien rincé est séparé, au fur et à mesure, en linge *qui va au bleu* et linge *qui n'y va pas*.

Le linge à azurer est le linge de corps, les serviettes de table, les rideaux de vitrage, etc. L'azurage se fait dans un baquet rempli d'eau, que l'on a teint légèrement avec du bleu d'outre-mer ou d'indigo. Le bleu d'indigo est le plus souvent préparé dans le commerce sous forme de liqueur. Il faut en user modérément, car il tire sur le vert ou bleu dit gendarme, lorsqu'il est en excès dans l'eau de bleu. Le bleu d'outre-mer, ou bleu artificiel, qui provient d'un mélange de soufre et de carbonate de soude, soumis au feu dans un creuset, est de beaucoup plus employé maintenant. Lorsqu'il est en excès dans le bain d'azurage, le linge se charge plutôt d'une teinte violette que d'une teinte lividement verte, et c'est ce qui fait, indépendamment de la question économique, préférer le bleu d'outre-mer au bleu d'indigo.

Néanmoins, le bleu d'outre-mer ne se dissolvant pas dans l'eau, mais restant en molécules infimes suspendues dans le bain de bleu, on doit préparer celui-ci avec toutes sortes de précautions, afin d'éviter des dépôts de bleu sur le linge, ce qui produit des taches d'un bleu plus ou moins foncé ou des marbrures désagréables à l'œil.

Il ne faut pas non plus, quand le linge sèche à la chaleur d'un foyer, dans une étuve, *faire un bleu trop léger*, car le linge paraîtrait jaune après le séchage.

On met le bleu d'outre-mer en boules ou en poudre dans un chiffon clair formant sachet, et fortement serré avec une ficelle. On enveloppe ce premier sachet d'un autre petit sac de toile peu serrée, mais en bon état, que l'on ficelle également, de telle manière que le bleu sera toujours parfaitement tamisé et divisé, en passant à travers les mailles du double tissu qui l'enveloppe.

L'ouvrière agite le sachet de bleu dans l'eau avec la main droite, pendant qu'elle brasse le bain avec la main et le bras gauche. Cette opération terminée, elle essaie son eau de bleu avec quelques pièces de linge, ajoute du bleu s'il n'y en a pas assez, ou augmente la quantité d'eau s'il y a trop de bleu, et ainsi de suite pendant toute l'opération.

L'essorage du linge est absolument nécessaire, après le rinçage, ou le passage au bleu, pour deux raisons : la première, c'est qu'il permet d'évacuer toute l'eau chargée de savon ou de bleu en excès, qui se trouve dans le linge à ce moment-là ; la seconde, c'est que c'est autant de moins de liquide à évaporer pendant le séchage.

On essore de trois manières : 1° par la torsion du linge ; 2° à l'aide de l'essoreuse à cylindres souples, qui agit par compression ; 3° et de l'essoreuse à force centrifuge, qui détermine l'entraînement de l'eau par l'air projeté à travers le linge, du centre à la périphérie.

La torsion du linge s'exécute le plus souvent à la main. On a vu comment elle s'opérait manuellement et mécaniquement dans le blanchissage et dans le blanchiment; nous n'y reviendrons pas. Son défaut est de coûter cher de main-d'œuvre et de détériorer le linge.

L'essorage, à l'aide d'une machine à deux cylindres souples, se fait très rapidement, au sortir des bacs de rinçage ou d'azurage. On place le bâti dans lequel se meut l'axe des deux cylindres, sur le bord même du bac, et le linge retombe de lui-même dans un panier placé en dehors. Une manivelle met le système en mouvement, et le linge est entraîné par la rotation des cylindres tournant en sens contraire (*fig.* 19 et 20).

FIG. 19. — Essoreuse à cylindres souples montée sur baquet. FIG. 20. — Essoreuse à cylindres souples montée sur bâti spécial.

La disposition de l'essoreuse à cylindres souples est telle, qu'elle permet d'y essorer toutes pièces de linge, grosses ou petites, même celles garnies de boutons.

Les machines de ce genre, construites par la maison Decoudun, possèdent, en outre de la souplesse des rouleaux de caoutchouc, des ressorts parfaitement établis, qui compriment partout, d'une façon égale, le tissu et en exprime toute l'eau qu'il contient. On doit préférer cette manière de faire à celle qui consiste à tordre simplement le linge sur lui-même, moyen très fatigant, du reste, qui essore mal le linge, qui le détériore et le déchire beaucoup.

L'essoreuse à cylindres souples est très employée pour l'apprêt, elle donne les meilleurs résultats dans l'azurage ; car, dans ces deux cas, elle répartit et fait pénétrer uniformément l'amidon ou le bleu dans toutes les parties du tissu et en enlève l'excès. Son prix varie suivant la longueur et le diamètre des cylindres.

Fig. 21. — Essoreuse centrifuge à friction fonctionnant par manivelle et par courroie.

L'essoreuse par application de la force centrifuge (*fig.* 21) est peu employée dans les petites buanderies, en raison de son prix élevé et de la force motrice nécessaire pour la mettre en activité. Cependant, depuis quelques années, la maison Decoudun, à qui revient une grande partie des nouveautés et des perfectionnements apportés dans l'outillage des buanderies, a imaginé deux systèmes d'essoreuses marchant à bras, l'une par une suite d'engrenages, doublant l'effort produit par la main de l'homme, l'autre par une suite de poulies différentielles, sur lesquelles court une corde sans fin, qui les transforme en une sorte de moufle multiplicatif de la vitesse initiale.

L'avantage de l'essoreuse à force centrifuge sur les autres systèmes d'essorage, est d'éviter toute pression du linge, tout arrachement et torsion des tissus l'un sur l'autre. Elle a un rendement beaucoup plus considérable que l'essoreuse à cylindres souples, et essore beaucoup mieux le linge.

Elle se compose d'un mécanisme spécial destiné à donner un mouvement rapide à une espèce de panier en métal, tournant dans une cuve en fonte autour d'un axe vertical. C'est dans ce panier qu'on met le linge à essorer ; la paroi qui l'empêche d'être précipité au dehors est percée de trous, par lesquels l'eau peut passer seulement après avoir quitté le tissu qu'elle imprégnait. Lorsque l'on met la machine en mouvement, le linge subit la force centrifuge qui, comme on sait, éloigne les corps du centre à la périphérie. Le linge est arrêté par les parois extérieures du panier, mais l'eau s'échappe par les trous. Le vide se faisant au centre du panier, l'air y pénètre, et, chassé à son tour par la force centrifuge, passe à travers le tissu, entraîne avec lui et pousse au dehors l'eau qu'il contient. La marche d'une essoreuse semblable est de neuf cents à mille tours à la minute.

Dans le modèle à mouvement en dessous par engrenages, la disposition des engrenages enfermés dans le socle de l'essoreuse, laisse le dessus du panier complètement découvert, ce qui facilite beaucoup le chargement.

Cette essoreuse (*fig.* 22) offre aussi plus de sécurité, exige moins de fondation et d'entretien que celles qui ont le mouvement en dessus, et dont on trouvera la description plus loin.

Le diamètre du panier en cuivre étamé est de $0^m,470$.

L'essoreuse se vend avec ou sans couvercle ; une ouvrière adroite ou habituée au maniement de l'essoreuse, peut et doit se passer du couvercle, mais, si elle ne sait pas charger l'essoreuse, ou bien si elle n'a pas l'habitude de régler son départ, il y aura danger pour le linge à ne pas se servir du couvercle.

Le modèle à mouvement à corde, dit *La Silencieuse* (*fig.* 23), demande très peu de force pour son fonctionnement. Il y en a des quantités qui fonctionnent, à la grande satisfaction de leur propriétaire, dans les environs de Paris et à Paris, dans les petites blanchisseries.

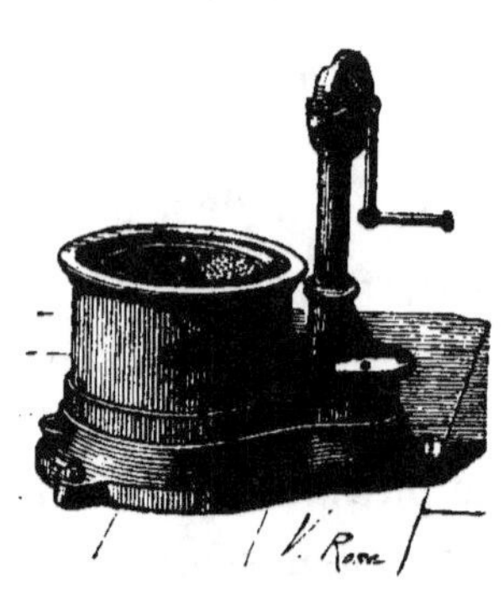

Fig. 22. — Essoreuse à mouvement en dessous par engrenage.

Cet appareil, facile à charger, marche sans bruit, ne produit qu'une légère trépidation, d'ailleurs très atténuée par l'enroulement de la corde motrice, et ne demande que peu de fondation. Quatre boulons serrés sur un cadre enterré, ou bien dans quatre dés en ciment, suffisent pour la maintenir pendant des années. La manivelle est fixée au volant qui transmet le mouvement par une corde l'enroulant, laquelle passant ensuite sur deux roues conductrices, va décupler sa force sur une série de roues où elle se croise et par une

Fig. 23.
Essoreuse à mouvement par corde.

heureuse application du principe mécanique, qui règle les efforts du treuil et du cabestan.

Le diamètre du panier en cuivre étamé de cette essoreuse est de $0^m,500$, elle peut contenir environ de sept à huit draps, de soixante-dix ou quatre-vingts serviettes, ou l'équivalent en d'autre linge.

L'opération dure au plus dix minutes, chargement et déchargement compris ; on fera donc six opérations à l'heure, soit soixante, de chacune 10 kilogrammes de linge pesé sec, pour une journée de dix heures, soit en tout 600 kilogrammes de linge parfaitement essoré, ne conservant plus qu'une légère humidité.

Quand l'essorage du linge est bien fait, la différence entre le poids du linge essoré et le poids du linge complètement séché, ne doit pas varier du rapport qui existe entre 100 et 140 kilogrammes ; c'est-à-dire que 100 kilogrammes de linge pesé sec, lorsqu'il sera mouillé, après avoir toutefois égoutté quelques heures, pèseront exactement de 200 à 220 kilogrammes ; tandis que bien essoré ils ne pèseront plus que 140 kilogrammes, soit une déperdition d'eau de 60 à 80 kilogrammes par le fait de l'essorage.

Le chargement de l'essoreuse à force centrifuge exige qu'on suive une certaine méthode dans l'arrangement du linge. Celui-ci, mis par poignées dans le panier, devra toujours être allongé suivant la forme circulaire du récipient, toutes les têtes de poignées de linge devront être du même côté, les pièces de couleur qui pourraient déteindre ou décharger de l'eau teinte, devront être mises en dessous. Il faut avoir soin de ne laisser aucune cage parmi la masse du linge, ni de tendre celui-ci dans l'appareil comme la corde d'un arc ; car, dans ce cas, il serait susceptible d'être arraché ou déchiré. Dans les essoreuses sans couvercle, on devra établir les pièces de linge de telle sorte que, jusqu'en haut du panier, la surface en reste horizontale, puis les dernières poignées formant l'entonnoir au centre, viendront se serrer contre et sous le bord du panier.

II. — SÉCHAGE

Séchoirs. — Dans les petites installations de blanchisseurs : chez les particuliers, dans les hôtels, couvents, châteaux, etc., le séchage se fait soit à l'air libre, soit dans des greniers largement aérés. Cette méthode est encore la meilleure, car on dispose alors de la meilleure essoreuse. la plus prompte et la plus économique, qui s'appelle le vent, et du meilleur foyer qu'on puisse trouver, et qui se nomme le soleil.

Mais là où l'on ne pourra pas faire coïncider *la lessive* avec le retour du beau temps, là où l'on a besoin de linge à jours et à heures fixes, on devra souvent remplacer le séchage à l'air libre par le séchage à l'air chauffé.

On a vu quels peuvent être les inconvénients du séchage du linge dans une chambre appelée : *étuve* ou *chambre chaude*, chauffée directement par un fourneau quelconque. C'est d'abord les causes multiples d'incendie, c'est ensuite les conditions d'hygiène, qui doivent faire repousser de pareilles installations. Elles n'ont d'ailleurs qu'un mérite, celui de coûter peu en frais de premier établissement ; mais la quantité de combustible nécessaire au séchage du linge, en rend ensuite l'emploi très coûteux, et de plus, très dangereux.

Les chambres chaudes ou séchoirs simples s'établissent à peu de frais, comme nous l'avons dit. Dans une chambre dans laquelle se trouve une cheminée, on tend d'un mur à l'autre, à hauteur d'homme, des cordes ou des barrettes de bois, sortes de supports pour recevoir le linge à sécher. On place une cloche en fonte dans un fourneau en briques, et l'on fait courir le tuyau de départ de la fumée tout autour de la pièce, à une faible pente de deux à cinq centimètres par mètre, et l'on fait passer l'orifice de ce tuyau dans l'intérieur de la cheminée.

Séchoirs perfectionnés. — On voit de suite dans quelles conditions défectueuses va s'opérer, dans ce séchoir, le séchage du linge. Ce sera la concentration des buées, les difficultés de leur échappement, les pertes de chaleur résultant de l'entrée et de la sortie du linge et du personnel; ce sera aussi la poussière du foyer et la fumée de combustion qui, par les interstices du fourneau et des tuyaux, se répandront dans la chambre et viendront salir le linge étendu.

Quant au personnel préposé à l'étendage et au détendage du linge, — opérations qui consistent à mettre le linge mouillé sur les supports, et à le retirer quand il est sec, — quant à ce personnel, dis-je, il est exposé à de grands dangers. Les émanations du linge et les refroidissements, en passant de cette chambre surchauffée dans celles plus froides de l'immeuble, et même au dehors, dans la buanderie ou dans la cour, peuvent compromettre gravement la santé de l'ouvrier ou de l'ouvrière qui entreprend ce travail.

La dépense en combustible, mal réglée d'abord et mal utilisée ensuite, donne un prix de revient considérable au séchage du linge fait dans ces conditions.

Selon les facilités d'établissement, suivant la disposition des lieux, suivant le mode de chauffage, et suivant aussi le degré d'essorage du linge, le séchage de 100 kilogrammes de linge opéré de cette manière, si nous comptons le charbon à 30 francs la tonne, peut coûter de 3 à 5 francs, soit de 3 à 5 centimes par kilogramme de linge pesé sec : ce qui est excessif, puisque, avec différents systèmes perfectionnés que nous allons décrire brièvement, ce séchage ne dépasse pas 0 fr. 02 par kilogramme, pour n'atteindre qu'un centime seulement par kilogramme dans certains cas.

La ménagère, ou l'exploitant, peut, sur ces bases, calculer l'économie qu'elle réalisera chaque année, en substituant les nouveaux séchoirs perfectionnés aux anciens.

En supposant que nous ayons à traiter, toutes les semaines, les 1,500 pièces de linge indiquées en tête de cette partie, et dont le poids total après séchage est de 300 kilogrammes, l'économie en question peut se chiffrer par 50 ou 75 pour 100 sur les frais du séchage, soit en prix de revient, avec les nouveaux appareils, pour le séchage du linge essoré :

300 kilogrammes à 0 fr. 015 le kilogramme = 4 fr. 50. Et avec l'ancienne méthode du séchoir dans une chambre chauffée tout simplement :

300 kilogrammes à 0 fr. 04 = 12 francs ; d'où par différence, une économie chaque semaine de 7 fr. 50, et pour 52 semaines, de 7 fr. 50 × 52 = 390 francs.

Le séchoir perfectionné dont nous parlons, qui est, du reste, une réduction des séchoirs employés dans les grandes blanchisseries, pouvant durer sans réparation aucune pendant dix, quinze et vingt ans, et ne coûtant au maximum tout complet que de 800 à 1,600 francs suivant grandeur, sera donc payé par l'économie réalisée en moins de trois années. Il aura, en outre, évité toute cause d'incendie dans la maison, et, de plus, il aura épargné quelques fluxions de poitrine et bronchites au personnel employé au séchage du linge.

Cette dernière considération emportant toutes les autres, nous ne saurions trop conseiller aux propriétaires de buanderies particulières, de demander aux construc-teurs spéciaux leurs prix courants avec devis, pour l'établisse-ment d'un séchoir à chaud, dit *calorifère à tiroirs* ou *à chariots*.

La maison Decoudun nous a fourni les des-sins des trois princi-paux types de séchoirs qu'elle construit pour

FIG. 24. — Séchoir à air chaud à 1 ou 2 chariots.

les petites blanchisseries, hôtels, couvents, pensions, fermes, châteaux et autres maisons particulières (*fig.* 24).

Le premier type est un séchoir à un ou deux chariots garnis de barrettes en bois ou en fer creux. Ces chariots glissent sur deux rails parallèles, et vont de la chambre froide (emportant le linge étendu), dans la chambre qui est chauffée à l'aide d'une série de tuyaux, séparés du linge au moyen d'un grillage en fer galvanisé.

La chambre froide où l'on étend et détend le linge est séparée par une cloison, de la chambre chauffée, et celle-ci est fermée hermétiquement, dès l'entrée ou la sortie du linge, par deux portes glissant l'une sur l'autre.

Autour du foyer se fait un appel d'air qui se chauffe à son contact, devient plus léger, et se précipite, grâce à cette légèreté, dans la pièce chauffée, où il vient **agiter et sécher le linge**. A ce moment, un phénomène se produit : l'air chauffé arrivant par la partie inférieure, monte et glisse le long des pièces de linge, grâce à **sa** légèreté, et, par son contact, vaporise l'eau que ce linge retenait. Deux courants se forment donc, l'un ascendant, qui est produit par l'air chaud continuellement introduit dans la chambre, l'autre par l'air humide, chargé **de** l'eau vaporisée, et qui, de par les lois de **la** pesanteur, tombe des régions supérieures pour se masser dans les parties basses, d'où, poussé par la pression de l'air chaud, il s'échappe à l'aide d'appels de buées, disposés à cet effet.

L'ouvrière préposée au séchage, placée dans la chambre froide, c'est-à-dire en dehors de l'appareil cloisonné, n'est jamais en contact avec la chaleur produite pour le séchage. Elle étend le linge sur les barrettes du chariot de droite, par exemple, puis ouvre la porte de droite de l'appareil chauffé, et pousse le chariot garni de linge dans l'intérieur, en le faisant glisser sur ses rails. Ceci fait, elle ferme la porte de droite, ouvre celle de gauche et retire le chariot, ou tiroir de ce côté, qui ramène alors le linge séché et primitivement étendu. Elle continue ainsi, enlevant en dehors de l'appareil le linge sec, et en le remplaçant par du linge mouillé sur le chariot sorti, pendant que l'autre chariot, rempli de linge, l'expose au séchage à l'intérieur de l'appareil.

Le second type de séchoir à chaud (*fig.* 25) de la maison Decoudun diffère peu du premier, c'est le même principe de séchage. La seule modification apportée est

d'avoir rendu la manœuvre de chaque support de linge
indépendante. Au lieu de pousser tous les supports avec
le train d'un même chariot, chaque support (consistant

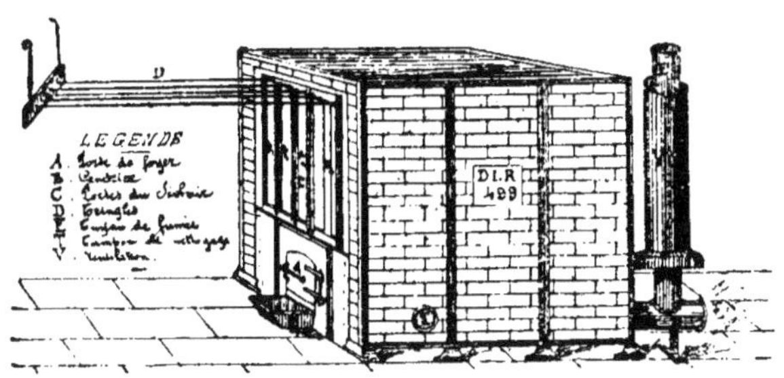

Fig. 25. — Séchoir à air chaud à triangle petit modèle.

en un tube creux glissant sur une tringle qui se prolonge
jusqu'au fond de l'appareil), se pousse isolément, et un
à un. Sans être beaucoup plus avantageuse, cette disposition permet cepen-
dant d'utiliser en-
tièrement la partie
chauffée de l'appa-
reil, toute la surface
de chauffe comme
on dit, sans encom-
brement de la
chambre froide où
l'on étend le linge.

Le troisième type
enfin est le *séchoir
à air chaud rotatif*
(*fig.* 26), occupant
peu de place comme

Fig. 26. — Séchoir à air chaud rotatif.

chambre chauffée, mais qui a le défaut d'introduire dans

cette dernière trop d'air froid extérieur à la fois, pendant la manœuvre du chariot circulaire.

Tous ces séchoirs peuvent être chauffés, soit, par des foyers indépendants, soit par des foyers qui servent déjà à d'autres usages.

Dans ce dernier cas, le coût du séchage devient nul, et le prix de revient du linge blanchi et séché au feu, se rapproche du prix de revient de celui qui a été séché dehors, à l'air libre ou au soleil.

Il est même souvent plus économique, en ce sens qu'il n'a pas la fausse main-d'œuvre que nécessitent parfois le mauvais temps et le transport du linge.

Installation d'une buanderie de famille. — La maison Delaroche et ses neveux a installé, dans la plupart des grands hôtels de nos stations balnéaires, des buanderies fort complètes, très bien outillées, et pour lesquelles on n'a pas eu besoin ni de modifier les lieux, ni de faire des constructions supplémentaires à celles qui existaient déjà.

Ici, on a utilisé une ancienne remise qui servait jadis à remiser la diligence ; là, on a profité d'un cellier devenu libre, d'une écurie abandonnée, et partout on a édifié, sans trop de frais, une buanderie qui rend d'énormes services.

Comme matériel spécial, on dispose : 1° d'une cuve à lessiver avec sa chaudière ; 2° d'une machine à laver ; 3° d'une essoreuse ; 4° d'un grand bac double ; 5° d'un séchoir à air chaud ; 6° d'une machine à repasser ; 7° d'un fourneau et d'une table de repassage (voir *fig.* 27).

Nous avons vu un peu partout de ces installations ; et nous allons donner le type que, selon nous, il convient d'adopter en pareille occasion, non seulement parce que les frais de premier établissement en sont minimes, mais encore parce que l'utilisation complète et raisonnée de tous ses appareils permet de faire à tous moments, et avec une économie de plus de 50 pour 100, le blanchissage du linge, aussi rapidement et aussi parfaitement qu'on le désire (*fig.* 27 et 28).

Vue en Plan

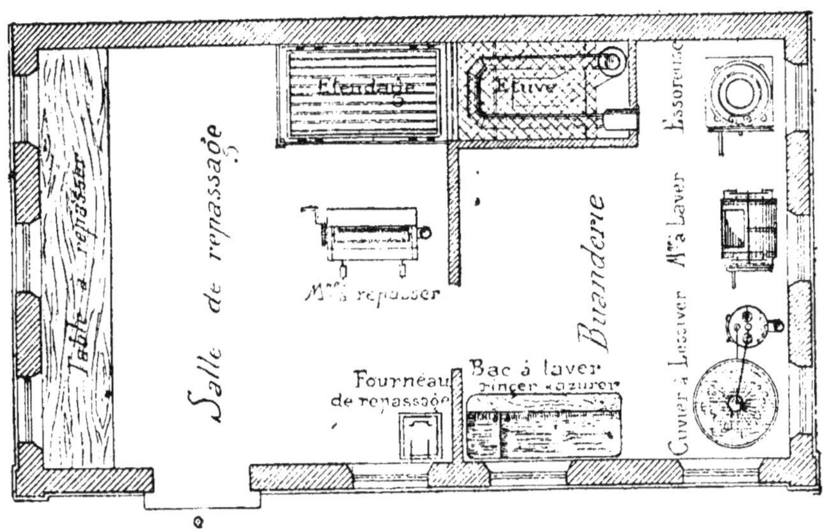

Fig. 27. — Plan d'une buanderie de ménage.

Si on dispose d'une force motrice quelconque : chute d'eau, moteur à gaz ou à pétrole, ou générateur de vapeur, qui sert déjà dans l'hôtel ou le château, soit à produire la lumière électrique, soit à puiser l'eau et à la distribuer dans les appareils, ou à d'autres usages domestiques, soit encore à chauffer les bains ou à desservir de l'eau chaude dans les cabinets de toilette de la maison, la buanderie proposée sera une buanderie à vapeur.

Si l'on dispose d'un générateur de vapeur assez puissant, il convient de s'en servir, et comme force motrice, et comme réchauffeur d'eau servant au lessivage et au

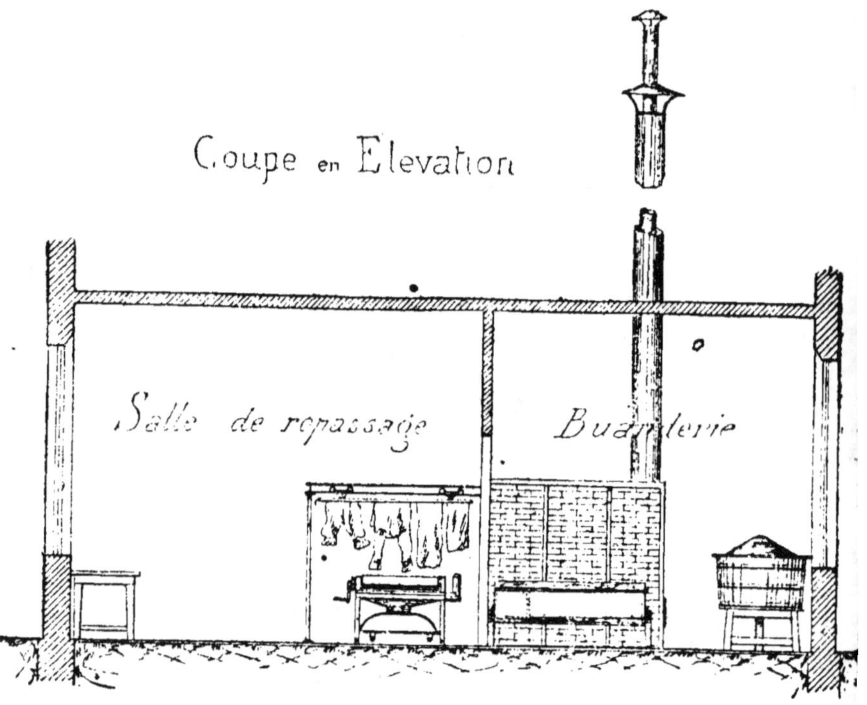

Fig. 28. — Élévation d'une buanderie de ménage.

lavage. On pourra aussi s'en servir au séchage du linge en utilisant la vapeur d'échappement. Mais, comme partout on ne possède pas toujours de générateur ni de moteur à vapeur, ni de moteur à gaz ou à pétrole, c'est en vue de l'application de la force des bras humains, que nous appareillerons la buanderie modèle dont nous allons donner le rendement quotidien.

Prix de revient : Cette buanderie, ou plutôt cette blanchisserie, pourrait traiter facilement 500 kilos de linge pesé sec par jour, le linge étant essangé, lessivé, lavé, séché, lissé et repassé, avec un prix de revient variant entre 15 et 20 centimes le kilogramme, suivant les espèces de linge qu'on aurait à traiter.

En prenant comme base le linge d'un hôtel meublé restaurant, avec le linge de corps des voyageurs, 500 kilos de linge pesé sec représentent environ :

100 draps à 1 kil. 500............................	150 kil.
60 taies d'oreillers à 0 kil. 300..................	18 »
20 taies de traversins à 0 kil. 600...............	12 »
300 serviettes de toilette à 0 kil. 120............	36 »
600 serviettes de table à 0 kil. 140..............	84 »
20 nappes à 1 kilogramme.........................	20 »
4 nappes de table d'hôte à 3 kilogrammes........	12 »
350 torchons et serviettes d'office à 0 kil. 130.....	45 500
80 tabliers de serviteurs à 0 kil. 250..............	20 »

LINGE DES VOYAGEURS ET DU PERSONNEL

30 chemises d'hommes à 0 kil. 600..............	18 »
30 chemises de femmes à 0 kil. 520.............	15 600
12 faux-cols à 0 kil. 035.........................	0 420
30 paires de bas à 0 kil. 100	3 »
12 paires de manchettes à 0 kil. 080.............	0 960
25 paires de chaussettes à 0 kil. 075.............	1 875
50 caleçons, camisoles, jupons de dessous, cache-corset, etc., pantalons, peignoirs, etc., à 0 kil. 450	22 500
8 jupons empesés, robes, peignoirs de bains, etc., à 0 kil. 600	4 800
Divers, linge de santé, chiffons, vêtements de toiles, etc., environ	35 345
Au total....................	500 kil.

Si l'on veut traiter ces 500 kilos dans une journée, soit en vingt-quatre heures, le linge étant blanchi, apprêté et repassé, il faudra mettre un homme et trois femmes à la buanderie, et huit femmes à la repasserie, faisant au total cent quarante-quatre heures de travail.

Si l'on a une semaine entière pour traiter tout ce linge, un homme et deux femmes pendant six jours suffiront.

En mettant à 0 fr. 25, l'une dans l'autre, l'heure de travail des hommes et des femmes, nous avons :

Comme frais de main-d'œuvre....... $144 \times 0,25 =$ 36 fr.
Plus les produits chimiques, sels, amidon, savon, bleu
    estimés avec exagération à..................... 12 »
Plus les frais d'entretien et d'amortissement du ma-
    tériel évalué à............................. 5 »
Plus encore la consommation de charbon, le coût de
    la force motrice et de l'huile de graissage évalués à 25 »
On a comme prix total de revient des 500 kilogr. ———
    de linge blanchi............................. 78 fr.
ou 0 fr. 15 par kilogramme.

Alors que, selon le tarif réduit des blanchisseurs, le montant du blanchissage des pièces indiquées plus haut, et qui forment les 500 kilos de linge traité, serait évalué par ces industriels à 145 fr. 90, savoir :

100 draps à 0 fr. 20 la pièce............	20 fr.	
60 taies à 0 fr. 10.................	6	»
20 — traversins à 0 fr. 15..........	3	»
300 serviettes toilette à 0 fr. 03........	9	»
600 — de table à 0 fr. 07........	42	»
20 nappes à 0 fr. 20.................	4	»
4 — grandes à 0 fr. 40	1	60
350 torchons à 0 fr. 03	10	50
80 tabliers à 0 fr. 10.................	8	»
30 chemises d'hommes à 0 fr. 30.....	9	»
30 chemises de femmes à 0 fr. 15	4	50

A reporter........ 117 60

Report	117 60
12 faux-cols à 0 fr. 05	0 60
30 paires de bas à 0 fr. 10	3 »
12 paires de manchettes à 0 fr. 10. ...	1 20
25 paires de chaussettes à 0 fr. 10. ...	2 50
50 caleçons et divers à 0 fr. 20	10 »
8 jupons empesés à 0 fr. 75	6 »
Divers	5 »
Total	145 90

ou près de 0 fr. 30 par kilogramme.

L'économie réalisée serait donc de	145 90
Moins	78 »
Soit	67 90

pour 500 kilogrammes de linge blanchi, ou 50 0/0 environ.

III. — REPASSAGE

Pour les opérations du repassage, lissage et apprêt du
linge dans les petites installations, nous renvoyons nos
lecteurs à la partie spéciale qui traite du blanchissage
industriel [1] ; ces opérations, ici et là, ayant les mêmes
appareils, les mêmes règles, et mettant en œuvre les
mêmes procédés :

Voici cependant, mais succinctement, les appareils qui
peuvent entrer dans l'outillage d'une petite blanchisserie
particulière, dont le plan est figuré d'autre part (page 176).

Machine à repasser. — La plus grande économie réalisée dans les blanchisseries publiques et particulières,
est due à la machine à repasser, aujourd'hui adoptée
avec un immense succès en France et à l'Étranger, par
les familles, hôtels, châteaux, communautés, pension-
nats, blanchisseurs et apprêteurs.

[1] Voyez page 298.

Avec cette machine (*fig.* **29** et 30) qui supprime la calandre (*fig.* 34 et 36), le cylindre, et presque entièrement,
le fer à la main, il n'est plus nécessaire d'avoir recours

à des ouvrières expérimentées ; toute personne peut
s'en servir et obtenir de très
bons résultats pour le repas-

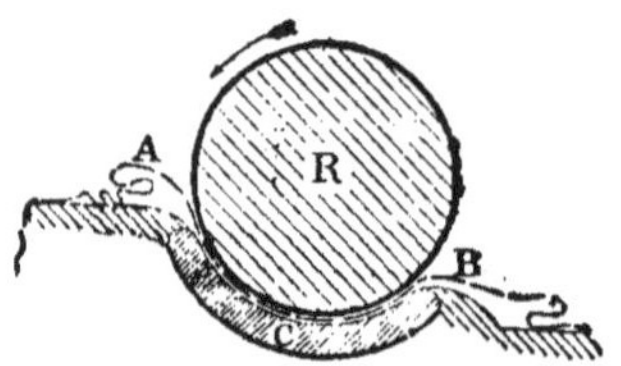

Fig. 29.
Principe de la machine à repasser.
(Coupe perpendiculaire à l'axe.)

C. Cuvette en fonte polie sur sa partie
concave, et qui est chauffée par un fourneau placé en dessous, ou par le gaz, ou
par la vapeur, suivant les cas. Cette cuvette
joue le rôle du fer dans le repassage à la
main.

R. Rouleau entouré d'une couverture,
puis d'une flanelle comme une table à
repasser, et qui vient s'emboîter dans la
partie concave du fer *C*, avec une pression
plus ou moins forte, se réglant à volonté.
Ce rouleau tourne autour de son axe dans
le sens de la flèche, soit par une manivelle
(un enfant peut le tourner), soit par une
transmission de mouvement, suivant l'importance de la machine.

AB, représente le tissu qui, engagé
en *A*, sort en *B*, après avoir été pressé
entre le fer et le rouleau.

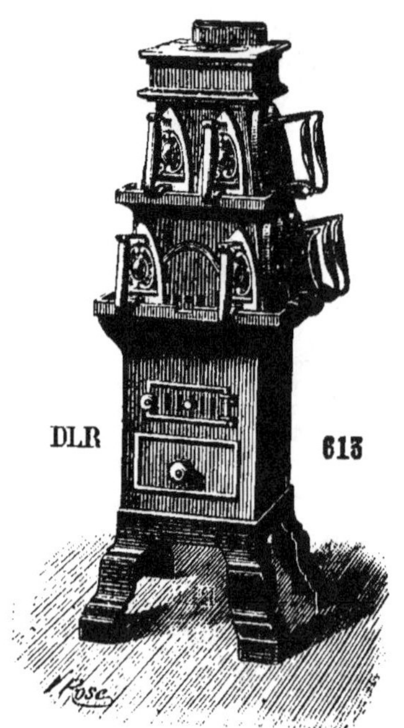

Fig. 31. — Fourneau pour fers à repasser,
à deux étages pour vingt fers.

Fig. 30.
Machine à repasser petit modèle.

sage ou le calandrage des
pièces de linge plat, serviettes, nappes, draps de lit,
taies d'oreillers, chemises
de femme, tabliers, mouchoirs, rideaux unis et brodés,
faux-cols et manchettes, etc.

Avant de faire l'achat d'une machine à repasser, il

faut bien réfléchir au mode de chauffage qui doit être employé : par fourneau, rampe à gaz ou rampe à essence minérale, les dispositions de la machine étant différentes.

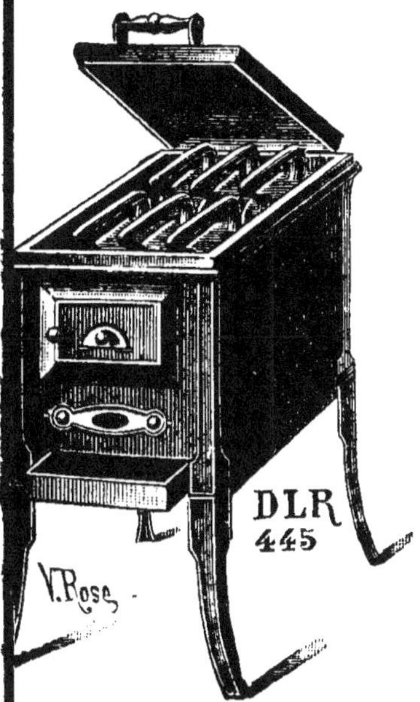

Fig. 32. — Fourneaux pour fers à repasser, à cuvette sans cuisine.

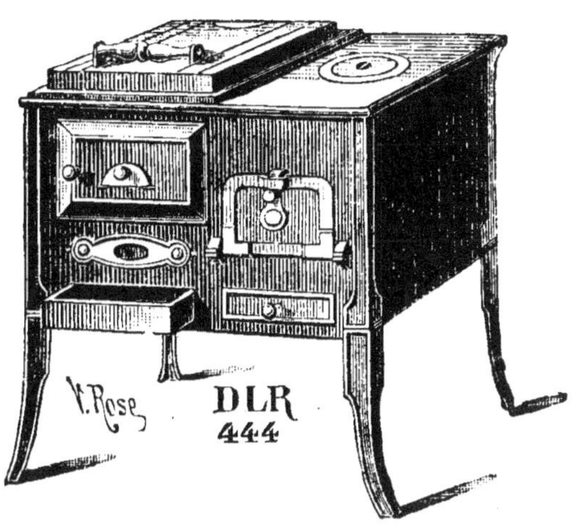

Fig. 33. — Fourneau pour fers à repasser, à cuvette avec cuisine.

Fig. 34. — Machine à calandrer à froid, marchant à bras.

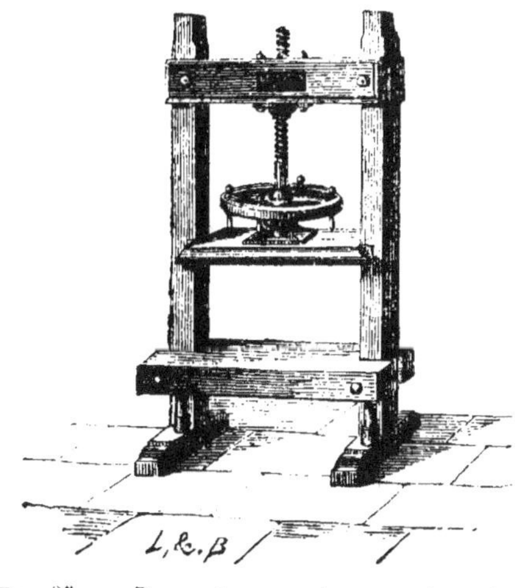

Fig. 35. — Presse à percussion pour le satinage du linge en masse.

Machines à calandrer à froid. — Ces machines (*fig.* 34), composées de deux rouleaux en bois montés sur bâtis en fonte, reçoivent la pression par contrepoids ou par ressort ; elles sont employées pour le calandrage du linge de table, et aussi comme essoreuses, notamment par les blanchisseurs de neuf.

La machine à calandrer $0^m,900$ se fait à deux ou trois rouleaux, au gré de l'acheteur.

Presse à percussion (*fig.* 35), pour le satinage du linge en masse.

FIG. 36. — Mangle à chariot.

Mangle à chariot (*fig.* 36), pour le cylindrage du linge. — Ce mangle composé d'une table en bois, montée sur bâti en bois, supporte une caisse que l'on charge lourdement, et sous laquelle sont placés des rouleaux garnis du linge à calandrer ; un mouvement de va-et-vient imprimé à la caisse par un mécanisme spécial, donne au linge, tout en lui conservant sa bonne odeur de lessive, cet aspect glacé si recherché par la clientèle.

CHAPITRE III

LE BLANCHISSAGE INDUSTRIEL

Le blanchissage industriel du linge en service comporte douze opérations principales qui sont : 1° la réception du linge ; 2° marquage : 3° essangeage ; 4° lessivage ; 5° lavage ou rinçage ; 6° azurage ; 7° séchage ; 8° apprêt ; 9° repassage ou lissage et pliage ; 10° triage ; 11° empaquetage et emballage ; 12° livraison.

I. — BLANCHISSAGE PROPREMENT DIT

Réception du linge. — C'est ce qu'on appelle aussi la *prise en compte ;* elle se fait au domicile du client ou à l'usine de blanchisserie. Chaque client remet au blanchisseur la liste des objets à blanchir avec le nombre de chaque objet. C'est au blanchisseur de vérifier si ce compte est exact, car il est de jurisprudence constante que le blanchisseur, ayant emporté du linge accompagné d'une liste de ce linge, est tenu de rapporter tout le linge inscrit sur cette liste, qu'il l'ait ou non vérifiée.

Quand on songe qu'il y a une somme évaluée à 10 ou 20 pour 100 du chiffre d'affaires des blanchisseurs, qui est employée à payer le linge manquant, égaré, perdu, ou bien encore, compté en trop par erreur sur les listes, on ne saurait trop recommander de bien vérifier le linge lorsqu'on le prend en compte chez le client.

Cette vérification se fera rapidement, si l'on a bien soin de trier le linge auparavant, c'est-à-dire de mettre les draps avec les draps, les serviettes avec les serviettes, etc. On prend ensuite la liste, l'on appelle chaque sorte de linge à tour de rôle, et l'on fait constater au fur et à mesure les erreurs signalées.

Le blanchisseur doit donc compter tout le linge qu'on lui remet avant de le prendre ; mais dans beaucoup de cas il n'est pas compté, et le linge arrive à la blanchisserie sans avoir été vérifié. Dans les petites exploitations où le patron et la patronne dirigent eux-mêmes toutes les opérations, où la quantité de linge à blanchir n'est pas assez grande pour compliquer les choses, le défaut de vérification n'a pas de grandes conséquences ; mais, dans les grandes usines de blanchisserie, l'œil du maître ne peut voir partout à la fois, et l'énorme quantité de linge qu'il y a à blanchir, et le nombreux personnel qui y est employé, rendent cette vérification indispensable.

Lorsqu'on n'aura pas pu la faire au domicile des clients, elle devra être exercée à l'entrée du linge à l'usine, et dans certains cas, comme cela se fait dans les blanchisseries, où on loue le linge en même temps qu'on le blanchit, la vérification se fera chez le client et à l'usine. De cette manière, si quelques pièces viennent à manquer, le chef de l'exploitation saura si ces pièces ont réellement disparu, où et quand elles ont disparu.

Dans certaines grandes blanchisseries, on pousse l'amour de l'ordre — et c'est loin d'être un défaut en l'espèce — jusqu'à inscrire sur un grand registre le linge entré chaque jour à l'usine.

Ce registre affecte la forme suivante :

Journée du mois de _______ année 189_

Marques	Noms des clients	Draps	Taies	Couvertures Couvre-pieds	Flèches	Rideaux	Housses	Alèzes	Serviettes de toilette	Serviettes d'office	Serviettes de table	Torchons	Tabliers	Chemises d'homme	Chemises de femme	Chemises de nuit d'homme	Chemises de nuit de femme

Marques	Noms des clients	Faux-cols	Manchettes	Cols et parures	Bonnets	Guimpes fichus guipures	Mouchoirs	Tricots cache-corset et camisoles	Gilets de laine et de flanelle	Gilets blancs	Jupons	Caleçons	Pantalons	Linge d'enfant, nombre de pièces	Observations

S'il s'agit d'une blanchisserie où l'on exploite les spécialités de linge de coiffeurs, d'hôtels, de restaurants, bains, etc., ce livre ou registre aura une disposition conforme à ces spécialités.

Quand tout le linge entré a été inscrit, on totalise chaque colonne, et l'on a ainsi le nombre de draps, de serviettes, de chemises, etc., qu'on aura à traiter; s'il se commet des vols à l'intérieur de l'usine, on peut se rendre compte dans quel service, par quelles personnes ils ont été commis.

Ce registre sert encore à fixer le prix de revient, à déterminer la quantité de pièces et même de kilogrammes de linge qu'on aura blanchi dans une semaine, un mois ou une année, et mis en regard du chiffre d'affaires, du montant des recettes et des frais de toutes sortes faits pendant la même période; il indiquera d'une manière permanente et certaine la progression des bénéfices ou des pertes, par égard aux quantités de linge traité en nombre de pièces ou en poids si l'on veut.

Il faut dire ici que la méthode que nous indiquons est peu suivie, mais cela ne veut pas dire qu'elle ne soit point bonne à suivre, et nous connaissons plusieurs chefs de maisons qui s'en trouvent bien.

L'un d'eux m'a souvent répété que, pouvant connaître exactement le nombre de draps, de serviettes, de chemises, etc., qu'on avait blanchi dans son établissement, il lui était beaucoup plus facile de fixer les responsabilités de ses employés, sans s'astreindre à une surveillance de tous les instants. Il m'est permis aussi, ajoutait-il, de savoir jusqu'à quelles limites je dois baisser, sans aucun aléa possible, mes prix courants du blanchissage du linge.

Marquage du linge. — Une fois que la réception du linge est effectuée à l'usine, il y a lieu de le marquer, ce qui s'appelle aussi, en termes de métier, *le reconnaître.*

Dans la plupart des cas, on fait la réception et le marquage simultanément. Pour cela, chaque pièce de linge étant comptée, est visitée à l'endroit où doit se trouver la marque habituelle du client. Si celle-ci n'existe pas ou si elle est défigurée, l'ouvrière prend une aiguillée de coton rouge, et fait en deux, trois ou quatre points filés, selon la forme de la lettre ou des chiffres, ce qu'on appelle une *contremarque.*

Ainsi AB se contremarquera de la façon suivante :

 (les traits pleins indiquent le passage du fil de coton rouge à l'endroit, et le pointillé son passage à l'envers de la pièce).

La marque commence par un nœud fait au fil et se termine également par un second nœud. Cette méthode de marquer a l'avantage de se faire assez rapidement, de s'assimiler complètement avec les marques faites par la ménagère, et de pouvoir s'enlever facilement sans détériorer le tissu ; mais elle a l'inconvénient d'offrir trop peu de solidité, soit à l'épreuve des agents chimiques employés dans le blanchissage, soit au contact des fers à repasser, ou avec les parois des machines à laver ou à essorer.

Plusieurs grandes blanchisseries parisiennes ont adopté la marque-applique, sorte de petit carré de toile, portant une marque de fil rouge à points quadrangulaires, et qu'on fixe sur la pièce de linge par un fil blanc cousu tout autour du petit carré.

Quelques-uns ont substitué les chiffres aux lettres, et

d'autres ont, à l'aide d'un composteur, marqué le linge à l'encre indélébile.

Dans tous les cas, ces différents progrès ont fait peu de chemin jusqu'ici, et presque partout on contremarque le linge au fil de coton rouge.

Cette négligence ou cette répugnance du blanchisseur, pour marquer le linge à l'encre indélébile, a son origine dans les exigences des clients, qui ne veulent point avoir leurs pièces de linge numérotées d'un chiffre ou d'une lettre à l'encre, ainsi que le trousseau du militaire ou du pensionnaire. Et ce mauvais vouloir s'explique chez ceux qui ont la bonne habitude de bien marquer leur linge au fil rouge ; d'abord, parce que cela ferait deux marques au lieu d'une, et ensuite, parce que la marque à l'encre fait souvent tache, et quelquefois trou à l'endroit où on l'a apposée.

D'un autre côté, soit à la suite d'un déplacement, soit pour toute autre cause, lorsqu'un client change son blanchisseur, il est exposé à changer de numéro ou de lettres, si ce même numéro ou ces mêmes lettres existent déjà pour un autre client, chez ce nouveau blanchisseur.

Si la marque est faite au coton rouge, on enlève rapidement le point filé qui se trouve là, et on le remplace par un autre. Si au contraire la marque est faite à l'encre indélébile, non seulement elle ne peut s'enlever, mais il faut encore la rayer d'un trait noir qui fait tache, avec la même encre, et faire une autre marque à côté.

Ainsi la personne qui changerait souvent de blanchisseur, marquant son linge à l'encre, s'exposerait à avoir une infinité de marques noires, faisant un très mauvais effet sur le linge.

Il en est presque de même des marques appliquées

qui, si on peut les enlever facilement, laissent après leur départ, une foule de petits trous par lesquels passait le fil qui les attachait à la pièce de linge.

Voilà qui explique suffisamment l'aversion de la clientèle d'une blanchisserie, pour le marquage à l'encre et à la marque applique.

Quant au numérotage par client, il est aussi délaissé pour les mêmes raisons d'abord, et ensuite, parce que le blanchisseur, rencontrant le plus souvent le linge de ses clients parfaitement marqué, ne tient pas à le marquer de nouveau d'un chiffre quelconque. Quand, dans la même livraison, il se trouve deux, trois ou quatre clients ayant une marque semblable, il les distingue, en ajoutant à la marque de l'un, un point en haut; de l'autre, un point en bas; du suivant, une barre en dessous; au quatrième, une en dessus, ou entre les deux lettres, ou devant la première, ou après la seconde, toutes choses qui vont plus vite et sont plus faciles à faire que de tracer une ou deux lettres en points filés.

Voici quelques modèles de marques semblables, modifiées par le blanchisseur (*fig.* 37), pour la reconnaissance du linge à blanchir :

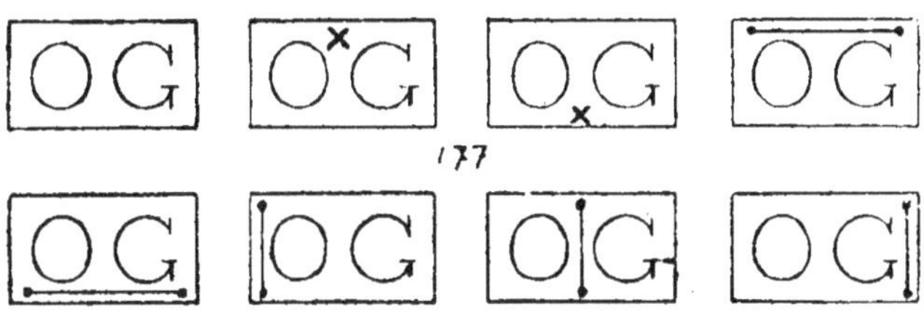

Fig. 37.

S'il s'agit d'une blanchisserie où l'on traite spécialement le linge d'hôtel, de restaurant, de coiffeur, pensions, etc., en un mot, partout où il y aura des clients donnant une forte quantité de linge à blanchir à la fois, le blanchisseur s'abstiendra de marquer ou de contre-marquer le linge, car il traitera le linge de chaque client séparément, et toutes les opérations étant bien conduites, rien ne se trouvera mélangé.

Là où l'on blanchit le linge des voyageurs, on fait des numéros en points filés, qui correspondent aux numéros des chambres occupées.

Les blanchisseurs qui sont en même temps loueurs de linge, considèrent leur propre linge comme celui d'un client ordinaire, et le marquent une fois pour toutes lorsqu'il est à l'état de neuf.

L'opération quotidienne, bi-hebdomadaire ou hebdomadaire du marquage, est remplacée par une visite minutieuse, dans laquelle tout le linge hors de service, déchiré ou à raccommoder, est mis de côté, expédié à la lingerie, et soumis à l'examen et au travail des couturières.

Essangeage. — L'essangeage se fait mécaniquement ou ne se fait pas du tout.

Le linge très sale ou chargé de poussière, de boue, d'excréments, de noir de fumée ou de sang, est préalablement trempé dans un bac de vieille lessive, puis placé dans une machine à laver, qu'on trouvera décrite plus loin.

Après avoir été battu pendant deux ou trois minutes avec une lessive légèrement alcaline et savonneuse dans le tonneau laveur, on le rince à grande eau, et on le jette ensuite dans le cuvier.

Le linge peu sale est simplement mouillé dans l'eau, ou même encore mis à sec dans le cuvier, et mouillé ensuite par une aspersion faite à la partie supérieure.

Malgré cela, il est de règle, pendant le triage par sorte du linge qui se fait à la sortie de la salle de réception, d'essanger à blanc le linge taché, c'est-à-dire qu'on enlève presque complètement les taches de rouille, de peinture, de cambouis, de sang, d'excréments, de vins, de fruits, etc., qu'on rencontre sur le linge à blanchir, soit à l'aide d'une brosse, d'un léger savonnage, d'une immersion prolongée dans un bain de lessive, ou, soit à l'aide des différents chlorures, de la benzine, de l'essence de térébenthine, de l'acide oxalique muriatique ou chlorhydrique, suivant le cas et l'espèce de taches qu'on veut enlever.

Toutes les matières excrémentitielles, la boue, la poussière, le noir de fumée, le charbon ne s'enlèveront qu'à la brosse de chiendent imprégnée de lessive un peu tiède ; les taches de rouille s'enlèveront avec quelques gouttes d'acide oxalique ou muriatique, appliquées directement sur la tache.

On aura bien soin de rincer ensuite la pièce de linge à grande eau.

Les taches de peinture et de cambouis ne résisteront guère à une action énergique de l'essence de térébenthine ou de la benzine.

Les taches de vins, de fruits, et, en général, toutes les matières colorantes disparaîtront, au contact de l'eau de javel ou d'un autre chlorure.

Le linge imbibé de pétrole, valvoline, taché de pommades et d'onguents pharmaceutiques, et en général, tous les torchons et chiffons d'essuyage, linge de pansement, etc., devront être essangés dans de vieilles lessives portées à une bonne température, et dans la machine à laver, ou mieux, dans celle à rincer à courant continu.

Au fur et à mesure que s'opère l'essangeage, le linge est trié, mis par sorte, les draps avec les draps, les chemises avec les chemises, etc.

Dans les grandes exploitations où l'on ne peut diviser le linge à blanchir à l'infini, on se contente de faire cinq grandes divisions :

1° Les torchons et chiffons ; 2° les draps ; 3° les serviettes, séparées en serviettes fines ou damassées, et en serviettes d'office ; 4° le linge de corps ; 5° le linge fin.

Tout ce linge, placé sur des tréteaux spéciaux à roulettes, est transporté au fur et à mesure des besoins vers l'appareil à lessiver.

Lessivage. — C'est l'opération principale du blanchissage, celle qui décide de toutes les autres. Elle se fait ordinairement dans un cuvier de forme cylindrique, dans lequel on entasse le linge à lessiver, tandis qu'au-dessus vient aboutir un tuyau qui se termine en pomme d'arrosoir pour l'aspersion de la lessive.

Nous avons indiqué déjà comment fonctionnait le lessivage à la main et dans les petites lessiveuses. Le principe en est connu : il s'agit de combiner la crasse, la graisse, les impuretés du linge avec un sel alcalin et en faire un savon soluble. Tel est le but du lessivage, et, pour atteindre ce but, il ne faut rien négliger, ni les soins, ni l'attention, ni la surveillance, ni le chauffage, ni le dosage des sels et de l'eau, par égard au linge, pendant cette opération du lessivage.

Celle-ci se divise en quatre parties qui sont : 1° la mise au cuvier ; 2° le coulage ; 3° le repos ; 4° le décuvage.

La mise du linge au cuvier se fait après qu'on a réglé la quantité d'eau et de sel de soude. Ce dernier est jeté le plus souvent tel quel au fond du cuvier, mais il est préférable de le dissoudre avant, dans une certaine quantité d'eau bouillante, et de le jeter ensuite au fond du cuvier.

Celui-ci possède un double fond en bois ou en fer galvanisé perforé, qui permet d'isoler du linge une certaine quantité de lessive. Dans certains établissements, on a remplacé le double fond en bois ou en fer par une série de briques creuses, méthodiquement alignées, et qui rendent le même service, tout en coûtant moins cher et en s'usant moins rapidement.

C'est entre le fond même du cuvier et ce double fond qu'on fait le dosage de l'eau, et qu'on introduit la dissolution du sel de soude.

La quantité de sel de soude varie suivant le degré de saleté des linges, et suivant aussi la qualité de l'eau.

Qualité des eaux. — Pour tout ce qui concerne l'essangeage, le lessivage et le lavage du linge, il importe d'avoir à sa disposition de l'eau douce : l'eau dure et séléniteuse faisant coaguler le savon, au lieu de le dissoudre et ne permettant jamais une bonne saponification de la crasse.

L'eau est dure quand elle est chargée de carbonate ou de sulfate de chaux. Si l'on est en présence d'une eau pareille pour lessiver, il faudra augmenter considérablement la dose de sel de soude, ou bien épurer l'eau préalablement.

On vend dans le commerce des épurateurs d'eau qui ont le défaut de coûter trop cher, et de ne pas offrir assez de régularité dans leur fonctionnement. Il convient donc d'installer les buanderies, soit à proximité des rivières ou des sources d'eau douces ; et, dans le cas contraire, on devra laisser l'eau séjourner à l'air pendant quelques jours dans de grands réservoirs, avant de s'en servir.

L'eau de Seine à Paris est relativement douce. Avec elle, la dose de sel ordinairement adoptée pour le lessivage du linge de famille, est de 18 kilogrammes de sel à 75 degrés pour 1,000 kilogrammes de linge à lessiver.

Nous ferons remarquer que cette proportion augmente, si la quantité de linge à traiter à la fois diminue. Ainsi, 500 kilogrammes de linge demanderont de 10 à 12 kilogrammes de sel à 75 degrés suivant le cas, et de 7 à 8 kilogrammes de sel à 85 degrés, toujours avec l'eau de Seine.

L'eau de la Bièvre est encore plus douce, et fait économiser au blanchisseur de 10 à 15 pour 100 du sel qu'il emploierait, s'il lessivait avec l'eau de Seine.

L'eau de la Vanne, au contraire, qui est très dure, exige jusqu'à 15 kilogrammes de sel à 75 degrés pour lessiver 500 kilogrammes de linge, mais, lorsqu'on l'a laissée exposée pendant quelques jours au contact de l'air, 12 ou 13 kilogrammes suffiront amplement, toujours pour 500 kilogrammes de linge. On voit l'avantage qu'on peut avoir si l'on a à sa disposition de l'eau douce. On recueillera donc longtemps à l'avance l'eau dure dans de grands bassins ou réservoirs, afin qu'elle ait le temps de s'adoucir au contact de l'air.

L'eau de puits, quand ceux-ci sont forés dans la masse de craie ou de glaise, est généralement dure. L'eau de la masse souterraine également, sauf de rares exceptions.

L'eau de source provenant des terrains d'alluvions, de gisements de sable, est au contraire assez douce, bien que siliceuse.

L'eau de pluie est encore la meilleure qu'on puisse trouver pour le lessivage, et un blanchisseur avisé, qui manque d'eau douce, se fait un devoir de recueillir toute celle qui tombe à sa portée.

Dosage de l'eau et des produits lexiviels. — La quantité d'eau à introduire dans un cuvier varie suivant le degré d'humidité du linge. Cependant, lorsque ce linge a été essangé ou trempé avant la mise au cuvier, on dit qu'il faut doser l'eau dans le cuvier, en couvrant le fond du 7e au 6e de la hauteur totale qu'occupera la masse du linge à lessiver.

Quand on encuvera le linge à sec, on mettra d'abord la quantité d'eau énoncée ci-dessus au fond du cuvier, puis on jettera sur la surface du linge autant de litres d'eau qu'il y a de kilogrammes de linge divisés par deux. Autrement dit, dans un cuvier contenant 500 kilogrammes de linge, on mettra d'abord 10, ou 15, ou 20 centimètres d'eau, suivant le diamètre du fond du cuvier, puis sur le dessus du linge on versera environ de 250 à 300 litres d'eau.

Il vaut mieux mettre un peu plus d'eau que pas assez, cependant il ne faut rien exagérer, car on ferait une lessive trop faible.

Si après une demi-heure ou une heure de coulage, on s'aperçoit qu'on a mis trop d'eau, ce qui se voit très bien en soulevant au-dessus du cuvier les premières pièces de linge, on fait dissoudre 2 ou 3 kilogrammes de sel et 1 kilogramme de savon noir, qu'on jette ensuite sur le cuvier.

Chaque fois, d'ailleurs, qu'on lessivera du linge de corps : chemises, caleçons, jupons, etc., ainsi que des rideaux, taies d'oreillers et de traversins, linge de table, etc., on fera bien de joindre au sel de soude 1 ou 2 kilogrammes de savon en pâte, appelé aussi savon noir, qui, étant à base de potasse caustique, aidera beaucoup à la saponification de la crasse, tout en rendant le linge doux et moelleux au toucher. Cette adjonction de savon à la lessive aura aussi l'avantage d'ouvrir les pores des tissus, pour faciliter le passage rapide de la lessive à travers le linge, et l'entraînement complet des matières étrangères, en évitant toutes taches dites de coutissures.

Ceci est d'autant plus vrai que, depuis quelques années, on mélange une certaine quantité de silicate de soude dans les sels de soude à blanchiment. Le silicate de soude, sous l'action de la chaleur, se comporte absolument comme du savon ; mais il a le malheur de n'être jamais complètement soluble, et, pendant le refroidissement du linge, soit au lavage, soit au rinçage, il se dépose sous la forme d'une poudre blanche adhérente à la surface du linge. Cette poudre, après le séchage du linge, s'échappe comme de la poussière, et laisse supposer aux clients du blanchisseur, que ce dernier s'est servi exclusivement de chlorure de chaux en poudre pour blanchir son linge.

Selon nous, le savon noir en pâte, mélangé dans les proportions d'un cinquième avec les sels de soude raffinés de Solvay ou de Saint-Gobain, est préférable à toute introduction de silicate de soude dans la lessive.

On pourra se dispenser de mettre du savon dans le cuvier, si on y lessive exclusivement le linge de cuisine et même le linge de table.

La crasse de cette espèce de linge est assez riche en corps gras pour pouvoir s'en passer, mais, par contre, il faudra augmenter la causticité du sel et ses proportions en quantités et en degrés de soude.

C'est ce que les blanchisseurs font en achetant du sel dit *sel à torchons*, et qui n'est autre que du sel non raffiné, c'est-à-dire beaucoup plus riche en causticité, bien qu'impur, pour lessiver le linge d'office et de cuisine.

Mise au cuvier. — La mise au cuvier se fait un peu au hasard, selon le goût ou les habitudes du *couleur*. Cependant il est de règle, dans les établissements bien tenus, de placer dans le fond tout le linge très sale, torchons, serviettes d'office, etc.; au milieu, le linge de table, par-dessus, le linge de corps, et enfin le linge fin.

Dans les grands établissements, on lessive les torchons dans un cuvier séparé, parce que ceux-ci demandent à la fois, une lessive plus énergique et un plus long temps de coulage. Le contraire a lieu pour les draps qui se lessivent souvent aussi à part, car ils ne demandent qu'une lessive très faible et moitié moins de temps à lessiver que les autres espèces de linge.

Là où l'on devra mettre tout ce linge ensemble dans le même cuvier, les torchons seront bien essangés, puis mis dans le fond. Les serviettes d'office, linges divers, iront par-dessus pour la même raison, puis on encuvera le linge de table qui, s'il ne demande pas une lessive très forte, exige toutefois un plus long temps de coulage pour la disparition complète des taches de vin et de fruit.

Le linge de corps (chemises, camisoles, caleçons, pantalons, bas, chaussettes, mouchoirs, etc.) viendra ensuite, précédant dans le cuvier le linge fin (cols, bonnets, parures, etc.), et les draps de lit placés tout à fait au-dessus.

On discutera peut-être notre méthode ; mais c'est,

selon nous, la seule bonne; car, d'une part, les draps et le linge fin, c'est-à-dire peu sale, n'exigeant qu'un coulage restreint, seront les premiers à sortir du cuvier, avant la fin de l'opération, à ce moment même où le repos du linge lessivé dans le cuvier s'impose pour le linge de corps, de table et les torchons; et, d'autre part, les draps, très embarrassants par leur ampleur, mais très faciles à rincer, parviendront presque tout de suite à la sécherie, et permettront l'utilisation de tout le matériel et de tout le personnel employé presque au même instant dans toutes les parties de l'établissement.

L'ouvrier préposé à l'encuvage du linge doit avoir bien soin de charger son cuvier d'une façon toujours égale, sans trous ni bosses, le linge bien allongé dans le sens de la circonférence du cuvier. *Il tassera en rives,* comme le recommandent les praticiens, c'est-à-dire qu'il serrera le plus possible le linge le long du bord, afin que la lessive projetée à la partie supérieure, et qui a une tendance à s'éloigner du centre à la périphérie, trouve un obstacle qui la ramène vers le centre. C'est surtout à la partie supérieure du cuvier que l'attention de l'ouvrier devra porter pendant l'encuvage. Jadis, le dessus d'un cuvier de linge était dressé en dôme, car c'était toujours au centre que se faisait la projection de la lessive; mais avec les systèmes actuellement en usage, il importe de dresser le dessus d'un cuvier de linge bien horizontalement. On veillera seulement à ce qu'il n'y ait ni cavités qui retiendraient inutilement la lessive, en forme de petits bassins, ni une éminence quelconque, que cette même lessive contournerait, sans jamais l'atteindre.

On étend toujours sur le dessus du linge, quand l'encuvage est terminé, une grosse toile appelée CHARRIER.

Le *charrier* n'a pas la même importance qu'au temps où il était chargé de retenir les impuretés contenues dans la cendre de bois servant au lessivage ; mais, quel que soit le produit lixiviel employé, la lessive se charge, à un certain moment, d'une espèce de crasse, sorte de savon insoluble que le charrier est destiné à retenir et qu'il retient en effet.

L'encuvage fait, le charrier posé, le couvercle du cuvier ajusté, le lessivage commence ; mais cette opération fort délicate, plus sérieuse et plus théorique qu'on ne le croit généralement, doit être conduite selon la forme du cuvier et le système de l'appareil à lessiver.

Différents genres de cuviers. — Nous allons donc décrire les formes de cuviers en usage, et les différents systèmes d'appareils à lessiver, employés jusqu'ici.

La forme du cuvier est généralement cylindrique ; parfois, elle affecte la forme d'un cône tronqué renversé, c'est-à-dire reposant sur le plus petit cercle. Le cuvier est en bois, en fer ou tôle galvanisée, en fonte ou en cuivre. Le cuvier en bois est le plus connu, parce qu'il est aussi le moins cher et le plus ancien. Sa forme cylindro-conique a été empruntée à tous les grands récipients en bois : réservoirs, cuves, baquets, seaux, qui retirent de cette forme cylindro-conique, comme chacun sait, une plus grande solidité. Les cuviers en bois sont en sapin de Lorraine ou en pitch-pin cerclés de quatre, cinq ou six anneaux en fer galvanisé, suivant la hauteur adoptée.

On donne à ces cuviers toutes les mesures qu'on désire ; on peut les faire plus bas, et plus larges ou plus étroits, et plus profonds, sans apporter un grand trouble dans les règles ordinaires du coulage. Cependant, voici les mesures ordinairement adoptées pour un grand cuvier en bois, pouvant contenir environ 1,000 kilogrammes de linge pesé sec : diamètre intérieur, 2^m,30, hauteur extérieure, 1^m,20. Cette hauteur reste à peu près la même pour les numéros au-dessous, soit pour les cuviers d'une contenance :

De 700 kilos de linge, diamètre intérieur 2^m » ; hauteur 1^m,20 ;
— 600   —   —   1^m,80   —   »   » ;
— 500   —   —   1^m,70   —   »   » ;
— 400   —   —   1^m,50   —   »   » ;
— 300   —   —   1^m,35   —   1^m, ».

Les cuviers en fer (tôle noire) sont peu utilisés pour les lessivages, on leur préfère les cuviers en fer (tôle galvanisée) qui, bien qu'un peu plus cher, n'ont pas l'inconvénient de tacher le linge de rouille. Les dimensions des cuviers en métal sont les mêmes que celles des cuviers en bois ; leur avantage sur ceux-ci est d'avoir une plus grande durée et de tenir moins de place. D'aucuns prétendent qu'ils ont l'inconvénient de faciliter le refroidissement hâtif de la lessive, pendant le repos qui suit le coulage. Ce reproche, quelque fondé qu'il paraisse, ne tient pas devant l'application quasi-générale qui s'est faite de ce genre de cuvier, dans les principaux établissements de blanchisserie. Ce préjugé s'est détruit de lui-même, et ce qui différencie le cuvier de bois du cuvier de métal, n'est plus, à l'heure qu'il est, qu'une question de prix, et non, comme on l'a soutenu longtemps, une question de mieux faire ou de sage économie.

Le blanchisseur qui achète un cuvier en fer (tôle galvanisée), doit se rendre compte de l'épaisseur de la tôle, et surtout de celle qui forme le fond. A cet endroit le

cuvier doit être beaucoup plus épais qu'ailleurs, car c'est
là que reposera toute la charge du linge. La galvanisa-
tion doit avoir lieu après la construction du cuvier, et
non lorsque la tôle est encore en feuilles, car, tous les
points de rivure apparaîtraient sans être recouverts de
la couche amalgamée, préservatrice de la rouille.

Le cuvier en tôle galvanisée se trouve dans le commerce :

	Diamètre intérieur	Hauteur		
Avec	1ᵐ,10. et 0ᵐ,80,	pour contenir 150 kil. de linge.		
—	1ᵐ,25, et » »	—	200	—
—	1ᵐ,25, et 1ᵐ, »	—	250	—
—	1ᵐ,35, et » »	—	300	—
—	1ᵐ,50. et 1ᵐ,20	—	400	—
—	1ᵐ,70, et 1ᵐ,20	—	500	—
—	1ᵐ,80, et 1ᵐ,20	—	600	—
—	2ᵐ », et 1ᵐ,20	—	700	—
—	2ᵐ,30, et 1ᵐ,20	—	1.000	—
—	2ᵐ,50, et 1ᵐ,20	—	1.200	—

Les cuviers en cuivre rouge ont les mêmes avantages
que les cuviers en tôle sur les cuviers en bois ; mais ils
coûtent de beaucoup plus cher. Leur application dans
la blanchisserie part de ce fait, que le cuivre, même après
un long usage, conserve encore une certaine valeur,
tandis que le fer galvanisé et le bois n'en ont plus du
tout.

Les prix de ces cuviers, ainsi que des cuviers en fonte,
qui, en l'espèce, se comportent comme de grandes
marmites, sont établies en rapport avec le prix de
ces métaux. On les évalue au double ou au triple du
prix des cuviers en tôle galvanisée, pour les mêmes
grandeurs.

Tous ces cuviers de métal ont la forme cylindrique ; cependant, on a ici et là essayé, sans obtenir beaucoup de succès, d'y substituer la forme ovoïde, parallélogramme aux coins et au fond arrondis, etc. Peu de blanchisseries ont adopté ces formes bizarres qui, si elles avaient l'avantage de mieux s'approprier aux lieux auxquels on les destinait, avaient l'inconvénient d'empêcher une égale distribution de la lessive sur tout le linge renfermé dans le cuvier.

Appareils à lessiver. — Nous avons, maintenant que nous connaissons les diverses formes qu'affectent les cuviers, à décrire les principaux systèmes d'appareils à lessiver, qui font corps avec eux. Les procédés les plus anciens sont les procédés de Bardel, de la Meilleraie, de Schopper, de Hartmann, de Descroisilles, etc. qui, **par** des combinaisons diverses, faisaient arriver la lessive froide d'abord, tiède ensuite, puis, de plus en plus chaude sur le linge, à la partie supérieure du cuvier.

Les uns, les primitifs, comme on dit maintenant, font arriver la lessive de la chaudière sur le dessus du cuvier à l'aide d'une pompe ; les autres ont employé tour à **tour** comme force ascensionnelle la vapeur ou l'ébullition de l'eau.

Les appareils à pompe, aujourd'hui délaissés, procédaient de deux manières différentes. Dans certains cas, la chaudière servant à réchauffer la lessive, était placée en contre-bas du cuvier, et la pompe, mise en œuvre au moment indiqué, prenait la lessive dans cette chaudière, et la montait jusqu'au-dessus du cuvier. Dans d'autres, la chaudière était, au contraire, établie en contre-haut, et c'est lorsque la lessive, après avoir coulé entre et à travers le linge, s'était écoulée lentement dans un récipient situé au-dessous du cuvier, que la pompe allait la chercher dans ce récipient, pour la ramener dans la chaudière où elle se réchauffait à nouveau, puis se déversait naturellement, étant en charge, sur le dessus du cuvier.

Appareil de Cureaudeau. — Ce n'est que quelques années après, que Cureaudeau indiqua le lessivage par la vapeur seule, qui fut bientôt abandonné parce qu'il nuisait à la conservation du linge.

L'appareil de Cureaudeau consiste en une série de tubes perforés se répartissant à l'intérieur dans la masse du linge, et dans lesquels ou envoie de la vapeur.

Le linge avant la mise au cuvier est trempé dans une eau alcaline titrant 3 degrés à l'échelle Baumé. On jette ensuite sur le linge entassé dans le cuvier, la quantité d'eau saturée de sel de soude reconnue nécessaire, puis on envoie de la vapeur d'eau, qui se répand dans les tubes, s'échappe par les trous dont ces tubes sont perforés, et vient réchauffer le liquide alcalin dont le linge est imprégné. Au bout d'une demi-heure, la saponification de la crasse commence pour se terminer beaucoup plus tôt que dans les autres systèmes.

Un constructeur a essayé, depuis peu, la rénovation du système de Cureaudeau, mais il n'est pas parvenu à l'imposer au public.

C'est vers 1830, comme nous l'avons dit dans le *précis historique*, que l'appareil à ébullition et à affusions spontanées a fait son apparition.

Chaudière à ébullition. — La chaudière à ébullition, encore très employée de nos jours, fonctionne en vertu de ce principe, que l'eau, en chauffant, dégage une certaine quantité de vapeur qui, en s'accumulant à la partie supérieure de la chaudière laissée libre, agit par compression sur le liquide situé au-dessous et lui fait subir, à un certain moment, une ascension déterminant sa chute par aspersions au-dessus du linge placé dans le cuvier.

Cadet de Vaux, Rouget de l'Isle ont, à plusieurs reprises, vanté ce procédé qui a reçu de nombreux perfectionnements, notamment par la maison Decoudun. Voyez l'appareil mobile servant à deux cuviers que cette maison construit pour les blanchisseurs (p. 142 et 143).

La chaudière est en tôle hermétiquement fermée, elle est installée dans un fourneau en métal, et munie d'un robinet de vidange. Une tuyauterie de cuivre établit la communication entre la cuve et la chaudière, de manière que la lessive contenue dans cette dernière s'élève par le tuyau vertical, comme nous l'avons expliqué, et se répande en pluie sur le linge par le champignon-arrosoir.

Quand la chaudière s'est totalement vidée, la rentrée de la lessive s'y fait par le tuyau du bas, et qui a la forme d'un T, et qui est muni à chaque bout d'un robinet droit. Suivant qu'on aura ouvert l'un ou l'autre de ces deux robinets, la communication se fera avec l'une ou l'autre des cuves; et, en tournant le col de cygne ou tube ascensionnel du côté du robinet ouvert, on pourra alternativement opérer le lessivage dans l'un ou l'autre cuvier.

L'appareil mobile à lessiver par ébullition, construit par Decoudun (*fig.* 13, p. 143), se compose donc d'une chaudière en fer, tuyaux et robinets en cuivre, tubes en T, champignons, écrous, etc., et du fourneau en métal garni de pièces réfractaires formant foyer.

Appareils fixes à lessiver (*fig*. 38) **avec fourneau en briques, fonctionnant alternativement sur chaque cuve.** — La chaudière est en tôle hermétiquement fermée, installée sur un fourneau en maçonnerie, et munie d'un robinet de vidange. Comme pour les appareils mobiles, une tuyauterie de cuivre établit la communication entre la cuve et la chaudière, de manière que la lessive contenue dans cette dernière s'élève par le tuyau vertical, et se répande en pluie par le champignon.

Fig. 38. — Appareil à lessiver par ébullition, à deux cuves, avec fourneau en longueur.

La rentrée de la lessive se fait par le tuyau du bas.

La chaudière est en communication avec l'une ou l'autre cuve, suivant qu'on aura ouvert l'un ou l'autre des deux robinets, et tourné le col de cygne champignon sur la cuve où le robinet est ouvert. Il est bon d'adjoindre à la cuve un couvercle pour empêcher la déperdition de chaleur, et pour éviter que les buées se répandent dans l'atelier.

On construit des appareils fonctionnant simultanément sur deux cuviers, et aussi des appareils pour desservir trois ou quatre cuviers.

La maison Decoudun construit spécialement des appa-

reils de ce genre qui peuvent fonctionner simultanément
sur les deux cuviers à la fois.

Appareils à vapeur. — L'autre système d'appareil à
lessiver (*fig.* **39**) est une application de la vapeur. Il a
été imaginé également par la maison Decoudun, et se
compose :

1° D'un injecteur spécial muni d'un tuyau et d'un robinet, raccordé à une autre tuyauterie amenant la vapeur
du générateur ;

2° D'un tube ascensionnel, raccordé sur le boisseau de
l'injecteur, et qui se termine à la partie supérieure par
un champignon d'arrosage, pour les cuves de moyennes
dimensions, et par un tourniquet à branches, pour les
grandes cuves.

Fig. 39. — Appareil à lessiver par vapeur.

On connaît le principe de l'injecteur qu'on appelle
aussi éjecteur.

L'eau de lessive arrive en charge par le tube central.
Au contact de la vapeur, qui fait pression, la lessive
s'élève dans le tube ascensionnel, et elle s'échauffe graduellement, mélangée qu'elle est avec la vapeur qui a
servi à son ascension.

La manœuvre de cet appareil est fort simple. On ouvre
le robinet qui sert à l'introduction de la vapeur, et aus-

sitôt, l'opération du lessivage commence. Pour faire cesser cette opération, il suffit de fermer ce robinet. L'injecteur peut être comme un robinet à deux eaux, c'est-à-dire qu'il peut, en aspirant, retirer l'eau du cuvier, comme il peut en mettre. Il suffit pour cela de doubler sa fonction, et d'ajouter au boisseau une tubulure emportant la lessive dans un bassin *ad hoc*.

L'injecteur se place, soit au-dessous du cuvier, le tube ascensionnel de la lessive passant au centre, soit à l'intérieur de ce cuvier, entre le fond et le double fond, soit sur le côté du cuvier, avec col de cygne, comme dans l'autre système.

On adoptera l'un ou l'autre de ces moyens, mais celui qui nous semble le plus rationnel et le moins coûteux, est celui qui place l'injecteur au milieu et sous le cuvier, dans un caniveau ou dans une cave.

L'inconvénient de l'injecteur est d'ajouter beaucoup trop d'eau à la lessive, par suite de la condensation de la vapeur ayant servi à l'ascension, et qui se trouve mélangée à la fin de l'opération au liquide lessiviel. Le blanchisseur doit donc doser son eau de lessive et son sel de soude, en prévision de cette augmentation : le tour de main une fois connu, comme on dit, le système rend de précieux services par son fonctionnement régulier et méthodique, par ses facilités d'installation et d'entretien. C'est le seul qui soit réellement en faveur dans les principales usines de blanchisserie, à l'heure où nous écrivons ces lignes.

Appareils à serpentin et injecteur. — Le troisième système qui est un perfectionnement des précédents, conserve tout d'abord l'injecteur que nous venons de décrire, pour opérer sur le linge, dès le début du coulage, un cer-

tain nombre d'affusions de lessive, à température graduée ; puis, lorsque cette lessive approche de 80 degrés,
l'injecteur s'arrête de lui-même, et la lessive fait son
ascension comme avec la chaudière à ébullition.

Pour obtenir ce résultat, la maison Delaroche, à qui
nous devons tous ces perfectionnements, place sous le
cuvier un récipient destiné à recevoir le liquide à réchauffer. Dans ce récipient court un serpentin de vapeur, qui
se termine près du tube ascensionnel par un injecteur
spécial, construit de telle façon que son action s'arrêtera
automatiquement, dès que le liquide réchauffé par le serpentin et la vapeur échappée de l'injecteur, aura atteint
une température de 70 à 80 degrés. A partir de ce moment, le serpentin réchauffe seul la lessive, et celle-ci,
dont la température arrive à dépasser 100 degrés, s'élève
d'elle-même dans le tube ascensionnel, comme dans la
chaudière à ébullition.

Couvercles de cuviers. — Nous n'abandonnerons pas
cette étude des appareils à lessiver, sans parler des couvercles de cuviers. Ces couvercles sont indispensables
pour plusieurs raisons :

Ils évitent d'une part la dégradation des murs de la
buanderie, par la trop grande expansion de vapeur au
dehors, et, d'autre part, ils économisent une grande
quantité de combustible et de produits lessiviels résultant de la non-évaporation de la lessive, absolument concentrée et renfermée dans le cuvier.

D'un autre côté, l'envahissement des buanderies par les
buées empêche d'y voir clair ; elles détruisent rapidement
les constructions. Les émanations dégagées par le linge
pendant le lessivage sont aussi des causes d'insalubrité.
Tout moyen les empêchant devra donc être adopté.

Les couvercles de cuviers sont ordinairement en tôle de fer galvanisée ; on en fait aussi en cuivre et même en zinc. Ils affectent la forme d'un cône très bas et très lourd, comme les couvercles de marmites, mais à douce inclinaison du faîte à la base.

Le poids à donner à un couvercle de cuvier a son importance, car plus il pèse lourd, plus il clot hermétiquement le cuvier qu'il recouvre ; mais de là est venue la difficulté de le soulever, lors de la mise du linge au cuvier, et au moment du décuvage.

Dans la plupart des cas, et pour les appareils moyens, une chaîne, une poulie et un contrepoids suffisent pour opérer le levage ; mais pour les grands appareils, on a imaginé divers agencements servant uniquement à lever le couvercle des cuviers. Ici et là ce sont des treuils à vis sans retour possible de manivelle qui trouve un point d'appui, soit le long du mur de la buanderie, soit sur la toiture, soit au fond même du cuvier.

La maison Decoudun a fait breveter un monte-couvercle hydraulique, qui est combiné avec tous ses appareils à lessiver (*fig.* 40). Le sommet du couvercle est relié à l'extrémité d'une tige excentrique de la colonne de jetée de la lessive, laquelle tige, mise en relation avec une petite pompe de compression, se meut à la manière des pistons plongeurs des presses hydrauliques (sauf les proportions, bien entendu), en élevant le couvercle rapidement, sans effort, et en le guidant en même temps. La descente s'opère par la simple ouverture d'un robinet laissant évacuer l'eau comprimée, en la renvoyant dans une petite vasque où elle est toute prête pour une nouvelle ascension. On voit, par ce simple exposé, combien la manœuvre de ce monte-couvercle est facile, de beaucoup plus facile que par les treuils.

Dans une installation importante, tous les monte-couvercles de cuviers sont en communication avec une seule conduite d'eau comprimée, ce qui permet d'élever plusieurs couvercles à la fois avec une pompe unique.

Fig. 40. — Appareil à lessiver par vapeur, avec monte-couvercle hydraulique.

L'avantage du monte-couvercle hydraulique est de supprimer les nombreux accidents occasionnés dans les autres systèmes par la rupture des chaînes. Il supprime aussi les points d'appui jusqu'alors nécessaires au-dessus des cuviers, et constitués le plus souvent exprès par une charpente incommode, de vilain aspect, et qui augmente d'une manière indirecte la dépense d'installation.

Autre système d'appareil à lessiver. — A l'Exposition internationale d'Anvers de 1894, on a exposé une nouvelle machine à laver appelée la *berceuse*. C'est aussi, dit le prospectus, un appareil à lessiver. Il a la forme d'un cœur aplati vers la pointe, et s'agitant à l'aide d'un levier, vers la droite et vers la gauche de cette pointe.

Cet appareil peut très bien convenir à un ménage, mais son application industrielle ne nous apparaît pas, même dans un temps éloigné. Nous ne croyons pas qu'il puisse remplacer, pour du linge suffisamment sale, l'appareil à lessiver, et il conviendrait alors, si l'on veut absolument le classer parmi les appareils en usage dans la blanchisserie, de le ranger parmi les machines et appareils à laver, plutôt que dans les appareils à lessiver.

Pratique du lessivage. — Il nous reste à dire quelle doit être la conduite du *couleur* pendant et après le lessivage. L'importance du *couleur* diminue en raison même des perfectionnements apportés dans les appareils mis à sa disposition. Si le lessivage se fait avec la chaudière à ébullition, le couleur devra prendre soin de jeter sur le dessus du cuvier quelques seaux d'eau tiède, puis chaude, et enfin bouillante, qu'il puisera au fur et à mesure à la chaudière même, et avant la première jetée. Cela fait, il activera de plus en plus le feu sous la chaudière jusqu'à ce que les jetées se produisent presque sans interruption. A ce moment, il pourra diminuer l'intensité du feu, car, la température atteinte dans l'intérieur du cuvier approche alors de 100 degrés. Tout le secret du coulage consiste donc à porter graduellement la lessive à cette température, et à l'y maintenir pendant trois ou quatre heures, suivant la nature du linge qu'on traite.

Avec l'injecteur, ainsi que nous l'avons dit, la manœuvre est beaucoup plus simple. Il suffit d'ouvrir un robinet et de le fermer au bout de trois ou quatre heures de jetée. Dès que la lessive *ne sent plus le doux*, c'est-à-dire lorsque la saponification de la crasse contenue dans le linge est complètement opérée. A ce moment, on dit que la lessive est cuite, et le lessivage du linge est chose faite.

Si l'appareil est simple, c'est-à-dire, s'il n'y a pas de réchauffeur accompagnant l'injecteur, on doit, au fur et à mesure que la lessive dans le cuvier se rapproche de la température d'ébullition, diminuer l'arrivée de la vapeur pour la supprimer presque vers la fin de l'opération.

Avec l'appareil à injecteur et réchauffeur à serpentin, le tout fonctionnant automatiquement, le service du *couleur* cesse dès qu'il a ouvert le robinet de vapeur, pour ne reprendre qu'au moment où il y aura nécessité de le fermer à fin d'opération. Tous les robinets étant fermés, après la dernière jetée, le couleur soulève le couvercle pour s'assurer de la parfaite cuisson de la lessive. A cet effet, il remarque les bulles multicolores qui se forment à la surface du linge, dès qu'on y touche ; puis, certain de la réussite du lessivage, le couleur laisse retomber le couvercle, et assigne un temps de repos au linge dans le cuvier. Ce repos peut être d'une ou de plusieurs heures, — il n'est jamais trop long pour achever la saponification, — et si rien ne l'en empêche, le couleur laissera reposer le linge deux bonnes heures au moins, de telle sorte que le lessivage ait une durée totale et minimum, repos compris, d'environ six heures.

Décuvage. — Le décuvage ne doit se faire qu'au fur et à mesure des besoins, pour éviter le refroidissement du linge, et on n'enlèvera la lessive du cuvier qu'au fur et à mesure qu'on en retirera le linge, afin d'éviter les taches de roussi, appelées aussi taches de coutissure ou de lessive. En effet, la lessive en séchant sur le linge ou en se retirant à travers, peut laisser, sur les tissus fins ou de toile à trame serrée, une sorte de matière colorante qui devient insoluble en refroidissant.

Le projet que caressait naguère un ingénieur de nos amis, et qui consistait à *dépoter* un cuvier de linge en soulevant le double fond par une manœuvre hydraulique, analogue à celle que nous avons décrite pour soulever les couvercles, aurait donc ce grave inconvénient, de déterminer sur le linge des taches de lessive, aussi difficiles à enlever que des taches de rouille, dès qu'elles ont séché à l'air.

Bouillage du linge. — Ce procédé, peu usité en France, est, au contraire, très répandu en Angleterre, en Amérique et en Allemagne, partout en un mot, où l'on a été longtemps à connaître les secrets de la fabrication du savon. Car le bouillage du linge supprime ou remplace totalement le lessivage, c'est-à-dire la saponification de la crasse. Il ne peut, selon nous, qu'être, en raison de cela, fort préjudiciable à la conservation de la fibre. La crasse ne se détache plus lentement et méthodiquement, par une combinaison chimique, à l'aide du composé alcalin, pour qui elle a une grande affinité (laquelle est développée encore par la chaleur) ; mais elle est arrachée brusquement de la fibre, par une force mécanique, produite à la fois par l'agent chimique, dont l'action est décuplée par la vapeur, et l'ébullition de l'eau qu'il sature.

A part ces défauts, que nous avons maintes et maintes fois constatés *de visu*, le bouillage fait le linge aussi blanc, pour ne pas dire plus, que le lessivage. Il a l'avantage de donner à l'opération une durée deux fois moindre, bien qu'il nécessite un supplément de soude et de savon, pour une même quantité et une même sorte de linge.

Malgré tout, nous ne conseillerons pas de remplacer le

lessivage par le bouillage, et si nos voisins les Anglais s'en servent, c'est qu'ils ont pour cela deux bonnes raisons contre nous.

La première, c'est qu'ils ont du combustible, la houille, à meilleur compte que nous, et que l'énorme quantité d'eau qu'il faut porter à l'ébullition (quatre ou cinq fois plus que dans le lessivage pour une même quantité de linge), ne leur semble pas trop dispendieuse.

La seconde raison, c'est qu'en Angleterre, le linge coûte moins cher qu'en France, et que les ménagères de ce pays tiennent beaucoup moins que les nôtres, à cause de ce bon marché sans doute, à sa longue conservation.

En France, non seulement le bon linge coûte cher à acquérir, mais encore les ménagères veulent le conserver le plus longtemps possible, et les armoires de linge qu'on se transmet de génération en génération, sont là pour l'attester.

D'un autre côté, si le blanchisseur doit tenir compte de ce désir de sa clientèle, il doit aussi compter avec sa bourse ; et si le bouillage lui fait brûler trois ou quatre fois plus de charbon, pour obtenir un même résultat que par le lessivage, on comprendra aisément pourquoi il s'en tient à cette dernière méthode.

Quand les propagateurs du système anglais ou américain du bouillage soutiennent qu'il y a économie dans la main-d'œuvre, et que cette économie balance grandement le supplément de dépense en chauffage de l'eau, ils se trompent étrangement.

Il y a diminution de temps ; c'est-à-dire que la durée du bouillage est à peine de deux heures, tandis que celle du lessivage atteint près de six heures ; mais la main-d'œuvre reste la même, attendu que dans l'une et dans l'autre méthode, il faut toujours encuver et décuver le linge. En l'espèce, le fameux proverbe anglais, *times is money*, « le temps c'est de l'argent », n'est pas applicable, puisque le linge, une fois soumis à l'appareil à lessiver français, ne nécessite, pendant toute la durée du lessivage, aucune manutention ni main-d'œuvre.

Appareils à bouillir. — Ceci dit, nous allons donner la description des différents appareils à bouillir le linge, et qu'une récente tentative à essayé d'introduire en France.

Le premier en date consiste en une cuve en fer, chauffée par la vapeur ou par un foyer placé au dessous.

L'intérieur forme comme une seconde cuve concentrique, qui éloigne le linge de l'endroit chauffé, ou par lequel arrive et s'échappe la vapeur ; un tube central établit la circulation, et un large espace ménagé sur les côtés permet à l'eau de s'échapper du linge, et aussi de pénétrer à travers sa masse ; des attaches sous forme de croisillons sont fixées à la partie supérieure, pour empêcher le soulèvement du linge par l'ébullition.

Le linge du haut en bas de l'appareil, doit toujours tremper dans l'eau. On aura bien soin, pendant toute la durée de l'opération, que l'eau de lessive recouvre entièrement et complètement la surface du linge.

Cette eau a été saturée de sel de soude et de savon fondu en proportions convenables, de manière à donner de quatre à cinq degrés au pèse-lessive, puis elle sera portée aussitôt à l'ébullition. Ce qui se passe ensuite est très facile à expliquer. Une circulation de plus en plus rapide s'établit entre les différentes parties de la cuve, par le tube central, par les espaces ménagés sur le côté et entre les pièces de linge qui flottent pour ainsi dire dans le liquide. L'ébullition produit aussi une certaine émulsion, et, sous l'action de la chaleur, la lessive alca line, passant et repassant du haut en bas et de bas en haut de l'appareil, à travers le tissu, parvient à en détacher toutes les impuretés qui le maculent. Au bout de deux heures, le bouillage est terminé, mais il faut laver le linge et le rincer pendant qu'il est chaud et encore imprégné de lessive.

Il y a avantage à ne traiter que de petites quantités de linge à la fois, dans de petits appareils, car une trop grande masse de linge dans la cuve rendrait l'opération plus difficile, plus longue, et encore plus coûteuse.

Dans les blanchisseries où l'on ne pratique que le bouillage du linge à l'exclusion de tout lessivage, on remplace les énormes cuviers contenant de 1,000 à 1,200 kilogrammes de linge pesé sec, par une série de petites cuves, dans lesquelles 50 à 60 kilogrammes peuvent bouillir à l'aise, soit à l'aide du foyer à feu nu, soit à l'aide de la vapeur tirée du générateur de l'usine.

Machines à double enveloppe. — Le second système, celui qui est maintenant universellement adopté outre Rhin, outre Manche et au delà de l'Atlantique, a fait faire un progrès énorme à la méthode du bouillage.

Il consiste dans la réunion de la machine à lessiver et de la machine à laver en un seul appareil, qu'on a baptisé du nom de machine à laver à double enveloppe ou machine américaine, et ceci bien à tort, car avant 1870, la maison J. Decoudun construisait des machines à double enveloppe (voir *fig.* 43, p. 238), qui fonctionnaient à cette époque à la Compagnie des Lits Militaires, à la blanchisserie de Courcelles, etc., où elles sont d'ailleurs toujours en service, et si ces machines ne se sont pas plus répandues en France, c'est qu'elles offrent certains inconvénients, notamment l'usure du linge, dont nous parlons plus loin.

Cette machine serait la machine idéale, si elle parvenait à moins user le linge et à moins désorganiser la fibre, car on peut tout y faire, l'essangeage, le lessivage, le lavage, le rinçage et même l'azurage, en moins d'une heure et demie.

Chaque machine, de grandeur moyenne, peut traiter à la fois 100 kilogrammes de linge, en lui faisant faire pendant ce laps de temps (une heure et demie), toutes les opérations indiquées ci-dessus. Le linge y est introduit sec, lorsqu'il est sale, en arrivant de chez le client, et il en sort absolument blanchi, prêt à être essoré et repassé (*fig.* 41, 42).

Cette machine se compose d'un cylindre fixe en tôle de fer galvanisée servant d'enveloppe extérieure, et d'un autre cylindre en fer ou en cuivre, qui se meut à l'intérieur du premier, et qui est destiné à recevoir le linge.

Le second cylindre qui remplit l'office de tonneau laveur est percé de petits trous, et garni à l'intérieur de barrettes fixées contre les parois, ou bien il est séparé au milieu par une cloison à claire-voies qui arrête le linge pendant la rotation, provoquant ainsi une succession de chutes dans le liquide. Ce dernier repose au début dans l'espace compris entre le cylindre intérieur et le cylindre extérieur.

Quand le premier cylindre est mis en mouvement, il

entraîne avec lui le liquide qui passe alors à travers les trous, se répand sur le linge, et se bat avec lui dans l'in-

Fig. 41. — Machine à essanger, lessiver, laver et rincer, à double enveloppe, à mouvement alternatif et décharge automatique.

térieur du tonneau-laveur. Chaque chute du linge sur la paroi de ce tonneau exprime le liquide, qui repasse par les trous, en entraînant avec lui les impuretés du linge devenues solubles par l'action de la chaleur, par

Fig. 42. — Machine à essanger, lessiver, laver, rincer. Vue extérieure, porte enlevée.

l'émulsion, et par le contact de la matière alcaline et savonneuse.

Pour charger l'appareil, on amène la porte du cylindre

intérieur en face de celle du cylindre extérieur. On introduit alors les 100 kilogrammes de linge sec à blanchir, et l'on ferme hermétiquement les deux portes. Cela fait, on laisse arriver une certaine quantité de lessive dans le premier cylindre par un tuyau qui met ce dernier en communication avec un bassin placé en charge, puis on donne le mouvement au cylindre intérieur. L'essangeage commence. Au bout d'un certain temps — cinq minutes environ — sans arrêter la machine, on vide le cylindre extérieur de sa lessive, en ouvrant un robinet placé dessous, et on la remplace par une certaine quantité d'eau chargée d'entrainer toutes les matières détachées du linge par l'essangeage. Cette eau est retirée de la machine de la même manière que précédemment, et elle est aussitôt remplacée par de l'eau plus propre chargée de savon et de sel de soude fondu. A partir de ce moment, un jet de vapeur débouche dans l'appareil, y élève la température, et la porte en peu de temps jusqu'à 100 degrés. Il se produit alors un véritable bouillage du linge, au milieu d'une émulsion considérable déterminée par la rotation qui agite, frotte et bat le linge constamment dans un liquide aussi détersif que possible. Au bout de trois quarts d'heure le bouillage est terminé, et il n'y a plus qu'à laver et à rincer le linge, ce qui se fait en remplaçant l'eau de lessive par de l'eau propre et savonneuse, chauffée de la même manière, puis par de l'eau chaude légèrement chlorurée, et enfin par de l'eau froide plusieurs fois renouvelée. Lorsque l'eau de rinçage sort absolument propre et claire, on introduit dans l'appareil de l'eau saturée de bleu d'outre-mer, et l'azurage du linge se fait dans les mêmes conditions, de telle sorte qu'une heure et demie après l'introduction du linge sale, sans autre manutention ni main-d'œuvre que l'introduction à cinq ou six reprises successives d'un nouveau liquide préparé différemment que le précédent, le linge est retiré de l'appareil complètement blanchi et prêt pour le séchage et le repassage.

Il se fait avec cet appareil une grande consommation d'eau, de vapeur, de sel de soude et de savon ; mais, la facilité avec laquelle s'exécutent toutes les opérations, leur rapidité, compensent largement cette élévation dans la dépense. L'économie dans la main-d'œuvre en tant que lavage est aussi très importante et mérite d'être signalée.

Dans la machine américaine (*fig.* 42), ou dans celles que font maintenant quelques constructeurs français, l'enveloppe extérieure est fixe, et les portes de l'un et de l'autre cylindres ne peuvent se rencontrer que sur le côté, à une certaine hauteur, de sorte que le linge ne peut être retiré de la machine que pièce par pièce, avec la main ou avec un crochet. Ceci demande un certain temps et une certaine attention. Dans la machine système Martin construite par Delaroche et ses neveux, l'enveloppe extérieure est demi-fixe. A la fin de l'opération, quand le blanchissage du linge est terminé et que l'on veut retirer le linge du tonneau-laveur intérieur, on enlève une clavette fixant l'enveloppe extérieure et celle-ci se met en mouvement sans sa porte, enlevée préalablement au-dessus et en dehors de l'appareil par une chaine, une poulie et un contrepoids. L'ouverture du tonneau-laveur vient se placer en face de l'ouverture de la double enveloppe, et elles descendent de conserve à la partie infé rieure de l'appareil, où elles donnent passage au linge qui tombe de lui-même dans un chariot à roulettes placé dessous. Le déchargement très simple se fait donc comme dans nos machines à laver, automatiquement.

La machine exposée à Anvers est donc d'une application plus facile et plus rationnelle que les machines anglaises et américaines récemment introduites en France ; mais il faut bien le dire, le principe des unes et des autres est en absolue contradiction avec les nôtres. Il s'agit d'un bouillage auquel le linge y est soumis, et non d'un lessivage comme dans les appareils français que nous avons décrits longuement. La machine à double enveloppe, ou sera réduite en France au simple rôle de machine à laver, ou elle servira à blanchir complètement du linge peu sale ou d'un nettoyage facile, mais elle ne remplacera jamais l'appareil à lessiver qu'aux dépens de la conservation du linge.

Usure du linge avec la machine à double enveloppe. — Un de nos spécialistes bien connus, M. Choteau père, qui peut se vanter d'avoir fait faire quelques progrès à l'industrie du blanchissage, s'est livré à se sujet à des essais comparatifs, et nous écrivons sous sa dictée les chiffres suivants :

« Deux serviettes neuves, de toile semblable, sont mises en service en même temps. Elles sont marquées chacune d'un fil rouge spécial à chaque blanchissage qu'elles subissent ; mais l'une est blanchie d'après la méthode du lessivage français, et l'autre par la machine à double enveloppe, méthode anglo-américaine.

« Au bout de soixante-et-onze blanchissages, la serviette blanchie d'après les procédés français est encore en bon état ; mais la serviette blanchie à l'aide de la roue américaine est très *élimée*. La première qui pesait étant neuve 148 grammes, pèse encore 142 grammes, elle n'a perdu que 6 grammes. La seconde, celle du blanchissage anglais qui pesait également 148 grammes étant neuve, ne pèse plus maintenant que 112 grammes.

« Soixante-et-onze blanchissages lui ont donc fait perdre 36 grammes de son poids ; tandis que l'autre serviette, avec le procédé français, n'en a perdu que 6, pour soixante-et-onze blanchissages également. »

L'expérience faite avec des serviettes damassées a été encore plus concluante. Au bout de 70 blanchissages, la serviette ayant été blanchie par la méthode de lessivage, avait perdu 10 grammes de son poids de neuf, mais elle était encore en bon état de service. Celle qui avait été blanchie 70 fois par la roue américaine, avait perdu plus de 60 grammes, le double presque du cas précédent. A ce moment elle devait être mise hors de service. Ce qui donnerait à croire que, plus le linge est fin ou riche et la trame luxueuse, plus il est dangereux de préférer la méthode américaine à la méthode française. Pour l'instant et jusqu'à preuve du contraire, cette constatation nous suffit, et nous ne recommanderons l'emploi de la machine à double enveloppe que pour le blanchissage du linge de voyageurs, qu'il faut blanchir et livrer en quelques heures seulement, et aussi du linge dit *à la minute*, qu'il faut blanchir en moins de temps encore. Mais pour le linge qu'on pourra et qu'on devra conserver, il faut en revenir à la vieille méthode française du lessivage.

Lavage et rinçage. — Quand le linge a été bien lessivé, l'opération qui suit le lessivage ne consiste guère qu'à rincer purement et simplement le linge, c'est-à-dire à le passer dans une eau chaude d'abord et légèrement savonneuse, pour enlever la coloration laissée par la lessive ; puis ensuite, dans une eau froide très abondante, pour y enlever toute trace de savon. « Le blanchissage se fait dans le cuvier, » dit un vieil adage, qui a d'autant plus de force de nos jours qu'on ne lave plus le linge, mais qu'on se contente seulement de le rincer après le lessivage, « mais il y faut de l'eau à planté » (abondamment), comme dit Jehan de Meung [1], en parlant des lavandières. Oui, il faut de l'eau et beaucoup d'eau, pour rincer le linge au sortir de l'appareil à lessiver, pour enlever, d'une part, toutes les matières salissantes rendues solubles par la lessive, et, d'autre part, enlever aussi cette teinte rousse laissée par cette même lessive, avec le savon qu'elle a composé en se combinant avec la crasse. On fait des machines à laver et des machines à rincer, mais comme elles partent les unes et les autres du même principe, l'appareil à laver et l'appareil à rincer ne forment souvent qu'une seule et même machine.

Tous les systèmes de machines à laver (*fig.* 43, 45, 47) se composent d'un tambour ou caisse, à axe horizontal et dont les fonds, placés verticalement, sont munis de tourillons qui tournent dans des coussinets montés sur bâtis.

Le linge à laver, introduit par une ouverture faite sur l'un des côtés, baigne dans une eau savonneuse abondante et très chaude. Dès que l'espèce de roue que forme le tambour ou la caisse laveuse se met en mouvement, le linge s'élève à la partie supérieure, et là, il se détache de la paroi, et retombe de son propre poids à la partie inférieure dans le bain de savon qui l'a précédé. A ce

---

[1] Jehan de Meung, *Roman de la Rose.*

moment, il est enlevé de nouveau par le mouvement continu de la roue, il retombe de même dès qu'il atteint la partie supérieure, et ainsi de suite pendant quelques minutes. Après quoi, on arrête la machine; on remplace l'eau savonneuse par de l'eau très chaude mais pure, ou par de l'eau chaude légèrement chlorurée pour la mise au blanc, ou bien encore, tout simplement, par de l'eau froide, en abondance, pour le rinçage.

Lavage à la machine. — Le linge dans la machine à laver se frotte contre lui-même et contre les parois du tambour; et il se bat, en tombant à chaque tour de roue du haut en bas de l'appareil dans un bain d'eau savonneuse, dont les jaillissements et la grande émulsion contribuent aussi au lavage du linge, de telle sorte qu'on peut dire que le lavage du linge à la machine se fait de la même manière qu'entre les mains de la lavandière, qui frotte le linge, soit avec la brosse, soit en glissant et en appuyant le tissu entre ses mains, et qui le bat sur le plat-bord de la rivière ou la planchette du baquet avec un battoir.

Contrairement à ce qui se passe ailleurs, quand on compare le travail mécanique avec le travail manuel, la supériorité appartient dans le lavage du linge au travail mécanique. On me dira, et l'on a soutenu déjà que la machine est aveugle, qu'elle frotte et qu'elle bat indifféremment les parties du tissu qui ne sont pas sales et celles qui le sont; que là où il n'y a pas d'impuretés, de crasse ou de taches, le frottement se fait tout de même directement sur la fibre et à son détriment. Tout cela est juste et fort bien dit; mais il n'est pas moins certain que la machine à laver au frottement adouci par le matelas de savon qui se trouve toujours entre le linge et

les parois de la machine, use moins le linge et le lave
mieux, et en dix fois moins de temps que la brosse de
chiendent et le battoir à main utilisés jadis par nos
lavandières. Il est vrai que la brosse de la laveuse n'agit
que sur la partie du tissu où la crasse a subsisté, nonobs-
tant le lessivage ; son action ne s'exerce exclusivement
qu'à l'endroit sali, c'est encore vrai ; mais cette action
s'exerce si durement, cette brosse agit si brutalement
sur le tissu que, six fois sur dix, la laveuse enlève le morceau en même temps que la tache ou la crasse.

C'est ce qui a fait adopter la machine à laver un peu
partout, même au fond des campagnes où les préjugés
sont pourtant restés tenaces.

Il y a encore une autre raison qui plaide en faveur du
lavage mécanique contre le lavage à la main. La laveuse
frottant le linge entre ses mains ne peut employer de
l'eau de savon qu'à une température relativement basse,
sinon elle se brûlerait les doigts ou négligerait alors de
frotter le linge, ainsi qu'il lui est recommandé. On peut
donc dire que le lavage à la main se fait ou dans l'eau
froide ou dans une eau moins que tiède, puisqu'il se fait
à l'air libre et que l'ouvrière est obligée de mettre son
épiderme en contact avec cette eau. Tout le monde sait
que le savon fondu n'agit bien sur la crasse et ne donne
bien tout son effet détersif que lorsqu'il est en contact
avec l'eau très chaude, bouillante même. De plus, certaines matières graisseuses ou colorantes ne deviennent
solubles que dans de l'eau portée à une certaine température, tandis qu'elles restent insolubles et absolument
fixées sur le linge dans l'eau froide ou seulement tiède.
Or, qu'arrive-t-il avec le lavage à la main qui se fait,
tel que nous l'avons dit, dans l'eau froide ou presque

froide ? C'est que le savon ne produit pas tout son effet, qu'il y a perte par conséquent, et qu'il en faut davantage pour obtenir un même résultat ; c'est encore que le linge ainsi traité n'est jamais parfaitement ni complètement décrassé ou blanchi. Tandis que dans le lavage mécanique, le liquide-laveur pouvant être porté à la température qu'on veut, la moindre parcelle de savon agit sur la crasse, et rien ou presque rien des impuretés dont le linge sale peut être imprégné, ne résiste à l'action de l'eau bouillante et savonneuse.

De même que jadis on préférait employer des cendres chargées de détritus de charbon, de bois, de pierre et de terre pour lessiver le linge, plutôt que d'employer un sel de soude ou de potasse absolument pur et parfaitement dosé ; de même aujourd'hui, il est de mode, dans certains endroits, de préférer le lavage à la main au lavage mécanique, sous prétexte que le premier use moins le linge que le second. C'est une erreur, ainsi que nous l'avons démontré, et toutes les personnes de bon sens doivent s'attacher à détruire ce préjugé, qui a été une des principales causes de l'attardement du progrès dans la réforme de l'outillage industriel et des procédés en usage dans la blanchisserie de linge.

J'entends ici plusieurs ménagères s'écrier :

— Comment expliquez-vous, qu'en province, dans les petites villes et dans la campagne, là enfin où l'on n'a pas de vos machines à laver, là où on ne les connaît même pas, pourquoi l'on conserve le linge plus longtemps qu'à Paris, où ces machines sont employées partout pour le lavage du linge ?

J'explique cela d'une manière fort simple, et je m'étonne qu'on ne l'ait pas encore expliqué :

En province, à la campagne même, on dispose de beaucoup de place, on a des greniers perdus, des celliers, des chambres bien exposées à la lumière du soleil et à l'air du dehors ; on a encore de grandes armoires où l'on entasse des quantités innombrables de linge, de telle sorte que la même pièce de linge n'est peut-être pas blanchie deux fois en un an, et que, dès qu'elle devient humide à la suite de l'usage qu'on en a fait, elle sèche d'elle-même dans ces grandes pièces aérées et largement éclairées des habitations campagnardes et provinciales.

A Paris et dans les grandes villes, où les loyers sont chers, les maisons hautes, les rues peu larges, les appartements obscurs et étroits, on n'a que très peu de place pour serrer le linge. On en a encore moins pour le sécher, dès qu'il a été sali et rendu humide par l'usage. La même pièce de linge qui, en province, ne subirait qu'un seul blanchissage par an, en subira à Paris, dix, quinze, pendant le même laps de temps ; c'est-à-dire qu'à Paris, la même pièce de linge sert dix et quinze fois plus souvent qu'en province, parce que dans les grandes villes, vu le peu d'emplacement dont on dispose, on a ordinairement dix ou quinze fois moins de linge qu'en province. Et, remarquez que si l'on a beaucoup de linge dans un appartement relativement petit, en comparaison des habitations de la province, le résultat restera sensiblement le même, car, faute d'emplacement, le linge sali s'entassera dans les coins, sans pouvoir être séché, jusqu'au moment où on viendra le prendre pour le blanchir. Il se couvrira de moisissures ; les taches colorantes : la crasse, la sueur, la graisse, s'imprimeront en quelque sorte dans la fibre, et le blanchisseur en viendra plus difficilement à bout que s'il avait pu, dès le premier jour, prendre ce linge, l'essanger et le sécher surtout, en plein air, comme cela se fait à la campagne.

Là, encore, on a de l'eau à discrétion, en abondance ; les murs, les planchers, en un mot, tout ce que l'on touche est souvent lavé ; mais dans les grandes villes où l'eau est mesurée, où l'on n'en use qu'avec modération, où la fumée, la poussière, les émanations d'usines, les maisons en construction ou en réparation, le défaut d'espace, d'air et de lumière salit tout et gâte tout d'une étrange façon, le linge se salit aussi beaucoup plus rapidement et beaucoup plus fortement qu'à la campagne. Il n'est donc pas étonnant qu'on use plus le linge à Paris et dans les grandes villes qu'en province ; mais la vérité est qu'on s'en sert plus à Paris et qu'on le blanchit plus souvent parce qu'on en a moins.

La preuve en est du reste dans plusieurs expériences qu'on a faites. On a expédié de Paris, par exemple, en province, dans un bourg très éloigné, le linge à blanchir d'un ménage.

On traita ce linge d'après les méthodes chères aux gens à préjugés, et il est arrivé ceci : c'est que le linge des Parisiens, expédié en province pour le blanchir, s'usa plus rapidement que lorsqu'il était blanchi à Paris ou dans sa proche banlieue avec la machine à laver et les méthodes ordinaires, employées actuellement dans l'industrie du blanchissage.

Nous espérons donc avoir prouvé par toutes les considérations qui précèdent, que la machine à laver use moins le linge que le travail à la main de la lavandière, lorsqu'elle se sert de la brosse et du battoir, tout en blanchissant le linge mieux, et plus vite, et à moins de frais. Cependant, nous ajouterons qu'un grand nombre de blanchisseurs ne savent pas se servir de la machine à laver, et que, pour économiser le temps ou la main-d'œuvre, plusieurs se servent d'une foule de drogues qui ne sont pas absolument nécessaires, mais qui détruisent plus la fibre que ne le ferait aucune machine, si défectueuse qu'elle puisse être.

L'ennemi de la fibre, le dangereux adversaire de la conservation des tissus, c'est le produit chimique à blanchiment, et non la machine. Ainsi, le blanchisseur qui voudra aussi bien blanchir le linge de ses clients que l'user le moins possible, devra être très méticuleux dans le choix de ses produits chimiques, et être très avare dans leur emploi, dès qu'il s'agira du lavage du linge à la machine.

Pratique du lavage à la machine. — Quand le linge a été bien lessivé, la machine ne doit laver et rincer ce linge rien qu'avec de l'eau très chaude et savonneuse. On peut donc, à la rigueur, se passer de chlore, de chlorure ou d'eau de javel. Cependant, pour ceux qui pensent qu'une mise au blanc est nécessaire, on pourra joindre au liquide savonneux une petite quantité d'eau de javel intimement mélangée à l'eau. Mais il faut bien se rappeler que plus l'eau sera chaude et abondante, plus il sera facile de diminuer la dose d'eau de javel, et plus, par conséquent, on assurera la conservation du linge.

Quand on a fait une lessive irréprochable, le savon ne sert dans la machine à laver qu'à adoucir les frottements et à amortir les chutes du linge; la toute petite quantité d'eau de javel qu'on introduit dans la machine au moment du rinçage, ne doit servir qu'à aider l'eau chaude à faire la décoloration de la légère teinte rousse laissée par la lessive.

Dans ce cas, mais dans ce cas seulement, le savon moussant beaucoup et l'eau de javel très faible en degrés Baumé, sont les deux meilleurs produits qu'on peut employer, et selon nous, l'idéal est de se passer totalement d'eau de javel, en élevant la température, et en augmentant la quantité de l'eau de rinçage.

Selon la grandeur, la forme de la machine à laver, on dose la quantité de linge à traiter par chaque opération. Le lavage proprement dit se fait en introduisant dans le tambour ou tonneau-laveur, de 40 à 50 litres d'eau bouillante pour 10 kilos de linge pesé sec, qui représentent environ de vingt-cinq à quarante chemises d'hommes, de quatre-vingt à quatre-vingt-dix serviettes de table, de huit à neuf draps.

La quantité de savon varie suivant la nature du linge. Ainsi, les draps pourront presque s'en passer, et les serviettes en exigeront beaucoup moins que les chemises. Pour 1,000 kilos de linge de famille pesé sec, et composé à la fois de draps, de serviettes, de chemises, caleçons, camisoles, mouchoirs, bas, chaussettes, etc., 10 kilogrammes de savon marbré bleu pâle de Marseille, pour le linge ordinaire, et 5 kilogrammes de savon blanc mousseux pour le linge fin suffiront amplement pour le lavage et pour un premier rinçage.

Quand le linge, le savon fondu et l'eau bouillante sont introduits dans la machine, on met celle-ci en mouvement. Au bout de cinq ou six minutes, suivant la nature du linge, on arrête la machine, on retire la première eau de lavage, et on la remplace par l'eau du premier rinçage, eau très chaude, légèrement chlorurée et savonneuse, c'est-à-dire composée de 40 litres d'eau bouillante, par exemple, de 1 à 2 litres, au maximum, d'eau de javel à 3 degrés de décoloration, et de quelques grammes de savon. On remet la machine en mouvement pour deux ou trois minutes, on rince ensuite le linge dans la machine avec de l'eau bouillante pure, pendant une minute ou deux, puis on retire le linge de la machine à laver, et on le rince à l'eau froide, soit dans des bassins spéciaux, soit dans un nouveau tambour dit machine à rincer.

Durée du lavage. — L'opération du lavage et du rinçage à l'eau chaude dans la machine à laver dure de huit à neuf minutes, chargement, déchargement et arrêt pour le remplacement de l'eau de lavage par l'eau de rinçage non compris. En comptant à deux minutes le chargement, à une minute le déchargement, et à une minute encore le remplacement de l'eau de lavage par l'eau de rinçage, la durée totale de l'opération pour du linge qui a été très sali dure au maximum de douze à treize minutes, tout compris. Certains perfectionnements apportés à l'ancienne machine à laver, et qui permettent le chargement et le déchargement automatique du linge, l'introduction et le remplacement du liquide-laveur, eau bouillante, lessive, savon et eau de javel dans le tambour, sans avoir besoin d'arrêter la machine, ont réduit considérablement cette durée totale, nécessaire à chaque opération de lavage, et l'ont ramenée à huit, neuf et dix minutes au maximum, tout compris.

Au sortir de la machine à laver, le linge tombe dans une brouette ou chariot à cuvette mobile et perforée, de manière à ce que le linge puisse s'égoutter de lui-même, avant qu'il soit jeté dans le bassin ou qu'on l'introduise dans la machine à rincer ; ce que l'on fait en prenant la cuvette par ses poignées, en l'enlevant de dessus le chariot, et en la renversant, soit au-dessus du bassin, soit au-dessus de l'ouverture de la machine à rincer.

Le rinçage à froid se fait toujours à l'eau courante. Dans le bassin, rû ou lavoir, dans les bacs ou tonnes, ou bien à la rivière, le linge est agité dans l'eau propre, puis *tiré*, c'est-à-dire, pris par le haut des pièces, par les ourlets ou par les lisières, et assemblé par paquets sur des supports ou tréteaux, où il s'égoutte encore de lui-même. On sépare du même coup le linge à azurer de celui qu'on n'azure pas. Ce dernier est porté immédiatement à l'essoreuse et à la sécherie, tandis que l'autre passe dans le bain d'azurage que nous allons décrire en quelques mots.

Azurage et rinçage du linge. — Il y a deux méthodes d'azurer le linge, ou plutôt il y en a trois : La première consiste à préparer un bain de bleu, à tremper le linge dedans, puis, à l'aide d'une faible torsion, on fait passer l'eau de bleu à travers toutes les parties du tissu, et l'on en exprime, du même coup, l'eau de bleu qui s'y trouve répandue en excès. La seconde consiste à placer, tout d'abord, au-dessus du bain de bleu, une planche très inclinée, et, autant que possible, à cannelures ; puis, on azure le linge en le trempant dans le bain de bleu, comme précédemment, et en le laissant égoutter de lui-même ensuite sur la planche inclinée à cannelures, au lieu de lui faire subir une torsion.

Dans la troisième méthode on place, sur les bords mêmes du récipient qui contient le bain de bleu, une essoreuse à cylindres souples en caoutchouc. On trempe le linge dans l'eau de bleu, puis, on le passe aussitôt entre les deux cylindres de caoutchouc qui, en l'espèce, remplissent le même rôle que la laveuse tordant le linge, bien qu'ils répartissent mieux l'eau de bleu, l'expriment davantage du tissu, et détériorent beaucoup moins ce tissu que la torsion brutale des pièces de linge l'une sur l'autre.

Quand on se contente de rincer le linge à la machine spécialement affectée au rinçage, on azure aussi à cette machine par la même opération.

Ainsi, au sortir de la machine à laver, le linge tombé dans la brouette est introduit dans la machine à rincer, qui ne diffère de l'autre que par une disposition spéciale, faisant arriver constamment l'eau par l'un des tourillons, et la faisant aussi constamment sortir par l'autre, de telle sorte que le rinçage s'y fait toujours à l'eau courante, celle-ci se renouvelant constamment.

Nous donnons plus loin la description de ces machines. Pour l'instant, il s'agit de fixer les règles du rinçage du linge à la machine à rincer. Ce rinçage se fait à l'eau froide, et, plus on en use, plus on est certain de mieux faire.

On voit, par ce que nous avons dit jusqu'ici que dans une blanchisserie il faut posséder beaucoup d'eau, et surtout qu'on ne la mesure pas au rinçage. Dès que le linge est dans la machine à rincer, on met celle-ci en mouvement, après avoir ouvert le robinet d'arrivée d'eau et le robinet de départ. Au bout de deux minutes, on arrête la machine et l'on déverse le linge dans la brouette si ce linge ne doit pas être azuré ; si, au contraire, il doit subir l'azurage, on le laissera encore pendant quelques secondes dans la machine, qu'on remettra de nouveau en route, après avoir remplacé l'eau de rinçage par de l'eau de bleu pour l'azurage.

Il faut éviter, dans l'une et dans l'autre méthode d'azurage, de trop charger l'eau de bleu, c'est-à-dire de lui donner une teinte trop foncée qui griserait le linge plutôt que de l'azurer. C'est surtout quand on azurera dans la machine à rincer ou dans le bain de bleu surmonté de la planche à cannelures, qu'il faudra user du bleu d'outre-mer avec modération. Il y a moins d'inconvénients à foncer la teinte quand le linge subit une torsion, ou lorsqu'il passe immédiatement, au sortir du bain de bleu, entre les deux cylindres souples en caoutchouc de l'essoreuse spéciale.

C'est cette dernière méthode qui nous semble la plus rationnelle pour le linge à fronces : chemises, jupons, camisoles, etc.; tandis que nous conseillons d'adopter, soit l'azurage avec égouttoir, soit l'azurage à la machine, pour tout le linge plat : draps, serviettes, nappes, etc.

En résumé, le lavage du linge, après le lessivage, comporte trois opérations distinctes, mais qu'on peut résumer et faire dans un seul et même appareil : la machine à laver. C'est : 1° le lavage proprement dit ; 2° le rinçage à l'eau froide; 3° l'azurage. Le rinçage à l'eau froide, quand il se fait mécaniquement, doit se faire dans une autre machine que celle où on lave le linge à l'eau bouillante, et ce, afin de ne pas être obligé de réchauffer la machine à laver à chaque opération. C'est pourquoi, les blanchisseurs qui font tout mécaniquement, ont une série de machines à laver qu'ils appellent tour à tour, boîtes à laver, tonneaux-laveurs, mécaniques, roues-batteuses, etc. etc., et une autre série de mêmes machines, mais pourvues de la disposition spéciale que nous avons indiquée, et qu'ils appellent, pour cette raison, les *rinceuses* ou les *finisseuses*.

Mais tous les blanchisseurs, et il s'en faut de beaucoup, ne font pas tout mécaniquement ; c'est-à-dire que la plupart, au contraire, ne lavent pas, ne rincent pas, n'azurent pas complètement à la machine. Dans un grand nombre de blanchisseries, on se contente de laver le linge dans la roue batteuse avec de la lessive et du savon. Au bout de quatre ou cinq minutes de rotation, on retire le linge de la machine et on le jette après l'avoir laissé égoutter dans un bain d'eau chaude, dans lequel on a intimement mélangé une certaine quantité d'eau de javel. C'est la mise au blanc. Le linge est retiré aussitôt de ce bain, et posé sur des supports où il s'égoutte ; après quoi, on le retrempe dans un bain d'eau chaude pure, pour lui enlever toute odeur d'eau de javel, et enfin, on le rince à l'eau froide dans de grands bacs ou dans un bassin appelé aussi rû ou lavoir.

Bien que la majorité des blanchisseurs ait adopté ce système, nous n'hésitons pas à le condamner, et à lui préférer celui que nous avons décrit en tête de cet article. Et la raison que nous en donnons est la même que celle que nous avons fournie en faveur du lavage mécanique contre le lavage à la main. En effet, la mise au blanc du linge peut se faire dans un bac, en aussi peu de temps et d'une aussi bonne façon que dans la machine à laver ; mais, comme plus l'eau du bain de mise au blanc est chaude, plus ce bain est meilleur, économique et favorable à la conservation des tissus, il va de soi qu'on doit faire cette mise au blanc dans la machine à laver, où l'on peut porter l'eau du bain à la température qu'on veut. Avec la mise au blanc dans un bac, il faut compter avec l'épiderme des ouvriers chargés de retirer, pièce à pièce, et à la main, le linge trempant dans de l'eau chaude et chlorurée. Ainsi la mise au blanc dans un bac se fera dans de bonnes conditions, lorsque l'ouvrier s'exposera à se brûler les doigts en retirant le linge ; ou bien il se fera dans de mauvaises conditions, c'est-à-dire en exagérant la dose d'eau de javel par rapport à l'eau, si l'on fait ce bain avec de l'eau tiède pour éviter de se brûler les mains. D'un autre côté, les hésitations de l'ouvrier, le contact peu hygiénique du chlore avec la peau, l'évaporation de l'eau chaude trop exposée à l'air libre, le refroidissement rapide de cette eau, rendent cette mise au blanc coûteuse et dangereuse, aussi bien pour la santé des ouvriers que pour la conservation du linge. La mise au blanc à la machine est cent fois préférable, et ne peut être discutée sérieusement.

Quant au rinçage à l'eau froide, il peut se faire indifféremment dans la machine à rincer ou dans un bac à la main. Dans le premier cas, il y a économie dans la main-d'œuvre ; mais cette économie est balancée par la grande dépense d'eau servant au rinçage du linge dans la machine. On compte qu'il faut six fois plus d'eau pour rincer le linge dans la machine que dans des bacs, tonnes, bassin ou lavoir. On ne rincera donc le linge économiquement dans la machine à rincer que si l'on dispose à bon compte de l'eau pure et à discrétion ; autrement, il faudra effectuer ce rinçage dans de grands bassins placés près des machines à laver, et *tirer* le linge en même temps qu'on le rince.

Anciens et nouveaux systèmes de machines à laver. — Il nous reste à décrire les machines à laver et à rincer, dont nous avons indiqué ci-dessus l'emploi.

La première machine à laver le linge (nous passons bien entendu sous silence les premiers essais, véritables copies de la machine à foulons ou des plateaux-battoirs et cylindres employés dans le blanchiment des toiles), **la première machine à laver**, disons-nous, **possédait en germe le principe de la machine actuelle.**

C'était un énorme tambour à quatre compartiments appelé : « tachemine », et dont voici le modèle actuellement en usage (*fig.* 43).

Fig. 43. — Machine à essanger, lessiver, rincer. de J. Decoudun, dite roue américaine.

Chaque compartiment possède une ouverture percée sur le fond du tambour et par laquelle on introduit le linge et le liquide-laveur. Le linge et le liquide-laveur **une fois introduits dans** chaque compartiment, les quatre portes fermées hermétiquement, on met l'appareil en marche ; le linge **est** alors emporté dans un mouvement de rotation, allant par exemple de gauche à droite. Voici comment il se comporte alors dans chaque compartiment. Au début, le linge et le liquide-laveur reposent sur la paroi extérieure du compartiment ; au premier quart de tour il change de position, et se frotte sur la section formant croix au centre de l'appareil. Lorsque la machine a fait un demi-tour, le linge est venu se masser dans l'angle droit, pour retomber, pendant le dernier quart de tour, sur la circonférence, où il se frotte de nouveau, pendant que la machine recommence un nouveau tour de rotation sur la droite.

La *tachemine* fut très en faveur de 1840 à 1850, on en trouve encore quelques spécimens en pleine activité, et qui rendent d'assez grands services aux blanchisseurs qui s'en servent. On peut en voir fonctionner une dans une blanchisserie installée au Tillay, près Gonesse (Seine-et-Oise). L'inconvénient de cette machine est d'être d'un chargement et d'un déchargement des plus longs et des plus difficiles. Les chutes du linge ne sont pas assez prononcées, et la marche de la machine est aussi sujette à de fréquents à-coups, causés par un manque d'équilibre dans les comparti- ments, dû au déplacement con- tinuel du linge.

Vers 1850, on remplaça la tachemine par le *tonneau à cinq pans* (*fig.* 44), qui mérite une description spéciale ; car c'est peut-être le seul appareil qui ait subsisté d'une manière

Fig. 44. — Machine à laver à 5 pans.

générale dans les blanchisseries, malgré son défaut d'équilibre, de solidité, de maintien, malgré aussi toutes les nouvelles inventions.

Le tonneau à cinq pans dont voici la figure, a sa porte sur la circonférence. Le chargement est facile, puisqu'on peut donner à cette porte l'ouverture qu'on veut ; et le déchargement de la machine est plus facile encore, puis- qu'il suffit de renverser l'appareil, la porte étant ouverte, pour que le linge tombe de lui-même dans la brouette placée dessous.

Le linge, dans la machine à cinq pans, glisse d'abord sur le premier pan aussitôt que les premiers mouvements de rotation se produisent ; il est arrêté ensuite par l'angle, et entraîné à la pointe de cet angle jusqu'à la partie supérieure par l'effet de la force centrifuge. A ce moment, il se détache de lui-même de l'angle, et vient tomber sur la surface plane que forme à ce moment précis la partie inférieure de l'appareil. A chaque tour il y a glissement, frottement si vous aimez mieux, du linge sur la surface plane de l'un des cinq pans, d'un angle à l'autre de ce pan ; puis, le linge fait une énorme chute du haut en bas de l'appareil, de l'angle supérieur sur le pan inférieur, au milieu du liquide-laveur qui l'a précédé, en glissant d'un pan sur l'autre, sans être jamais emporté comme le linge à la partie supérieure de l'appareil.

L'émulsion du liquide-laveur pendant la chute est si grande qu'on a dû percer des trous d'air dans les fonds du tambour, pour éviter des explosions. On a été quelques années à trouver une porte fermant bien hermétiquement l'appareil, et n'ajoutant pas encore au manque d'équilibre. Aujourd'hui, les machines à cinq pans possèdent des portes et des dispositions telles, que leur manœuvre en est devenue très facile et très économique.

L'ancienne maison Decoudun a fait de tout temps des machines à laver à cinq pans, dont la solidité est à toute épreuve (*fig.* 45 et 46), les portes en cuivre s'emboîtant dans un cadre en bronze en forme de U ne laissent échapper aucune parcelle du liquide savonneux, l'arrondissement des angles, la forme et l'encadrement des barrettes intérieures empêchent les déchirures, facilitent le travail, et amortissent les chutes ; toutes choses enfin, qui concourent à la bonne exécution du travail et à la conservation du linge. Un double mouvement alternatif du tambour empêche l'emmêlage du linge. Les machines à laver à cinq pans se construisent avec tambour en bois, en fer galvanisé ou en cuivre, de diverses grandeurs, et montées à volonté

Fig. 45. — Machine à laver à 5 pans, marchant par courroie.

sur bâtis en bois, en fer ou en fonte. Elles peuvent fonctionner à bras, par courroie ou à moteur direct. Les dimensions les plus communément adoptées sont : comme diamètre intérieur, 1^m,20 ; comme largeur (en dehors des fonds) 0^m,90. Une machine de cette grandeur doit fonctionner par courroie ou à moteur direct. Elle peut laver à la fois de 10 à 15 kilogrammes de linge pesé sec, chaque opération ayant une durée totale (remplacement de l'eau pour le rinçage à chaud, chargement et déchargement compris) de douze à quinze minutes. Son rendement est de 7 à 800 kilogrammes de linge lavé (pesé sec), par jour de douze heures de travail.

L'inconvénient de la machine à laver à cinq pans est

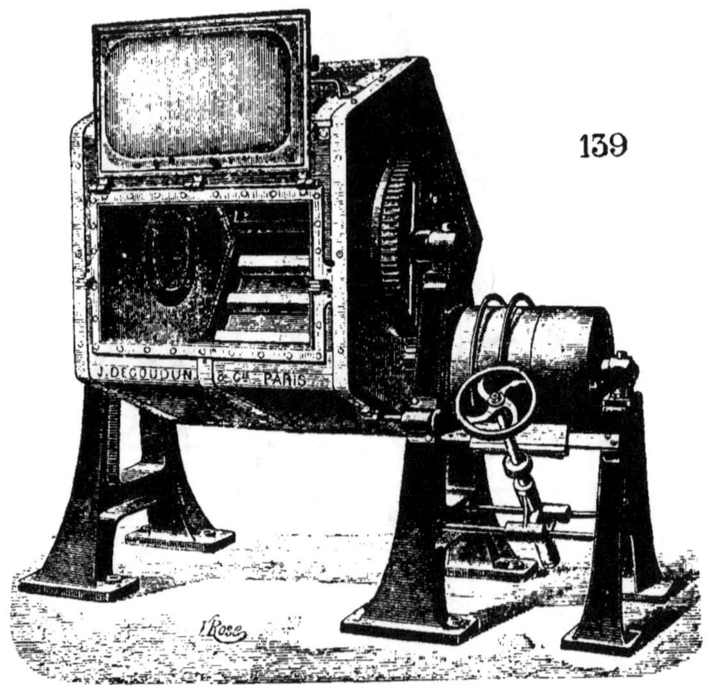

Fig. 46. — Machine à laver à 5 pans, avec mouvement alternatif.

d'abord, comme nous l'avons dit, son défaut d'équilibre ; et ensuite l'exacte régularité qu'il faut assurer au mouvement de rotation, pour que cette machine produise le maximum de son effet, et pour éviter aussi l'emmêlage du linge.

La machine à cinq pans ne doit pas faire plus de vingt-huit à trente tours à la minute. Si elle en fait davantage, le linge reste, pour ainsi dire, collé à l'un des pans par l'effet de la force centrifuge, et il ne se bat, ni ne se frotte. La machine tourne donc en pure perte. Si la roue fait moins de vingt-huit tours à la minute, la force centrifuge n'agit plus du tout, et le linge roule sur lui-même d'un pan à l'autre, sans jamais être enlevé à la partie supérieure, et sans jamais, par conséquent, faire de chute au milieu des jaillissements du liquide-laveur. Le lavage ne peut donc pas se faire dans ces conditions, et, de plus, les pièces de linge s'enmêlant l'une dans l'autre, sortent en un paquet informe de linge mal lavé et souvent déchiré. C'est pour éviter ces divers inconvénients que la maison Decoudun construit des machines à laver à mouvement alternatif (*fig*. 46). Le tambour faisant alternativement cinq tours dans un sens et cinq tours dans l'autre, il est impossible dans ces conditions que le linge s'enmêle, et les irrégularités de vitesse qui peuvent se produire sont sans effet nuisible.

Après la machine à cinq pans qui dure toujours, et qui aura sans doute une plus longue existence encore, on a construit ici et là des *machines à quatre pans réguliers* (dont on trouve quelques spécimens à Clichy, près Paris), des *machines à six pans réguliers* et des *machines à quatre pans irréguliers*, c'est-à-dire de la forme d'un parallélogramme allongé. Toutes ces machines n'ont eu qu'un succès très relatif, car elles ne remplissaient pas exactement la double condition imposée au lavage mécanique : le frottement et la chute du linge sur les parois du tonneau-laveur. La machine à quatre pans, par exemple, étant à angles droits, ces angles retiennent trop le linge et ne le laissent retomber que difficilement ; et, quand il retombe, ce n'est plus comme dans la machine à cinq pans, où les angles obtus correspondent à une surface plane ; il vient se serrer dans un autre angle droit, d'où il chasse le liquide-laveur, qui s'échappe le long de la paroi, sans pouvoir traverser la masse serrée du linge. Il en est presque de même dans la machine à six pans.

Dans le dernier système (sorte de parallélogramme allongé), la chute est trop prononcée, et, cinq fois sur dix, c'est-à-dire un tour sur deux, le liquide-laveur poussé par le linge comme une vague, descend après celui-ci de la partie supérieure de l'appareil. La moitié du temps, les jaillissements du liquide à travers le tissu ne se font donc pas, et l'opération s'en trouve retardée d'autant.

Fig. 47.
Machine à laver cylindrique.

Tonneau rond. — Ce n'est que vers 1860 qu'un constructeur de Rueil (Seine-et-Oise) imagina le tonneau circulaire (*fig.* 47) ressemblant à une *lachemine* sans compartiment. On place l'ouverture sur l'un des fonds du tambour, et l'intérieur est garni de barrettes ou bien de gros champignons de bois parfaitement arrondis, destinés à arrêter le linge pendant la rotation, et à le forcer à *chuter* à chaque tour. Le tonneau rond, ou circulaire, fait un très bon lavage, et il possède de plus un équilibre parfait ; mais la difficulté de le charger de linge et de liquide, et la plus grande difficulté encore qu'il présente, quand on veut retirer le linge de la machine lorsqu'il est lavé, ont empêché ce système de se généraliser.

Dégueuleuse. — En 1863, la maison Bouillon et Muller installa à la blanchisserie de Courcelles (Paris), où elles fonctionnent encore aujourd'hui, des machines à laver à travail continu, qu'on a décorées du nom peu élégant *de dégueuleuses*. Cette machine (*fig.* 48) a la forme d'un octogone d'une longueur de 3ᵐ,30 à 3ᵐ,50 et d'un diamètre intérieur de 1ᵐ,20 à 1ᵐ,30. Elle est placée horizontalement avec une légère pente réglable dans le sens de la longueur. L'on introduit le linge et le liquide-laveur par un vaste entonnoir placé sur l'un des fonds du tambour et le linge tombe de l'entonnoir dans le tonneau qu'il parcourt en spirale, en faisant une série de

Fig. 48. — Machine à laver continue, dite dégueuleuse.

chutes successives, comme dans le tonneau à cinq pans. Quand il arrive à l'autre extrémité il rencontre une ouverture pratiquée sur la circonférence et il s'échappe avec le liquide qui a servi à le laver. En tombant de la machine à laver le linge est reçu par une toile métallique sans fin qui l'emporte, soit dans une machine à rincer du même système, soit dans le bassin ou lavoir, où l'on achève de le rincer et où on l'azure, si c'est nécessaire.

Cet appareil convient très bien à une grande usine et possède un bon rendement. Le reproche qu'on lui fait et qui est justifié, est de dépenser une trop grande quantité d'eau chaude, ce qui entraîne par conséquent une augmentation sensible du prix de revient du blanchissage. Chacune de ces machines peut laver en douze heures de 3 à 4,000 kilogrammes de linge, mais avec une dépense de près de 30 mètres cubes d'eau chaude pour le lavage et plus de 60 mètres cubes d'eau froide pour le rinçage. L'augmentation du prix de revient résulte en grande partie de la trop grande consommation d'eau chaude, mais elle provient aussi de l'énorme quantité de savon et d'eau de javel, qu'il faut employer dans le lavage pour saturer convenablement cette eau chaude. La plupart des blanchisseurs qui se sont servi de la « dégueuleuse », l'ont abandonnée depuis longtemps à cause de cela.

Autres systèmes. — Avant de décrire la machine à ouverture libre de Decoudun, qui est universellement adoptée dans les blanchisseries, nous allons parler d'une nouvelle invention mise au jour au commencement de 1894.

L'inventeur a donné à son appareil une forme assez originale qui oblige le linge à faire trois chutes au lieu d'une, pendant qu'il fait un tour complet. L'expérience et la pratique démontreront par la suite ses avantages et ses inconvénients, car jusqu'ici, elle n'a pas donné la preuve qu'elle faisait mieux et plus rapidement que les autres systèmes. Nous attendrons donc qu'on en fasse au moins une application pratique, avant d'émettre sur son fonctionnement une opinion quelconque.

Sans mieux ni plus réussir, un autre inventeur a introduit une machine à cinq pans, à la place du tambour cylindrique dans la machine à double enveloppe.

Nous citerons en passant, pour mémoire, la *machine à laver de Piet* avec battoir automatique à l'intérieur.

Cette machine semble très bien convenir au lavage des laines, et sa construction a, en effet, quelque rapport avec les machines à foulons, mais elle ne nous semble pas devoir satisfaire à toutes les exigences du lavage du linge en service.

Signalons aussi la *machine à laver* du même constructeur, qui a une forme ovoïde, et qu'on nomme l'*aide-laveuse*. Cette machine, qu'on tourne à bras, ne peut être employée que dans les toutes petites installations, car son rendement est des plus faibles.

Machine à laver à ouverture libre. — La machine à laver à ouverture libre de Decoudun à qui nous avons réservé une description spéciale — et c'est justice — supprime la plupart, pour ne pas dire la totalité des inconvénients que nous avons signalés dans les autres systèmes, tout en conservant les avantages de ceux-ci.

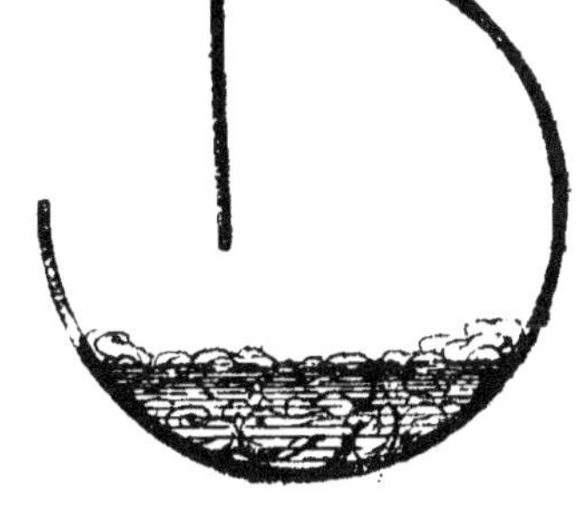

Fig. 49. — Coupe de principe de la machine à laver Decoudun, à ouverture libre.

Ainsi que son nom l'indique, l'ouverture reste libre; il n'y a donc pas lieu d'ouvrir ni de fermer la porte. Celle-ci est remplacée avantageusement par une cloison fixe, partant du bord de l'ouverture pour se diriger vers l'intérieur du tambour, ainsi que le fait voir le croquis de principe que nous donnons ci-dessus (*fig.* 49). La machine tournant toujours dans le même sens, c'est-à-dire de droite à gauche, il en résulte que le linge introduit par l'ouverture, ainsi que le liquide-laveur, suit dès les premiers mouvements de la rotation la paroi formée par la circonférence du tonneau, et, lorsqu'il atteint l'angle de la cloison partant du bord de l'ouverture, il ne peut s'échapper par celle-ci, pas plus que le liquide, et il vient alors tomber de la partie supérieure à la partie inférieure de l'appareil, au milieu des jaillissements du liquide-laveur. A chaque tour de roue, il y a frottement du linge sur toute la circonférence, et ce linge fait chute du haut en bas de l'appareil dans le liquide. La cloison a donc deux fonctions : 1° celle de masquer l'ouverture, et d'empêcher le linge et le liquide de se précipiter vers la sortie ; 2° celle d'arrêter ce linge jusqu'en haut de l'appareil, et de déterminer sa chute, au moment précis où le liquide s'étend à la partie inférieure pour le recevoir. Dès lors, l'absence d'une porte a ce double avantage : 1° d'éviter une manutention longue et difficile, toujours onéreuse, et qui rend la machine sujette à de fréquentes réparations ; 2° de faciliter le lavage et de régulariser les chutes et le frottement du linge sur les parois de la machine. Les machines à cinq pans, les tonneaux ronds ou circulaires, exigent, non seulement un mouvement régulier, pour effectuer un bon lavage, mais encore nécessitent un supplément de main-d'œuvre et de temps pour ouvrir, fermer les portes et retirer le linge. Avec la machine à ouverture libre, rien de tout cela. Que la transmission tourne trop vite ou trop lentement, la chute et le frottement auront lieu quand même dans les limites que le constructeur leur a imposées. De même que toute perte de temps et de main-d'œuvre inutiles se trouvent supprimées dans l'emploi de cette machine, de même son déchargement se fait automatiquement, en faisant subir au tonneau une révolution en sens inverse. La cloison qui retient le linge à l'intérieur de l'appareil, quand celui-ci tourne de droite à gauche, facilite et dirige sa sortie par l'ouverture libre, quand on exerce le mouvement de rotation dans le sens opposé, c'est-à-dire de gauche à droite.

La critique qui ne perd jamais ses droits, ni aucune occasion de se manifester, s'est naturellement exercée contre ce système, à bon droit devenu populaire. Elle lui a reproché notamment de laisser pénétrer l'air froid du dehors dans l'intérieur du tambour, par son ouverture

Fig. 50. — Machine à laver Decoudun, à ouverture libre, marchant par courroie.

laissée libre, pendant tout le temps de la rotation. Selon nous ce reproche n'est pas fondé, car on peut démontrer scientifiquement le contraire.

Puisque l'on convient que la force centrifuge agit constamment à l'intérieur du tonneau, et que le principe même de la force centrifuge est d'éloigner les corps du centre à la périphérie, il va sans dire que cette force agira également sur l'air extérieur qui se présentera en face de l'ouverture libre, et l'empêchera d'entrer à l'intérieur du tambour. Il est plus raisonnable de soutenir que c'est la chaleur se développant à l'intérieur du tonneau qui s'échappe par l'ouverture libre, en raison même de l'effet produit par la force centrifuge ; mais là encore on se trompe ; car la cloison masquant l'entrée, empêchant le linge et le liquide-laveur de sortir avant la fin de l'opération, masque également l'ouverture libre à la chaleur développée, et l'empêche aussi de s'échapper au dehors.

Sous tous les rapports, la machine à laver à ouverture libre de Decoudun nous semble parfaite, et, en tous cas, c'est ce qu'on a fait de mieux jusqu'ici dans le genre. Jusqu'à ce qu'un autre système vienne la détrôner, nous ne conseillerons à personne d'adopter une autre machine à laver que celle à ouverture libre, qui a été inventée par J. Decoudun, et qui est construite actuellement par ses successeurs : MM. Delaroche et ses neveux.

Le modèle n° 1 de ce genre de machine fonctionne à bras. Suivant la nature du linge, on peut faire de quatre à cinq opérations à l'heure, et traiter à la fois 3 kil. 500 de linge, soit de dix à douze chemises d'hommes, ou de trente à quarante serviettes de table, ou trois draps de lit, ou bien l'équivalent d'autre linge. Une femme peut facilement tourner cette machine pendant une journée entière sans trop de fatigue. Les dimensions du tambour-laveur sont : comme diamètre intérieur 0^m,650, et comme longueur (en dehors des fonds) 0^m,665.

Le modèle n° 2, de la force d'une femme également, traite à la fois 7 kil. 500 de linge, soit de vingt-cinq à trente chemises d'hommes, ou de soixante à soixante-dix serviettes de table, ou de cinq à six draps, ou bien encore l'équivalent d'autre linge.

Le rendement de cette machine est d'environ 300 kilogrammes de linge, en une journée de douze heures. Ses dimensions atteignent $0^m,90$, diamètre intérieur, et $0^m,70$ de largeur (en dehors des fonds).

Le modèle n° 3 a pour dimensions : diamètre intérieur $1^m,120$, largeur $0^m,740$ (en dehors des fonds), et comme rendement, de 400 à 450 kilogrammes par journée de douze heures.

La mise en marche de cette machine nécessite la force d'un homme.

Enfin la machine à ouverture libre, ordinairement employée dans les blanchisseries industriellement agencées, nécessite la force d'un demi-cheval-vapeur.

Elle fonctionne par courroie ou par moteur direct. Ses dimensions sont de $1^m,18$ de diamètre et de $0^m,90$ de largeur. Elle traite à la fois 15 kilogrammes de linge, ou de soixante à soixante-dix chemises d'hommes, ou de cent-vingt à cent-cinquante serviettes, ou de onze à douze draps de lit, ou bien encore l'équivalent d'autre linge. À cinq opérations au moins à l'heure, cela porte son rendement journalier (pour douze heures de travail) à plus de 900 kilogrammes de linge pesé sec).

La maison Delaroche et ses neveux construit un modèle au-dessus (n° 5), qui traite à la fois, et pour chaque opération, plus de 20 kilogrammes de linge, ce qui donne un rendement de 1,200 kilogrammes de linge, par jour de douze heures.

La machine à rincer de Decoudun est du même système et de la même forme que la machine à laver que nous venons de décrire. Elle n'en diffère que par une disposition supplémentaire et tout à fait spéciale qui assure d'une part l'arrivée d'eau et, d'autre part, son départ du tambour, sans avoir besoin d'arrêter la machine.

L'eau propre de rinçage rentre dans la machine par un tuyau placé au centre d'un des tourillons du tambour,

Fig. 51. — Batterie de machine à laver pour lavoirs.

vient tomber sur le linge, se mêle et se bat avec lui; puis, lorsque cette eau se trouve chargée d'impuretés après le rinçage du linge, elle est reprise par une cloison perforée d'où elle est rejetée au dehors concentriquement au tuyau d'arrivée, et cela pendant toute la durée de l'opération, de telle sorte qu'on peut dire que le rinçage à la machine à rincer de Decoudun se fait à l'eau courante, et de la meilleure manière qu'on puisse le faire.

Machines à laver en batteries pour lavoirs. — Ces machines (*fig.* 51) ont leur tambour-laveur à ouverture libre ; elles sont munies d'une planche de rinçage, et sont montées sur un arbre central avec débrayage indépendant pour chacune d'elles.

Elles sont destinées à remplacer dans les lavoirs les batteries de baquets à laver. — En raison de la rapidité et de la facilité du travail, chaque machine peut remplacer trois ou quatre places ordinaires avec baquets.

Dimensions du tambour-laveur en tôle galvanisée : diamètre, $0^m,615$; largeur en dehors des fonds, $0^m,665$.

Les poulies fixe et folle et palier d'attente sont au bout de l'arbre.

Ces batteries se font avec un nombre plus ou moins grand de machines, deux, trois, cinq ou six.

Appareils pour l'azurage. — Puisque nous avons réuni dans ce chapitre les trois opérations qui suivent le lessivage, à savoir : le lavage, le rinçage et l'azurage, nous devons ici donner la description de l'essoreuse à cylindres souples, qui est très employée dans les blanchisseries pour l'azurage du linge (*fig.* 52).

Ce petit appareil est très commode et d'un prix peu élevé ; il s'installe sans frais sur le bord du baquet contenant le bain d'azurage, et il rend d'énormes services, en répartissant dans le tissu, d'une manière égale, l'eau de bleu ; et, en retirant du linge la plus grande partie de l'eau qu'il contient en excès ; ce qui, au point de vue de l'opération qui va suivre, le séchage, présente une grande économie dans la main-d'œuvre et dans les frais généraux.

En un mot, cet appareil évite la torsion, qui déchire le tissu, et qui ne parvient pas à exprimer suffisamment l'eau contenue en excès dans le linge.

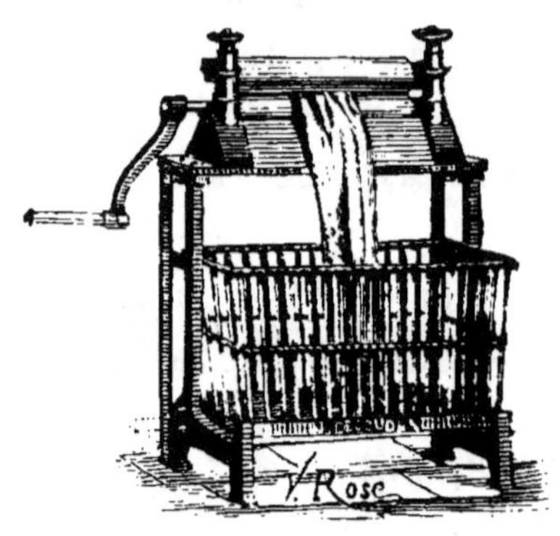

Fig. 52.
Essoreuse à cylindres souples sur bâtis.

Cet appareil se compose, comme son nom l'indique, de deux petits cylindres en caoutchouc, montés sur un bâti parallèle, et actionné par une manivelle. Tel que l'indique notre figure, le cylindre inférieur tourne de gauche à droite, tandis que le cylindre supérieur tourne de droite à gauche. Des vis de rappel, placées de chaque côté du bâti, rapprochent ou éloignent à volonté les deux cylindres, et l'on peut leur donner ainsi la pression qu'on veut. La souplesse des rouleaux de caoutchouc, qui sont, en outre, munis de ressorts, permet d'y essorer toutes pièces de linge, grosses ou petites, même celles garnies de boutons et de plis. La personne préposée à l'azurage du linge trempe celui-ci dans l'eau de bleu contenue dans le baquet, et engage le haut des pièces entre les deux cylindres. Un aide tourne la manivelle, et le linge tombe dans un panier ou sur une table.

Ainsi que nous le verrons plus loin, l'essoreuse à

cylindres souples est employée de même pour l'aprêt du linge : chemises d'hommes, cols, manchettes, jupons, rideaux, etc. ; car elle répartit et fait pénétrer uniformément l'amidon dans toutes les parties du tissu, et en enlève du même coup l'excès.

II. — SÉCHAGE. — ESSORAGE

Le séchage du linge s'opère de deux manières : quand il fait beau temps, par exposition à l'air libre ; quand il fait mauvais temps ou lorsqu'on est pressé, par une exposition du linge dans une pièce chauffée, appelée *chambre chaude*, *calorifère* ou *étuve*, ou par sa mise en contact avec une surface de métal, également chauffée par la vapeur, le gaz, ou par la flamme d'un combustible quelconque.

De là, trois systèmes de séchoirs : 1° *le séchoir à air libre* ; 2° *le séchoir à air chaud* ; 3° *les machines à sécher et à repasser*.

Séchage à air libre. — Il se fait à la fois, en plein air, dans les perchés et gymnases, et dans des endroits, couverts et parfaitement aérés, et qu'on appelle vulgairement *greniers d'étendage*.

Le perché se compose d'une série de pieux ou de perches ou simplement d'échalas, plantés en quinconce, et reliés entre eux, dans le sens de l'exposition, par des fils de fer galvanisé, des cordes, des barrettes de bois ou des ficelles très fortes.

Pour l'établissement d'un perché, on choisit une prairie naturelle bien fournie, et l'on y plante des pieux ou des perches à $2^m,50$ de distance l'un de l'autre, dans le sens de l'exposition du linge, et à 2 mètres environ l'une de l'autre, dans le sens contraire ; si l'on remplace les pieux ou les perches par des échalas, ceux-ci seront piqués dans le sol à 1^m,20 l'un de l'autre, dans le sens de l'exposition, et toujours à 2 mètres dans le sens opposé.

Les pieux sont ordinairement à 1^m,80 du sol, et quand on les relie avec des fils de fer galvanisé, ils sont percés tout en haut d'un trou par lequel passe le fil. A chaque extrémité des rangs de pieux ainsi alignés, un raidisseur assure la tension du fil, qui est soutenu sur tout son parcours par les pieux en question. Quand on les relie avec des cordes (depuis quelques années la corde d'aloës est préférée à la corde de chanvre), la corde contourne chaque tête de pieux, avant de passer au suivant. Le même cas se produit avec les échalas, mais alors on emploie plus communément de la grosse ficelle au lieu de corde. Pour le perché piqué de perches qui atteignent parfois 5 et 7 mètres de hauteur, on dispose, de 2 en 2 mètres, sur chaque perche, des crochets destinés à recevoir les cordes ou les fils, et l'on parvient à tripler ainsi la surface d'exposition. Si le pieu ou la perche ou l'échalas supporte le fil, la corde, la ficelle ou la barrette, celle-ci ou celui-ci est destiné à supporter le linge à sécher. Il convient donc de les diriger dans le meilleur sens de l'exposition du linge, au soleil levant d'abord, et ensuite, ainsi que la voile d'un navire, perpendiculairement à l'horizon, d'où viennent d'habitude les vents *desséchants*. Sécher du linge dans ces conditions, consiste à l'étendre sur la corde ou le fil, et à le détendre lorsqu'il est sec.

Le reste de l'opération est à la charge du soleil et du vent, le blanchisseur n'y est pour rien.

L'étendage dans les perchés plantés de pieux ou de perches, se fait avec ou sans épingle. L'épingle de bois qui retient le linge sur la corde n'est nécessaire que quand il fait grand vent. On ne s'en sert plus guère, maintenant qu'on a perfectionné les séchoirs à chaud de telle manière que le séchage à l'intérieur d'une pièce chauffée ne coûte guère plus que le séchage à l'air libre. Dès qu'il fait mauvais temps, ou que la direction des vents rend douteux un séchage rapide, le blanchisseur abandonne le perché pour le séchoir à air chaud.

Dans les blanchisseries, on a remplacé le perché d'antan par un *gymnase*, sorte de séchoir formé d'un cadre en bois, disposé en portiques, et sur les entretoises desquels s'attachent à des pitons de fer ou de bois, les cordes ou les fils destinés à supporter le linge.

Chaque corde est ainsi placée à $0^m,20$ environ de celle qui la précède ou qui la suit.

Dans un séchoir à air, l'herbe de la prairie empêche le linge de se salir, s'il vient à tomber sur le sol en séchant; mais on installe aujourd'hui des séchoirs modernes tout en fer, et dont le sol est recouvert de gros graviers de rivière, qui ont le double avantage de ne pas salir le linge, si celui-ci vient à tomber par terre, et d'activer le séchage par réverbération, ce qui n'a pas lieu avec la prairie, qui absorbe, au contraire, une grande quantité de la chaleur développée par l'air ambiant.

Les séchoirs couverts ou greniers d'étendage sont disposés de même que les gymnases que nous venons de décrire. Cependant, dans une grande blanchisserie, installée depuis peu à Pantin, on a modifié heureusement cette disposition, en faisant courir au-dessous du linge sur le plancher, des tuyaux à ailettes qui entretiennent dans la pièce, même dans les plus grands froids, une douce chaleur. Celle-ci, réchauffant l'air appelé du dehors, le rendant plus léger, combattant l'humidité qui s'en dégage, détermine, à peu de frais, un rapide et parfait séchage du linge.

Les baies des greniers d'étendage sont garnies de lames en bois, disposées en forme de persiennes mobiles de telle sorte qu'on peut empêcher, à un moment donné, l'air humide, la neige, de pénétrer à l'intérieur des greniers.

Des monte-charges, des petits wagonnets transportent le linge de la buanderie aux perchés ou dans les greniers; mais, au préalable, on a enlevé à ce linge la plus grande partie de l'eau que lui a laissé l'opération du rinçage, et cela, à l'aide de l'essoreuse à force centrifuge dont nous allons dire quelques mots.

Essorage du linge. — La première application de l'essoreuse à force centrifuge pour le séchage du linge a été faite par un nommé Boursault. Cet appareil consiste en un panier de cuivre étamé ou de fer galvanisé, percé d'une foule de petits trous, et tournant dans une enveloppe en fonte. L'essoreuse centrifuge ou hydro-extracteur est à mouvement dessus ou dessous, et fonctionne, soit à bras, soit par courroie, soit par moteur direct.

L'examen des différentes figures 53 et 54, que nous donnons ci-dessous, indiquera suffisamment comment cet appareil fonctionne. Le linge, sortant de la machine à rincer ou du bassin de rinçage, est placé dans le panier, et dès que celui-ci commence à tourner sur son pivot, le linge, en vertu de la force centrifuge, s'éloigne du centre, vient se masser à la périphérie, et laisse échapper l'eau qu'il contient. Au fur et à mesure que la vitesse de rotation augmente, l'air du dehors pénètre dans le panier par le centre, passe à travers le linge, en entraînant l'eau qui est chassée alors définitivement au dehors par les trous du panier. L'enveloppe en fonte qui entoure ce panier, n'a d'autre mission que de protéger l'opérateur et de canaliser l'eau extraite pour la conduire dans le caniveau de la buanderie.

La maison Decoudun qui est à la tête de toutes les innovations en matière d'appareils de blanchisserie, a fait paraître dernièrement une petite essoreuse qu'elle a appelée *la Silencieuse* (*fig.* 23, page 166).

Fig. 53. — Essoreuse centrifuge à friction,   Fig. 54. — Essoreuse centrifuge à friction,
    marchant par courroie.   à moteur direct.

Elle fonctionne par un mouvement à corde, demande très peu de force, marche sans bruit, sans trépidation et est d'un chargement et d'un déchargement facile, étant donnés son élévation et le dégagement absolu et complet du panier.

Le second type d'essoreuse marchant à bras offre encore plus de sécurité pour l'opérateur, mais il fait un peu plus de bruit en marchant.

Les essoreuses centrifuges à friction fonctionnent la plupart du temps par courroie ou par moteur direct (*fig.* 53-54).

Les essoreuses à friction ont l'avantage, sur les autres systèmes, de permettre l'augmentation progressive, et sans bruit, de la vitesse, sans produire d'à-coups dans la marche et sans exposer la force motrice, la courroie, la transmission, à une lutte continuelle et dangereuse pour le mécanisme contre la force d'inertie, décuplée par l'entraînement du panier.

Les essoreuses à mouvement en dessous offrent, grâce au dégagement supérieur du panier, une plus grande commodité pour le chargement et le déchargement ; mais elles présentent moins de solidité que les essoreuses à arcades ci-dessus, car l'arbre vertical qui donne le mouvement au panier n'a qu'un seul point d'appui à la partie inférieure, tandis que, dans l'autre cas, il est maintenu à la fois en haut et en bas de l'appareil.

Séchage à l'air chaud. — Les séchoirs à air chaud, appelés aussi *calorifères*, sont de vastes pièces chauffées par un foyer indépendant, ou par la vapeur provenant du générateur de l'usine. Ces calorifères se divisent en chambres chaudes simples, et en calorifères à tiroirs (*fig.* 55).

Dans la chambre chaude, on prend toute la pièce pour installer le séchoir, et les supports de linge occupent toute l'étendue, toute la surface dont on dispose. C'est là, la première, l'antique conception du séchoir à air chaud. Dans l'un des murs clôturant cette chambre, on perce en contre-bas une espèce de niche où l'on placera le foyer destiné à produire la chaleur nécessaire au séchage du linge. C'est le plus souvent une cloche en fonte reposant sur une grille, et enveloppée dans un massif en briques, formant réservoir d'air. Ce massif est percé de chaque côté de deux ouvertures par lesquelles l'air s'introduit.

Lorsque cet air a été chauffé, en circulant autour de la
cloche et en léchant ses parois, il passe dans l'intérieur
de la chambre par des ouvertures ménagées à la partie
supérieure du massif. De même, la cloche, dans laquelle
brûle le combustible producteur de chaleur, se prolonge
dans l'intérieur de la chambre par son tuyau de fumée,
qui court sur le plancher, le long des murs de cette
chambre, suivant une faible pente reconnue nécessaire

Fig. 55. — Séchoir à tiroirs verticaux, avec cloche à ailettes en dessous.

pour le dégagement au dehors de la fumée. Des cheminée d'appel, partant de l'intérieur de la chambre, enlèvent
les buées que le linge dégage en séchant. Les supports
sur lesquels on expose le linge à sécher, sont de petites
barrettes en bois allant d'un mur à l'autre avec un écartement de 18 à 20 centimètres entre elles. Depuis
quelques années, on a remplacé ces barrettes en bois par
des tubes en fer creux qui ont l'avantage, d'abord d'être
plus solides, et ensuite d'être plus conducteurs de la chaleur. La partie du linge directement en contact avec la

15*

barrette de bois ne séchait jamais aussi vite que le reste ; elle était, en outre, exposée à prendre l'empreinte des matières résineuses que laisse échapper le bois soumis à une température élevée. Avec le tube en fer creux, galvanisé ou peint, le séchage se fait dans de bien meilleures conditions ; la partie en contact avec le tube, à l'intérieur duquel la chaleur circule, sèche très rapidement ; les causes d'incendie se trouvent très diminuées, et l'installation plus solide offre plus de durée et de sécurité. On ne pouvait désirer un plus heureux perfectionnement.

Dans certains pays, la barrette de bois des séchoirs, au lieu d'être, comme en France, en bois taillé carrément, est en bois évidé sur le dessus et sur les côtés dans le sens de la longueur des barrettes, en forme de cœur. Le linge reposant sur ces supports reçoit de tous côtés, en dessus et en dessous, l'air chaud.

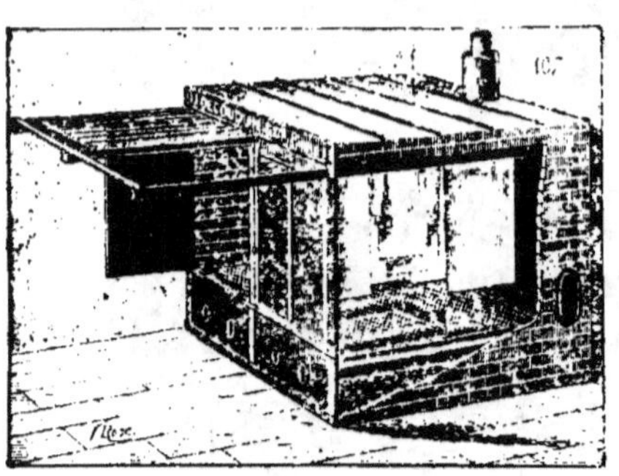

Fig. 56. — Séchoir à air chaud, à tiroirs horizontaux, avec calorifère au même plan.

Nous avons dit que la chambre chaude simple avait cédé la place au calorifère à tiroirs.

Calorifère ou séchoir Decoudun (*fig.* 56). — Ce dernier se compose de deux parties distinctes : la première, qui est la pièce chauffée, la chambre chaude, l'étuve ; la seconde, qui est la chambre froide, c'est-à-dire celle qui n'est pas en communication avec l'appareil producteur de chaleur. C'est dans la chambre froide que se fait toute la manutention, étendage et détendage du linge. C'est dans la chambre chaude que se fait l'opération principale, ou plus simplement dit, le séchage du linge.

Les deux parties du séchoir, enfermées dans une même pièce, sont séparées entre elles par une double porte à coulisses se développant sur elle-même. Cette porte est ordinairement en fer, et elle est destinée, lorsqu'elle est ouverte, à laisser le passage libre pour l'entrée du linge étendu sur les supports dans la chambre chaude ; lorsqu'elle est fermée, à empêcher la chaleur développée par l'appareil producteur de chaleur et ses tuyaux de conduite de passer de la chambre chaude dans la chambre froide. Toutes les barrettes ou tringles en fer creux sont fixées à un chariot qui les réunit toutes, et qui permet de les faire passer toutes ensemble de la chambre froide dans la pièce chauffée, dès que le linge a été étendu sur les supports. Cette disposition facilite l'étendage, car celui-ci, de même que la cueillette du linge, se fait toujours en dehors de la pièce chauffée. On en a profité aussi pour augmenter considérablement la température à l'intérieur de l'étuve, pour la mieux utiliser en vue du séchage, et pour régulariser presque méthodiquement l'arrivée de l'air chaud et l'enlèvement des buées, en raison du nombre de kilogrammes d'eau contenus dans le linge et qui sont à évaporer. La personne la moins initiée aux choses de la blanchisserie, saisit de suite les avantages que présente le calorifère à tiroirs, sur l'ancienne chambre chaude. En premier lieu, nous ferons constater l'amélioration apportée par ce calorifère dans la situation des ouvriers chargés d'étendre et de détendre le linge. Ils ne sont plus renfermés dans une pièce où la température est portée à 40 ou 50 degrés ; ils travaillent à l'aise en dehors de cette pièce, et dans des conditions beaucoup plus salubres et moins incommodantes. L'organisation de la pièce chauffée permet ensuite d'utiliser toute la chaleur développée, en ce sens, que les tuyaux où passe la fumée peuvent faire deux ou trois fois le tour de la pièce et sillonner le plancher ; puisque, contrairement à ce qui se produisait dans l'ancien séchoir, le linge seul supporté par les barrettes pénètre dans cette pièce. On est parvenu ainsi à décupler la

Fig. 57. — Séchoir à air chaud, à tiroirs verticaux.

surface de chauffe, et, avec la même quantité de combustible, à produire dix fois plus de chaleur, par conséquent à sécher dix fois plus de linge. En outre, un faible grillage à larges mailles, coupant horizontalement le séchoir à la moitié de sa hauteur, entre le linge et les tuyaux, détruit toutes les causes d'incendie et prévient tout accident : taches de roussi, chutes du linge sur le sol et sur les tuyaux ou organes de l'appareil producteur de chaleur.

Nous possédons aujourd'hui plusieurs systèmes de calorifères à tiroirs (*fig*. 57 et 58), nous allons les décrire à l'instant ; mais auparavant, on nous permettra d'expliquer le principe même du séchage du linge par l'air chaud.

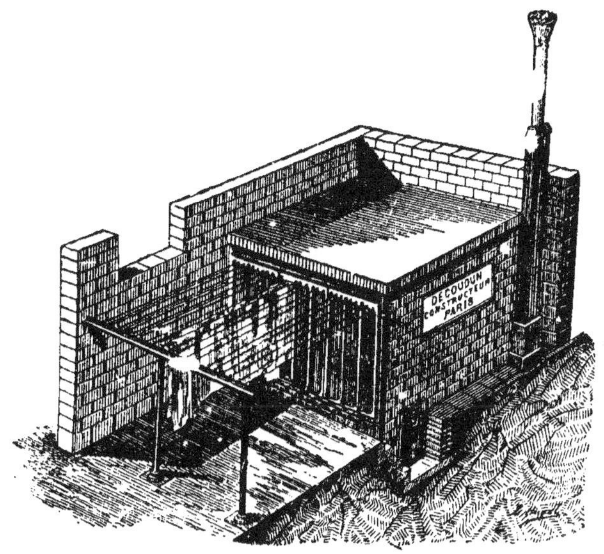

Fig. 58. — Séchoir à air chaud.

On se rendra compte, en très peu de temps, des conditions dans lesquelles doit fonctionner un bon séchoir à air chaud, quand on sera convaincu que le séchage du linge ne peut s'obtenir artificiellement, si nous pouvons nous exprimer ainsi, que, s'il s'établit verticalement dans la pièce chauffée un courant ascendant d'air chaud et sec, et un second courant descendant d'air humide ou chargé de buées, provenant de l'évaporation de l'eau contenue dans le linge à sécher, saisi par la chaleur. Ce double

courant s'établit de lui-même, en envoyant continuellement dans le séchoir de l'air chaud et sec, et en attirant,
par des bouches d'appel, cet air, dès qu'il s'est chargé
d'humidité. L'air chaud sec plus léger que l'autre, venant
de la partie basse du séchoir, ne tarde pas à monter à la
partie supérieure où se trouve le linge à sécher. Là, il
remplace, en le chassant, le volume d'air humide et le
fait descendre plus bas, au-dessous du linge étendu, où
il est attiré au dehors par les cheminées d'appel. Quand
cet air sec est à son tour chargé d'humidité, il est remplacé par un autre volume d'air chaud sec, redescend
vers les parties basses, et s'échappe de même, chassé
comme le précédent et à sa suite. Il en est ainsi pendant
toute la durée du séchage, de telle sorte que l'air chaud,
subissant l'action de ce double courant, agit dans l'intérieur du séchoir, comme la brise chauffée par le soleil
agit dans les séchoirs à air libre.

On a bien cherché à activer ce courant, en appliquant
aux cheminées d'appel des aspirateurs et en poussant avec
force, par un ventilateur placé à l'entrée du séchoir, l'air
chauffé par le foyer producteur de chaleur; mais aucune
de ces modifications n'a parfaitement réussi, car il aurait
fallu, pour cela, régler ces divers engins sur le degré de
séchage qu'atteint le linge, aux différents moments de
l'opération. En effet, au fur et à mesure que le linge perd
son humidité, il dégage moins de buées et les cheminées d'appel pourvues d'un aspirateur, enlevant toujours la même quantité d'air au séchoir, finissaient, vers
la fin, par n'enlever que de l'air chaud. D'un autre côté,
le volume d'air appelé du dehors pour être chauffé, ne
l'était plus suffisamment, parce qu'il était trop grand, et
que le ventilateur le poussait avec trop de rapidité sur la

surface chauffée, qu'il léchait alors insuffisamment. Il en
résultait que ce que l'on gagnait en quantité, le volume
d'air renouvelé à l'intérieur du séchoir se décuplant, on
le perdait en qualité, c'est-à-dire en degrés de températu-
ture. On dut renoncer à employer ces divers moyens, et
l'on doit s'en tenir au procédé ordinaire, qui consiste à
faire arriver, de lui-même et lentement, l'air extérieur; à
le faire pénétrer de même dans l'intérieur du séchoir,
tandis que les buées s'en échappent pour obéir aux lois
de la physique. Cependant l'observation stricte du double
principe de l'entrée de l'air chaud sec et de l'enlèvement
des buées n'est pas sans inconvénient, lorsque le calorifère a été construit et installé par des personnes inexpé-
rimentées.

C'est par une longue habitude, c'est à la suite d'expériences multiples, d'essais répétés, précédés d'un long et
minutieux examen des lieux, de la direction des vents,
des dispositions du local et de ses annexes, que le constructeur parvient à résoudre, à la satisfaction de l'industriel, le problème du séchage normal du linge à l'air
chaud, tel que nous l'indiquons. On devra donc, avant
d'assigner tel ou tel emplacement, tel ou tel chauffage,
ou telle ou telle disposition du foyer, des tuyaux et
des cheminées d'appel, demander l'avis d'un constructeur habile qui a déjà fait ses preuves. D'anciennes et
sérieuses maisons, comme celles de J. Decoudun, ont
des traditions, des secrets d'installation, qui permettent
de profiter de tous les indices et d'éviter tous les inconvénients. On ne saurait trop se fier à ces éminents constructeurs, ni les consulter trop, avant de faire quoi que
ce soit, si l'on ne veut pas s'exposer à des mécomptes,
à des pertes irréparables, et, comme on dit vulgaire-

ment dans la construction, si l'on ne veut pas faire des
LOUPS.

Chauffage des séchoirs. — La question des moyens de
chauffage a aussi son importance.

Il se fait le plus souvent par la cloche unie ou à ailettes,
par la vapeur, ou par un foyer à étage.

Ce dernier a pour avantage de n'employer que du
combustible maigre et de peu de valeur, de là une
sérieuse économie dans le coût du séchage, et à laquelle
il faut ajouter une grande régularité de chaleur sans
interruption, une énorme facilité de main-d'œuvre et de
surveillance, car le foyer ne se charge qu'une fois par
jour.

Ce qui a empêché, jusqu'à ce jour, le foyer à étages
d'être universellement employé, c'est que sa mise en train
étant très longue et très coûteuse (elle demande de six à
huit heures), il ne fonctionne pas toujours et partout avec
économie et avantage, car il est nécessaire de n'interrompre son action que le moins souvent possible. Or,
tous les établissements ne possèdent pas assez de linge à
sécher au calorifère, pour que celui-ci ne décesse de fonctionner, et, dans ces conditions, le foyer à étages qu'on
doit laisser éteindre et rallumer à chaque instant devient
plutôt dispendieux. D'après ce qui précède, le foyer à
étages conviendra très bien aux grandes exploitations,
mais ne pourra satisfaire aux exigences des petits et même
des moyens établissements. Pour ceux-ci, on se sert de la
cloche unie ou à ailettes, cette dernière de préférence,
parce qu'elle est plus solide et parce qu'elle offre une plus
grande surface de rayonnement. Plusieurs systèmes de
cloches se trouvent dans le commerce sous des dénomi-
nations bizarres : c'est d'abord la cloche *gueulard*, puis

la *cloche crapaud*, et enfin la *cloche à ailettes multiples* que représente notre dessin (*fig.* 55). Leur valeur est en raison même de leur prix de vente.

Le chauffage par la vapeur a le grave inconvénient de coûter beaucoup plus cher et de donner moins de chaleur que le chauffage direct par un foyer quelconque ; mais il a l'avantage de supprimer toute cause d'incendie. De plus, il ne provoque ni flammèches, ni fumée, ni poussière dans le séchoir, comme il arrive quelquefois avec un chauffage direct mal organisé. Ce chauffage pourra être employé dans les usines de blanchisserie, avec économie, quand on voudra utiliser la vapeur d'échappement des machines à vapeur. Dans ce cas, on sera assuré de bien sécher le linge et à peu de frais, ce linge ne sentant pas la fumée après l'opération du séchage.

Coût du séchage. — En somme, c'est le chauffage par la cloche qui est généralement adopté : et, à la condition de donner le plus de développement possible à la surface de chauffe, en augmentant le nombre des tuyaux, on parvient, le linge étant bien essoré, à sécher celui-ci très économiquement. Dans une installation ordinaire, on compte qu'un kilogramme de linge pesé sec n'a pas dû coûter plus de 1 centime 1/8 pour ce séchage, la houille étant à 30 francs la tonne.

Un kilogramme de houille, sans aucune perte de chaleur, doit vaporiser 1 kilogramme d'eau. Or, le linge sortant de l'essoreuse à moteur direct, par exemple, ne contient plus que 30 pour 100 de son poids d'eau, soit 300 grammes par kilogramme de linge. La perte de calories étant estimée à 20 pour 100, par suite de l'aération des séchoirs, par l'ouverture et la fermeture des portes, par l'absorption des murs, du sol et du plancher ; il s'ensuit qu'un kilogramme de houille ne vaporisera plus que 800 gr. d'eau dans le séchoir. Comme chaque kilogramme de linge pesé sec contient, avant le séchage, 300 grammes d'eau, il nous faudra 1 gramme 1/4 pour vaporiser 1 gramme d'eau, et 375 grammes pour vaporiser l'eau contenue dans 1 kilogramme de linge. Le combustible, la houille étant évaluée à 30 francs la tonne, le séchage de chaque kilogramme de linge nous coûtera :

$$0 \text{ fr. } 03 \times 0 \text{ kil., } 375 = 0 \text{ fr. } 01125,$$

ou 1 centime 1/8, comme il est dit ci-dessus.

Fig. 59. — Tuyau à ailettes.

Le chauffage par la vapeur coûte au moins le double, quand on la prend directement au générateur, et surtout, si ce dernier est éloigné du séchoir. Mais ce chauffage a fait de réels progrès, depuis qu'on a pris le soin d'augmenter la surface de rayonnement à l'intérieur du séchoir, par l'établissement de tuyaux à ailettes (*fig.* 59) et de purgeurs vraiment automatiques, n'autorisant la vapeur à sortir du séchoir que lorsqu'elle s'est condensée ou réduite en eau, c'est-à-dire quand elle a produit tout son effet et donné pour le séchage son maximum de calories.

Les tuyaux à ailettes sont en fer avec ailettes rapportées, ou en fonte avec ailettes en fer. On les fait aussi entièrement en fonte, et ce modèle qui coûte moins cher que les autres, est cependant celui qui doit être adopté, comme développant le plus la chaleur produite.

Il y a cinq ou six systèmes de purgeurs dits automatiques. Peu fonctionnent du reste automatiquement. On doit les régler et les surveiller constamment. Leur mission est de faire obstacle à la vapeur, tant qu'elle ne s'est pas condensée au contact de l'air renfermé dans le séchoir et de laisser échapper l'eau de condensation au fur et à mesure de l'abaissement de température de la vapeur. Cette ouverture et cette fermeture du purgeur, selon les besoins, se fait automatiquement, grâce à la propriété qu'ont certains métaux de se dilater à la chaleur plus que d'autres. Ainsi, on place une tige mobile de cuivre sur une plaque de fer. Sous l'action de la chaleur, le cuivre se dilate plus rapidement et plus facilement que le fer, la tige s'allonge, et son extrémité vient interrompre la communication du tuyau de vapeur avec le dehors ; si, au contraire une condensation se produit, la tige de cuivre, par l'abaissement de la température, reprend sa position normale sur la plaque de fer, et laisse libre la communication du tuyau avec le dehors. C'est par cette communication que s'échappe la vapeur condensée, c'est-à-dire celle qui a produit à l'intérieur du séchoir son maximum d'effet utile.

On a appelé ce système de purgeur, *purgeur par dilatation linéaire*. L'ingénieur Richard lui a substitué la dilatation cubique qui donne de meilleurs résultats ; et un autre inventeur a recherché l'application de la dilatation sur grande surface, sans avoir conquis la palme du succès.

Le purgeur Richard a la forme d'un gros robinet fermant mal et mal taraudé. C'est un cône tronqué en cuivre se logeant dans une cuvette en fonte disposée pour le recevoir. La vapeur s'engage dans des rainures tracées horizontalement sur le cône renversé. Tant que la vapeur n'a pas atteint la température de condensation, le cône en cuivre se serre d'autant plus sur les parois de la cuvette en fonte, que cette température est plus élevée et ce, grâce à la prompte dilatation du cuivre. Au moment où la température baisse et que la vapeur se condense, retourne en eau, le cône se desserre et laisse à cette eau un passage d'autant plus grand, que la température sera plus basse.

Maintenant que nous avons étudié tous les moyens de chauffage à l'ordre du jour; que nous avons indiqué nos préférences pour la cloche unie ou à ailettes, dans les petites et moyennes installations; pour le foyer à étages, partout où l'on aura beaucoup de linge à sécher, sans s'exposer à de fréquentes interruptions dans le séchage; pour le chauffage par la vapeur, avec tuyaux à ailettes tout en fonte et purgeurs Richard, là où l'on aura de la vapeur perdue ou à perdre et où l'on voudra faire un séchage très propre, sans odeur de fumée ni taches de roussi; il nous reste à décrire les différents systèmes de séchoirs à tiroirs; car, dans un séchoir de ce gen.e, il y a deux parties distinctes : le chauffage et l'aération d'une part, et, d'autre part, l'appareil servant à l'entrée, à la sortie du linge dans l'étuve et à son exposition au-dessus de la surface chauffée.

Installation intérieure des séchoirs. — C'est cette dernière partie du séchoir que nous allons examiner. Le premier calorifère à tiroir connu ne se composait que d'un seul chariot supportant toutes les barres d'étendage, et glissant sur des rails placés le long des murs, dans le sens de la longueur. Ce chariot est divisé en deux parties égales se terminant à chaque bout par une cloison verticale, de telle sorte que tout ceci forme, en réalité, deux chariots placés bout à bout et trois cloisons, deux pendant verticalement à chaque bout, et la troisième au milieu.

La pièce dans laquelle on installe ce séchoir doit être aussi séparée en trois parties égales : au milieu, la chambre chaude, et à la suite, de chaque côté, deux chambres froides. La manœuvre se fait ainsi : on étend le linge dans l'une des chambres froides, puis l'on pousse le chariot. La première cloison verticale vient fermer la chambre chaude du côté où l'on vient d'étendre le linge, tandis que la seconde, suivant le mouvement, va clore l'ouverture opposée de cette chambre. L'ouvrier préposé à l'étendage, passe alors dans l'autre chambre froide, dans laquelle vient de pénétrer la deuxième partie du séchoir, afin de reprendre de ce côté son travail, et ainsi de suite.

L'inconvénient de ce système est de ne faire occuper par la chambre chaude que le tiers seulement de la surface dont on dispose, et aussi, de compliquer la main-d'œuvre, en obligeant l'ouvrier à passer continuellement d'une chambre froide dans l'autre, en faisant un trajet d'autant plus grand, que le séchoir occupera plus de place dans le sens de la longueur. Malgré cet inconvénient, le calorifère à trois faces, ainsi qu'on l'appelle, est encore très employé dans les blanchisseries où l'on a beaucoup de terrain inoccupé, parce que sa construction est simple et la manœuvre du chariot relativement facile, puisqu'on n'a qu'à le pousser vers la droite ou vers la gauche, sans avoir besoin, comme dans les autres systèmes, d'ouvrir et de fermer les portes de ladite chambre chaude.

Mais dans les blanchisseries où l'on dispose de peu de place, et là où il y a beaucoup de linge à sécher à la fois, ce système doit être banni et remplacé par l'un de ceux dont nous allons essayer de donner une idée à nos lecteurs.

C'est d'abord le séchoir à deux tiroirs accolés montés sur chariots roulant sur galets et sur rails. Deux cadres rectangulaires, plus longs que larges, sont placés horizontalement à la partie supérieure de la pièce où l'on veut installer ce séchoir.

La moitié de chacun de ces cadres repose dans la chambre froide, et l'autre moitié, dans la chambre chaude. On sépare cette pièce au milieu, dans le sens de la longueur, par une cloison fixe jusqu'à la hauteur de 60 à 80 centimètres, et, sur cette cloison, on fixe une double porte à coulisses dont chaque vantail glisse l'un sur l'autre ; on pose ensuite sur les cadres les chariots maintenant les tringles ou supports de linge, et voilà le séchoir construit (voir *fig.* 55, 56, 57, 58).

M. Delaroche et ses neveux ont trouvé un nouveau système de galets très ingénieux, qui empêchent les chariots de dérailler et de dévier du chemin qu'on leur assigne. Ils ont appliqué ce galet aux portes de fermeture de la chambre chaude, et il en résulte que celles-ci se ferment maintenant facilement, sans bruit et sans arrêt. Le déraillement fréquent des chariots et les difficultés que présentent la fermeture et l'ouverture des portes sont les seuls reproches qu'on puisse faire aux séchoirs à deux tiroirs accolés. Après le perfectionnement tout récent apporté par la maison Delaroche et ses neveux, ces reproches ne sont plus fondés.

La manœuvre de ce séchoir se fait ainsi : l'ouvrier

préposé à l'étendage du linge, garnit de celui-ci les barres
du premier tiroir — chariot de gauche par exemple — puis
il ouvre le côté gauche de la porte, en le faisant glisser
sur le côté droit, et il introduit alors dans la chambre le
tiroir rempli de linge à sécher. Il repousse ensuite les
deux côtés de cette porte à la fois, de droite à gauche,
retire le chariot n° 2, tiroir de droite, et le fait passer,
en le glissant sur les rails, de la chambre chaude dans la
chambre froide.

Dès que ce tiroir est complètement sorti de la chambre
chaude, l'ouvrier ramène le côté droit de la porte à sa
place et commence à garnir de linge les supports du
chariot n° 2 ou de droite. Pendant ce temps, le linge,
placé sur les barres du chariot n° 1 et renfermé dans
l'étuve, sèche ; et l'opération se continue ainsi : en poussant dans la chambre chaude le tiroir contenant le linge
à sécher, dès qu'il est étendu, et en retirant de cette
chambre pour le passer dans la chambre froide, le
linge séché contenu dans l'autre tiroir, dès qu'il est
sec.

Séchoirs à double effet. — On a cherché à perfection-
ner ce genre de calorifère à tiroirs. On a inventé tour à
tour le séchoir circulaire et demi-circulaire. On a rendu
les tringles ou supports de linge mobiles. On a même
supprimé les chariots, en faisant glisser les tubes en fer
creux supportant le linge, sur des tringles en fer passant à l'intérieur de ces tubes. Ces diverses modifications n'ont eu que des succès relatifs et nous ne nous
étendrons pas davantage à leur sujet. Cependant, il nous
faut citer ici les calorifères à double effet, dont l'un est
dû à M. Camus, et dont l'autre fonctionne actuellement
à la blanchisserie de Courcelles.

Le système Camus est aujourd'hui tombé dans le domaine public, et il a subi, lui aussi, d'importants perfectionnements, notamment par la maison Delaroche, que nous nous plaisons à citer souvent, par cette simple raison, que c'est l'une des rares maisons de construction qui ait sérieusement et intelligemment abordé la spécialité des machines et appareils propres au blanchissage du linge.

Le système Camus se compose de deux tiroirs accolés, comme dans le calorifère ordinaire, mais chacun de ces tiroirs possède le double de supports de linge, qui viennent s'intercaler les uns dans les autres, au moment où le remplacement du linge sec par le linge mouillé va se faire dans l'étuve. Les barres ou tubes sur lesquels le linge est placé, sont indépendants les uns des autres, et sont supportés, à chaque bout, par une console, à l'extrémité de laquelle est une roulette en cuivre glissant sur une tringle fixe. Le chariot de chaque tiroir se compose de deux bandes de fer disposées en équerre par rapport aux barres d'étendage ; l'une de ces bandes forme glissière sur l'autre, et est munie de pitons droits qui s'engagent dans des encoches ménagées à l'extrémité des barres. A l'aide d'un levier, on pousse la glissière vers la droite ou vers la gauche ; et les pitons viennent alors se placer, suivant le côté vers lequel on a poussé la glissière, dans les encoches des barres des numéros pairs, ou dans celles des numéros impairs.

Au début du séchage, toutes les barres étant dans l'étuve, l'ouvrier préposé au fonctionnement de l'appareil ouvre l'un des côtés de la porte formant cloison entre la chambre chaude et la chambre froide. Avec la main il agit sur le levier, vers la droite par exemple ; les pitons s'engagent dans les encoches des barres aux numéros impairs, tandis que les pitons d'une autre glissière située à l'intérieur de l'étuve, maintiennent immobiles et fixes les barres de numéros pairs. Cela fait, l'ouvrier tire à lui le chariot, et il entraîne, d'un seul coup, dans la chambre froide, toutes les barres ou tubes des numéros impairs, laissant à l'intérieur de l'étuve les barres des numéros pairs qui, précédemment, s'intercalaient entre les autres.

Quand il a garni de linge toutes les barres qui sont dans la chambre froide, il ouvre de nouveau la porte de l'étuve, pousse en avant le chariot ; les barres supportant le linge à sécher, viennent s'intercaler entre les barres supportant le linge séché à l'intérieur de l'étuve ; et, à ce moment précis, l'ouvrier agissant sur le levier dans l'autre sens que précédemment, tire le chariot en arrière qui laisse à l'intérieur de la chambre chaude les barres supportant le linge mouillé, et fait pénétrer du même coup, dans la chambre froide, les barres supportant le linge séché. En opérant de même pour l'autre tiroir, on aura constamment, pour chacun d'eux, un jeu de barres dans la chambre froide, et un autre jeu, dans la chambre chaude ; de telle sorte que la surface de chauffe sera tout entière utilisée, puisque le linge à sécher sera exposé dans toute l'étendue de la pièce chauffée sans aucune perte de place, et, par conséquent, sans perdre un atome de la chaleur produite.

Le grand inconvénient de ce mécanisme très ingénieux, c'est d'être trop compliqué et trop fragile. Il faut trouver des ouvriers très adroits et très habiles pour le manœuvrer, sinon on s'expose à de graves mécomptes et à des réparations fréquentes, voire même à des arrêts prolongés et fort préjudiciables dans le fonctionnement de cet appareil.

Le calorifère à tiroirs dont on se sert à la blanchisserie de Courcelles, est aussi à double effet. On peut lui faire les mêmes reproches qui nous semblent en l'espèce avoir tout autant de fondement.

Il consiste à grouper deux tiroirs par chariot. L'ouvrier préposé à l'étendage, place le linge sur les barres placés dans la chambre froide. Ces barres sont espacées à l'intervalle ordinairement adopté pour permettre un étendage facile et un séchage rapide. Dès que l'ouvrier a garni toutes les barres de linge mouillé, il les ramène, à l'aide d'un déclenchement qui agit par pression à l'une des extrémités des tiroirs, l'une contre l'autre. Il ouvre alors la porte de l'étuve, ramène ensuite toutes les barres supportant le linge séché à l'extrémité opposée, en les serrant l'une contre l'autre ; puis, il pousse son chariot. Les barres introduites dans l'étuve occupent à ce moment, par exemple, toute la partie droite de ce chariot, et c'est justement la partie droite de l'étuve qu'on a rendue libre en serrant l'une contre l'autre, sur la gauche, les barres supportant le linge séché. Quand toutes les barres sont dans l'étuve, celle-ci contient, dans la moitié de son étendue, les barres de linge mouillé et dans l'autre moitié, les barres de linge sec. Ce sont ces dernières que l'ouvrier tire à lui, en ramenant le chariot dans la chambre froide. Avant de fermer la porte de la chambre chaude, il répartit, d'un mouvement contraire à celui du serrage, les barres restées dedans à leur intervalle ordinaire.

Il en fait de même, après la fermeture des portes, pour

les barres ramenées dans la chambre froide, et de cette manière la chambre chaude est toujours garnie, dans toute son étendue, de linge à sécher. Toute la surface de chauffe, comme dans le système Camus, se trouve donc utilisée, mais ici et là la manœuvre se complique d'une surveillance et d'une attention constante, qui augmentent le prix de revient du séchage, et il ne nous semble pas que cette augmentation se trouve balancée par l'avantage des résultats obtenus.

Séchoirs à chariots verticaux. — Il nous reste à parler des séchoirs à air chaud à chariots verticaux. Ces séchoirs sont d'origine anglaise. On ne les connaît et on ne les construit en France que depuis quelques années. La maison Delaroche en a construit dernièrement une certaine quantité pour les lavoirs publics de la capitale, car la disposition de ces séchoirs permet de rendre indépendant chacun de ces petits tiroirs verticaux, et d'isoler ainsi des autres les pièces de linge de chaque ménagère, tout en les exposant à la même surface chauffée par un seul appareil producteur de chaleur (*fig.* 55, page 261).

La chambre chaude, au lieu de recevoir deux cadres seulement, comme dans les séchoirs ordinaires pour tracer le chemin des chariots, en reçoit cinq, six, sept, huit ou dix supportant un nombre égal de tiroirs. On a donné à ceux-ci le nom de *tiroirs verticaux*, parce qu'ils portent deux ou trois supports de linge dans le sens vertical, et autant dans le sens horizontal. De cette manière, les Anglais, toujours pratiques, utilisent entièrement la chambre chaude, non seulement dans le sens horizontal, mais encore dans le sens vertical.

Dans ces conditions, on est en droit de s'étonner qu'un système semblable n'ait pas eu plus de succès encore en

France; car le fait d'utiliser non seulement la surface, mais encore le cube chauffé, ayant pour effet d'augmenter le rendement pour une même quantité de combustible consommé, aurait dû réunir tous les suffrages.

Il n'en est rien cependant, et le séchoir à tiroirs verticaux très en faveur dans les lavoirs pour les raisons que nous avons dites, reste dédaigné par les blanchisseurs, véritables industriels, qui lui font les reproches suivants, que nous apportons ici sans conclure autrement :

1° La multiplicité des tiroirs met trop souvent, pendant la manœuvre des portes, la chambre chaude en communication avec le chambre froide ; de là des pertes de chaleur trop fréquentes et trop souvent répétées. On évalue cette perte à deux mètres cubes d'air chaud par tiroir et pour chaque opération, soit environ deux mètres cubes d'air chaud perdus pour 10 kilogrammes de linge séché. On n'en perd guère davantage avec l'autre système, à chaque remplacement de linge dans l'étuve, pour 100 kilogrammes de linge pesé sec qui entrent à la fois dans la chambre chaude ;

2° L'air chaud et sec occupant la partie supérieure de tous les calorifères, dans les sections à tiroirs verticaux, le linge placé sur les supports d'en haut est séché bien avant celui qui est placé sur les supports d'en bas. Il en résulte, ou bien une manutention double, consistant à trier les pièces de linge à sécher pour n'exposer sur les supports du haut que les pièces de toile épaisse, en réservant pour le bas les pièces de toile légère. Ou bien il en résulte une perte sensible dans le rendement du séchage, et on laissera trop sécher les pièces de linge exposées à la partie supérieure, si l'on veut permettre à celles qui sont en bas de sécher à point. D'un côté comme de l'autre, le coût du séchage s'en trouve augmenté ;

3° Enfin, l'introduction constante dans la chambre chaude du linge mouillé qui vient se placer à côté du linge déjà à moitié séché, a le grave inconvénient de dégager d'une manière continue un volume de buée considérable, laquelle vient ralentir le séchage du linge placé dans les autres tiroirs enfermés depuis un certain temps dans l'étuve.

Machine à sécher. — Il nous faut ranger dans les séchoirs à air chaud une machine à sécher à mouvement continu et à décharge automatique du linge ; car, c'est la seule machine à sécher, croyons-nous, qui sèche le linge sans le repasser. Il convient donc de la comprendre dans le nombre des appareils à simple séchage.

Cette machine, inventée par un Rouennais, occupe presque toute l'étendue de la pièce réservée à l'établissement du séchoir. Une ou deux chaînes sans fin, suivant la hauteur du séchoir, parcourent celui-ci dans toute sa longueur. Cette chaîne glisse sur des poulies actionnées par une transmission quelconque. Elle se compose de deux brins ayant 1^m,20 environ d'écartement, et reliés entre eux par des boulons tenant toute la largeur et formant équerre avec ces brins.

Pour mieux nous faire comprendre, nous dirons qu'un brin de la chaîne court le long de la paroi de droite de la chambre chaude, dans le sens de la longueur, et qu'un second brin, placé sur le même plan, court le long de la paroi de gauche.

La personne préposée à l'étendage du linge, place ce

16*

linge sur des supports mobiles, provisoirement dressés sur un chevalet en dehors du séchoir. Dès qu'un support est garni de linge, elle le place sur la chaîne sans fin, chaque extrémité du support reposant dans des encoches ménagées sur les brins extrêmes de la chaîne. Un mouvement, qu'on active ou qu'on ralentit à volonté suivant la nature du linge, est donné à la chaîne qui emporte chaque support placé ainsi à $0^m,20$ ou $0^m,25$ l'un de l'autre, à l'intérieur de la chambre chauffée divisée en quatre parties. Dans la première, le linge, saisi par l'air chaud, laisse échapper la plus grande partie de son humidité, dans la seconde et dans la troisième partie, où il pénètre par de toutes petites ouvertures, masquées aussitôt par les pièces de linge qui viennent ensuite, le linge achève de sécher, soumis qu'il est à l'action de l'air chaud développé par l'appareil producteur de chaleur, et à celle d'une ventilation indépendante, qui le débarrasse au fur et à mesure des buées dégagées.

Quand il arrive enfin dans la quatrième partie du séchoir, il n'est plus soumis au chauffage direct, mais à un violent courant d'air chaud, qui le débarrasse de toute humidité et de toute buée ou eau vaporisée qui l'imprègne ou qui l'avoisine encore. A ce moment, la chaîne tournant autour d'un axe horizontal, fait retour à son point de départ; chaque support, suivant l'inclinaison de la chaîne, se décroche de lui-même, et le linge tombe sur une toile sans fin, qui l'entraîne à son tour au dehors du séchoir, et jusqu'au-dessus d'une brouette ou chariot placé au-dessous.

Ce séchoir est d'une construction fort coûteuse, il se complique d'un emploi régulier et constant de la force motrice pour assurer à volonté le développement des chaînes ; mais son chauffage est vraiment méthodique, sans perte sensible de chaleur, et l'enlèvement des buées nous semble parfait.

La main-d'œuvre s'y trouve diminuée de plus de moitié, comparativement aux autres systèmes. Son rendement est aussi considérable, étant donné le peu d'emplacement qu'il occupe ; mais on ne pourra guère y sécher de grandes pièces telles que les draps, les nappes, flèches, etc., et nous ne saurions conseiller à ceux qui ne possèdent pas de grandes machines à sécher-repasser pouvant recevoir des draps et pièces de grandes dimensions, d'installer un séchoir à mouvement continu et décharge automatique, car ils s'exposeraient à ne jamais pouvoir sécher, en cas de mauvais temps, les draps, les nappes, tentures, etc. C'est vers 1868 que le séchoir à mouvement continu a été inventé et appliqué au séchage du linge blanchi. Cependant, à part quelques modèles qui fonctionnent en Belgique, en Hollande et en Allemagne, nous ne connaissons aucune usine qui en ait fait l'essai en France.

Cette machine mérite certainement un plus grand succès qu'un succès d'estime.

Machines à sécher-repasser. — Toutes les machines à sécher repassent en même temps le linge. Le principe de la machine à sécher consiste à opérer le séchage du linge, en le mettant en contact avec une surface métallique, chauffée par un combustible quelconque, par la flamme du gaz d'éclairage, ou celle du pétrole en combustion, ou mieux, par la vapeur provenant du générateur de l'usine.

Le prix de revient du séchage à la machine ne devient

économique que parce que, du même coup, et sans plus de dépense s'exécute le repassage du linge.

Ce repassage s'opère par une simple friction avec pression sur la surface chauffée, comme cela a lieu manuellement, quand l'ouvrière repasseuse appuie, en le glissant, son fer sur la pièce de linge qu'elle repasse.

Une bonne machine à sécher-repasser est celle qui observe ces deux principes : mise en contact du linge avec la partie métallique chauffée; friction et pression du linge sur cette partie métallique.

La première machine à repasser est due à l'invention de J. Decoudun. La maison que celui-ci a fondée pour l'exploitation de ses brevets et qui appartient

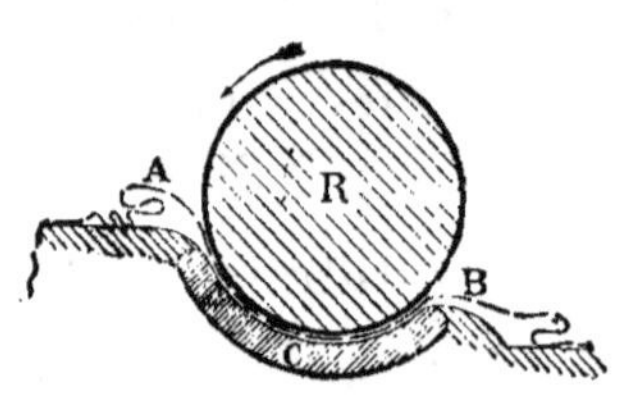

Fig. 60. — Dessin de principe de la machine à repasser (coupe perpendiculaire à l'axe) J. Decoudun.

aujourd'hui à M. Delaroche et ses neveux, construit chaque année une foule de ces machines qui sont expédiées dans le monde entier. Elles sont connues en Amérique, en Angleterre, en Russie, en France, dans toute l'Europe, en Asie, en Afrique.

Le dessin de principe que nous donnons ci-dessus (*fig.* 60) s'explique ainsi :

C Cuvette en fonte, polie sur sa partie concave, et qui est chauffée par un fourneau placé en dessous, ou par le gaz, ou par la vapeur, suivant les cas. Cette cuvette joue le rôle du fer dans le repassage à la main.

R Rouleau entouré d'une couverture, puis d'une flanelle, comme une table à repasser, et qui vient s'emboîter dans la partie concave du fer *C*, avec une pression plus ou moins forte, se réglant à volonté. Ce roul'eau tourne autour de son axe, dans le sens de la flèche, soit par une manivelle (*un enfant peut le tourner*), soit par une transmission de mouvement, suivant l'importance de la machine.

B représente le tissu qui, engagé en A, sort en B, après avoir été pressé entre le fer et le rouleau.

Machine à repasser Decoudun n°s 5 et 5 bis (*fig.* 61). — Avec cette machine qui supprime la calandre, le cylindre, et presque entièrement, le fer à la main, il n'est

Fig. 61. — Machine à repasser Decoudun.

plus nécessaire d'avoir recours à des ouvrières expérimentées. Toute personne peut s'en servir et obtenir de bons résultats pour le repassage ou le calandrage des pièces de linge plat : serviettes, nappes, draps de lit, taies d'oreillers, chemises de femme, tabliers, mouchoirs, rideaux unis et brodés, faux-cols et manchettes, etc.

Machine à repasser n°s 6 et 7, grand modèle (*fig.* 62). — Cette machine, de construction très robuste, est des-

tinée aux grands établissements. Elle est disposée pour
fonctionner par courroie, et chauffée par vapeur.

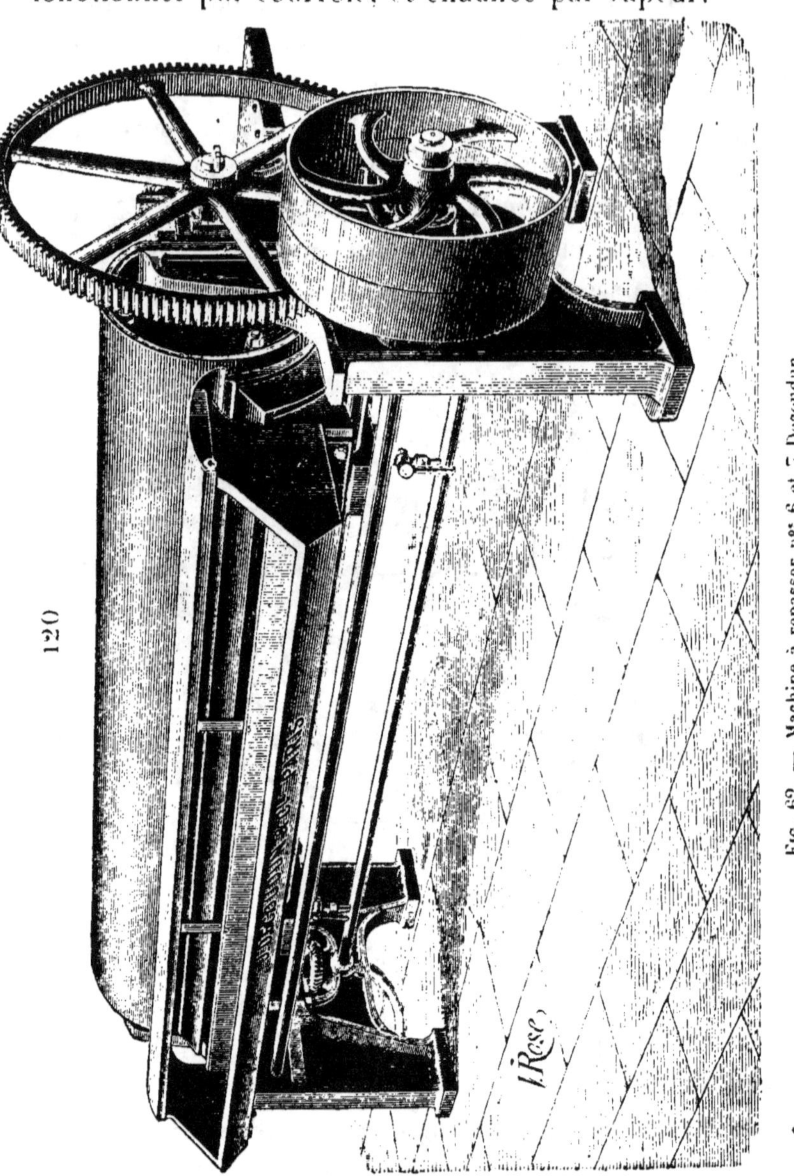

Fig. 62. — Machine à repasser nos 6 et 7 Decoudun.

Depuis que les brevets de la machine J. Decoudun sont
expirés, d'autres constructeurs ont plus ou moins copié

et modifiés on idée première : en plaçant la cuvette au-dessus ou sur le côté du cylindre, en chauffant le cylindre au lieu de chauffer la cuvette ; en augmentant, en variant le nombre des cylindres et leurs dimensions. Nous devons dire un mot des systèmes qui diffèrent le plus de l'invention Decoudun.

C'est d'abord l'*hydrovore*, construit par les successeurs de ce dernier, et qui ajoute à la machine à repasser telle que nous l'avons décrite, un appareil de ventilation et d'aspiration chassant au dehors la buée produite pendant le séchage.

C'est ensuite diverses applications du principe de la machine à sécher le papier, et qui consiste à faire passer sous un ou plusieurs cylindres chauffés, un feutre ou une toile sans fin, dont la mission est d'entraîner le linge sous la machine d'abord, de le mettre en contact avec la surface chauffée ensuite, et enfin de le frotter légèrement sur cette surface.

Ces différents systèmes imitant peu ou prou les principales dispositions de la machine Decoudun, sèchent parfaitement le linge, et ont surtout pour objet d'éviter le séchoir ordinaire pour tout le linge plat qui doit être repassé ; mais il faut nous hâter de dire, qu'ils repassent ou lissent imparfaitement le linge. Presque toujours, quand on veut obtenir un repassage parfait, rivalisant avec le travail de l'ouvrière repasseuse, il faut ajouter à ces machines un dispositif spécial, se rapportant entièrement au système Decoudun, c'est-à-dire se composant de rouleaux tournant dans leurs cuvettes, ou se serrant l'un sur l'autre, de manière à presser et à frotter le linge sur la partie chauffée, ou celle-ci sur le linge.

Les machines à sécher-repasser à toile sans fin (*fig.* 65),

qui fonctionnent en Amérique, en Angleterre, en Belgique
et dans plusieurs blanchisseries françaises, procèdent
toutes, et de la machine à sécher le papier, et de la machine à repasser de Decoudun.

Machine à sécher, repasser et cylindrer. — Cette
nouvelle machine (basée sur le même principe appliqué

Fig. 63. — Machine à sécher, repasser, cylindrer, à cuvettes, multiples
sur plan incliné (principe Decoudun).

par J. Decoudun) (*fig.* 63 et 64), permet de sécher,
repasser et cylindrer, au sortir de l'essoreuse et par

Fig. 64. — Dessin de principe.

CCCC Cuvettes ou fers à repasser en fonte, polies sur leurs parties concaves,
chauffées par la vapeur.

RRRR Cylindres en fonte, tournés, entourés de feutre ou couverture, venant
s'emboiter dans les parties concaves des fers *C*, avec pression plus ou moins forte
se réglant à volonté.

Ces cylindres, actionnés par courroie, tournent autour de leurs axes dans le sens
des flèches.

AB représente le tissu qui, engagé en *A*, sort en *B*, après avoir été pressé successivement entre les quatre rouleaux et les fers.

un seul passage, tout linge plat : serviettes, nappes,
draps, mouchoirs, etc. etc

Le linge introduit dans la partie haute, sous le premier rouleau, descend de lui-même en cascade (en raison du plan incliné) successivement sous les autres rouleaux.

L'espace laissé libre entre les rouleaux permet à la buée de s'échapper au dehors, de sorte qu'au sortir du dernier rouleau, le linge est absolument sec, repassé et même cylindré selon la pression donnée.

Fig. 65. — Machine à sécher, à toile sans fin.

La machine possède trois vitesses, de façon qu'on puisse simplement sécher, repasser ou cylindrer suivant la vitesse qu'on veut, sans risquer en aucune façon de détériorer le linge.

La machine se fait couramment à quatre rouleaux et de trois grandeurs.

Selon nous la machine future, celle qui, par son débit et par la perfection de son travail, doit réunir tous les suffrages, la machine idéale enfin, est celle qui se composera d'abord de deux ou trois cylindres sécheurs suivis immédiatement de la machine à cuvettes multiples sur plan incliné (*fig.* 63). Le linge entraîné par une toile ou un feutre sans fin, séchera par sa mise en contact avec la surface extérieure des cylindres chauffés, et sera reprise à l'autre extrémité par l'inclinaison même du plan, sur lequel les rouleaux tournent dans leurs cuvettes également chauffées.

Une machine de ce genre ayant $2^m,50$ de table, débiterait plus de deux mille serviettes à l'heure, ou plus de deux cents draps. La force motrice à employer n'exigerait pas plus d'un cheval-vapeur, et le chauffage par la vapeur n'excèderait pas une dépense de plus de 1 fr. 75 par chaque heure de travail, soit avec le graissage et l'entretien, une dépense totale de 2 fr. 50. Cinq ouvrières pour les serviettes, et quatre seulement pour les draps, suffiront à la main-d'œuvre. En estimant leur salaire à 0 fr. 30 l'heure pour chacune, on arriverait ainsi à sécher, repasser et cylindrer le linge sortant de l'essoreuse, et d'une manière irréprochable, à un prix de revient de 50 pour 100 au-dessous de celui qu'il coûte actuellement pour subir ces diverses opérations.

Deux mille serviettes séchées, repassées, cylindrées, reviendraient au maximum à 4 francs, soit à 0 fr. 20 les cent serviettes. Deux cents draps séchés, repassés et au besoin cylindrés reviendraient à 2 francs le cent ou à 0 fr. 02 le drap, juste ce qu'il coûte, rien que pour le sécher dans le séchoir à chaud ordinaire.

Par journée de onze heures de travail, le rendement d'une machine semblable serait de 22,000 serviettes séchés, repassées et cylindrées, ou de 2,200 draps, ou l'équivalent d'autre linge. — Reste bien entendu à ajouter au prix de revient indiqué, le coût du lessivage, du pliage, de la livraison et de l'ensemble des frais généraux.

Son prix d'achat serait certainement inférieur à celui que présente la réunion des divers outils et appareils qu'elle est destinée à remplacer et qui sont : 1° le séchoir à chaud ; 2° la machine à repasser ; 3° la machine à cylindrer, etc. Nous ne doutons pas que d'ici peu, l'une de nos importantes blanchisseries parisiennes ne fasse l'essai pratique d'une machine semblable.

Apprêt. — Mouillage, entablage et pliage. — Un bon repassage ou un bon lissage du linge ne dépend que de l'apprêt qu'on a su lui donner. Avec la machine à sécher-repasser, l'apprêt a moins d'importance que lorsque le repassage se fait en dehors du séchage. Cependant, comme il y a certaines pièces de linge qui ne pourront jamais être traitées par la machine à sécher-repasser, il importe de bien savoir apprêter le linge destiné au repassage ou lissage.

On sépare ce linge en deux sortes : celui qui doit être tout simplement humecté d'eau, et celui qu'on doit amidonner ou, comme on dit encore, empeser.

Les draps, les mouchoirs, les pantalons, les caleçons, les bas, le corps des camisoles et des chemises, etc., ne s'amidonnent pas. Les cols, les plastrons, les manchettes des chemises, camisoles, parures, les jupons de dessus, les rideaux, les peignoirs, les housses, etc., s'amidonnent au contraire et dans diverses proportions.

Le linge qui ne supporte pas l'empois est, après le séchage, simplement et légèrement humecté d'eau à l'aide d'un goupillon, puis il est lissé à la main ou plié et mis en tas où il *se refait*, c'est-à-dire qu'on le laisse en repos un certain temps pendant lequel l'humidité se répartit uniformément dans toute son étendue. Il ne faut pas que le linge soit ni trop humide, ni trop sec, au moment du repassage; et, dans la plupart des cas, si l'ouvrier préposé au séchage est habile, il retirera le linge à repasser du séchoir avant qu'il ne soit trop sec, ce qui évitera une grande partie de la main-d'œuvre réservée à l'apprêt.

Le linge de table, serviettes et nappes, ainsi que les draps, les torchons, les tabliers, les mouchoirs, lorsqu'ils ne passent pas sous la machine à sécher-repasser ou sous le cylindre, sont ordinairement ENTABLÉS, c'est-à-dire lissés pièce par pièce, celles-ci placées l'une sur l'autre sur une table disposée à cet effet.

Ce linge est ordinairement plié à la suite de ce lissage sans être repassé, sauf les mouchoirs, les cordons, les poches et les fronces des tabliers.

Le pliage du drap se fait en trois plis (six épaisseurs) sur l'ourlet, puis en trois plis (six autres épaisseurs de six) sur la lisière, celle-ci en dedans, la face à droite, le talon du dernier plis dessus et le plus rapproché du plieur.

Le pliage de la serviette se fait d'abord en deux plis (trois épaisseurs) sur la lisière, puis en deux plis (douze épaisseurs) sur l'ourlet, pour la serviette dite pliée en *tuile* et en quatre plis (vingt-quatre épaisseurs) pour la serviette dite pliée en *livre*. Dans l'un et l'autre cas, le talon du dernier pli étant près de soi, la serviette a la face à droite.

La serviette et le drap se plient soit la marque en dessus, soit la lisière et les ourlets, et par conséquent, la marque en dedans.

Le torchon se plie en deux plis (quatre épaisseurs)

sur l'ourlet; puis en deux (ou huit épaisseurs), trois ou quatre plis suivant les grandeurs, sur la lisière.

Le linge à repasser sans empois, après avoir été humecté et *refait* comme nous l'avons expliqué, est plié de telle façon que toutes les parties extérieures, ourlets, lisières, faces, etc., se trouvent à l'intérieur des plis. Ainsi, la chemise de femme, par exemple, se pliera en deux plis (quatre épaisseurs) dans le sens de la longueur, puis après en quatre plis dans le sens de la largeur, et de telle manière que la gorge, les manches et les ourlets du bas disparaîtront à l'intérieur des plis. La raison de ce pliage est que les parties essentielles, et qui seront forcément apparentes, de la pièce de linge quand on la revêtira, resteront jusqu'au moment où la repasseuse appliquera son fer dessus à l'abri de l'air, et, par conséquent, d'un resséchage prématuré.

Empesage. — L'apprêt proprement dit du linge se fait à l'empois et aussi à sec, par le cylindrage et le satinage à la presse.

La maison Delaroche et ses neveux a, depuis peu, mis dans le commerce une *machine à amidonner*, qui rend les plus grands services aux apprêteurs, aux chemisiers et blanchisseurs de neuf (*fig.* 66).

Avec cette machine, qui supprime complètement le travail pénible, coûteux et peu efficace de l'amidonnage à la main (surtout pour les tissus neufs), une seule personne (femme) peut facilement amidonner à l'heure : 80 à 100 douzaines de faux-cols ou manchettes; ou 10 à 12 douzaines de chemises ; ou l'équivalent d'autre linge.

On peut confier à la machine le linge le plus délicat sans crainte d'altération.

La machine à amidonner, de création toute récente, est déjà en usage en Angleterre, dans un certain nombre de manufactures de lingerie, chemises, faux-cols, blanchisseries, etc.

L'empesage à la main se fait dans de moins bonnes conditions. L'apprêteuse prépare son bain d'amidon, tantôt

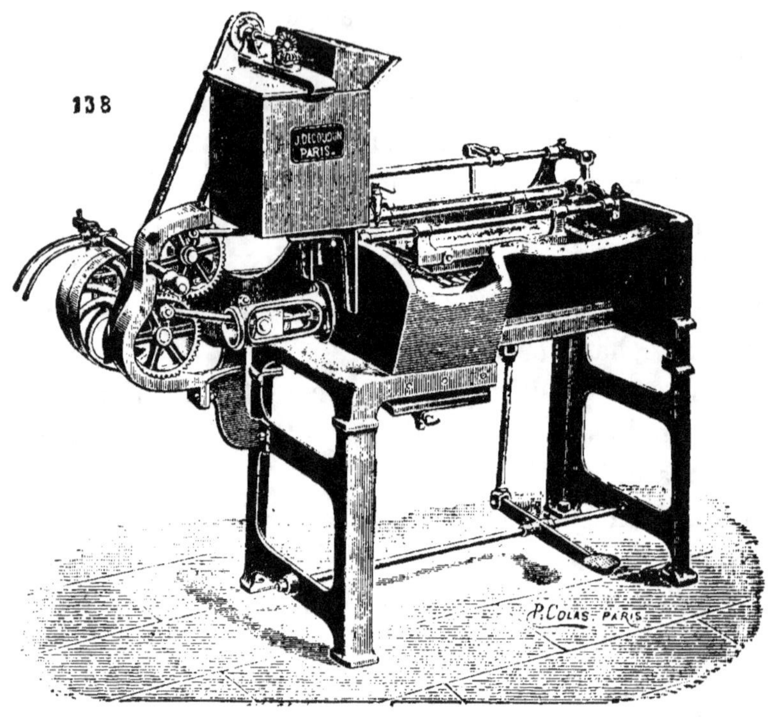

Fig. 66. — Machine à amidonner les chemises, faux-cols, etc., système Powel.

en faisant dissoudre celui-ci dans l'eau froide, tantôt en le faisant dissoudre à l'aide de l'eau bouillante. Dans ce dernier cas, l'eau d'amidon subit une légère cuisson qui la transforme en une espèce de colle, très adhérente. Quand on empèse avec cette dissolution, on empèse comme on dit à l'*amidon cuit*. On obtient plus de fermeté avec l'amidon cuit qu'avec l'amidon simplement dissous dans l'eau, mais le premier pénètre à l'intérieur du tissu moins facilement que le second, et il présente toujours un aspect beaucoup plus rude, plus granuleux et toujours prêt à se détacher sous le fer à repasser.

Quand on amidonne les chemises, les cols et les poignets à l'amidon cuit, on a soin de joindre à la dissolution un produit à glacer quelconque, qui vient détruire ces inconvénients. C'est le plus souvent un mélange de borax, de cire vierge, de blanc de baleine, voire même de suif (une simple chandelle fondue dans l'amidon remplit cet office), ou bien encore un bon savon très riche en corps gras sans acide. Ces diverses substances empêchent le fer de coller au linge, facilitent son glissement et préparent un premier glaçage, en bouchant ici et là les pores du tissu. Quand on veut obtenir à la fois une fermeté souple, sans brisure et en même temps un facile glaçage, il faut empeser d'abord le linge à l'amidon cuit, et ensuite dans une eau légère d'amidon simplement dissous à froid.

L'apprêt sans amidon, par le cylindrage et par le satinage à la presse, se fait avec deux appareils que nous allons décrire.

Cylindres, mangles et calandres. — Le *cylindrage* ou *calandrage* se fait avec deux appareils différents, le cylindre et le mangle.

Le *cylindre* se compose de deux rouleaux tournant en sens inverse, l'un en acier ou fonte polie, l'autre en fonte, recouvert de papier comprimé ou carton durci. Celui en métal poli est chauffé par la vapeur, par une rampe de gaz ou à l'aide de boulons rougis au feu.

Le *mangle* (*fig.* 67) est un appareil qui nous vient d'Angleterre et qui est très employé dans le blanchiment. On s'en sert aussi dans le blanchissage pour donner du lustre et de la raideur au linge de table surtout, sans recourir à l'amidon, et sans avoir besoin de chauffer quoi que ce soit.

Fig. 67. — Mangle à chariot.

C'est une caisse lourdement chargée et un plateau en bois, en pierre, en marbre ou en métal parfaitement uni, entre lesquels on place des rouleaux en bois garnis de serviettes, de draps ou de nappes enroulés autour. La caisse pèse sur ces rouleaux et se déplace, en les faisant rouler sur le plateau, de telle manière que, par un mouvement de va-et-vient, le linge se roule, se presse et se frotte sur lui-même. On obtient ainsi un glaçage parfait, une raideur extraordinaire, et, en réalité, à très peu de frais. La manœuvre du mangle se fait ainsi. Au-dessus de la caisse se trouve une chaîne, s'attachant à chaque extrémité de la caisse, et s'enroulant en forme de boucle au milieu de la caisse, autour d'une roue dentelée. Quand on tourne la manivelle vers la droite, par exemple, on tend la chaîne de ce côté, et la caisse s'avance vers la gauche, pesant de tout son poids sur les rouleaux qui tournent et suivent le mouvement. Lorsque l'extrémité de la caisse arrive près du milieu, la chaîne se tend plus encore et cesse de faire la traction, pour servir d'appareil de levage. Un des côtés de la caisse se lève et dégage le rouleau qui est vers la droite. L'ouvrier préposé au cylindrage en profite pour retirer ce rouleau et en placer un autre également garni de linge à cylindrer; puis il tourne la manivelle de l'autre côté, la chaîne de la partie droite se détend pendant que la partie gauche se tend, la caisse reprend tout d'abord sa position normale, puis passe de gauche à droite. Elle s'arrête comme il est dit plus haut, élève alors son côté gauche qui dégage le second rouleau que l'ouvrier remplace par un autre, et l'opération se continue ainsi, en imprimant un mouvement à la caisse, de droite à gauche et de gauche à droite, et en remplaçant à chaque fois le rouleau sur lequel est enroulé le linge cylindré, par un rouleau du même genre, mais sur lequel s'enroule le linge à cylindrer.

Après le cylindrage, après le pliage, on place quelquefois le linge sous une *presse*, pour qu'il offre moins de volume, afin de faciliter l'empaquetage, et aussi pour mieux marquer les plis et le rendre encore plus ferme. Il arrive souvent que la presse remplace le cylindre. Pour cela, on place chaque pièce de linge entre deux plaques de zinc ou de fort carton, en dessus et en dessous de chaque pièce pliée; et, ce que l'on est convenu d'appeler la face, se trouve absolument satiné, comme après un passage au cylindre.

Les presses qu'on emploie dans le blanchissage sont les mêmes que celles qui servent dans les autres industries. Elles sont à percussion ou à marteaux, à levier et à double pression, par engrenage et manivelle, ou bien ce sont les presses *hydrauliques* que chacun connaît.

III. — REPASSAGE

Repassage, lissage et pliage. — Nous avons décrit le repassage mécanique; mais il nous reste à parler du repassage à la main, qui a surtout pour objet de lisser tout le linge à fronces. L'ouvrière repasseuse prend, à l'aide d'une poignée, un fer chauffé par un fourneau spécial, et frotte et presse le linge avec la surface polie de ce fer. Le repassage à la main est très coûteux. Avant l'introduction des machines dans les blanchisseries, on l'estimait en prix de revient à 40 pour 100 de la recette totale, pour le linge ordinaire et non amidonné; à 60 et 70 pour 100 pour ce dernier. Cette grosse dépense consiste dans le règlement de la main-d'œuvre et dans le coût du chauffage du fer pour le repassage. Pour réaliser quelques économies dans la première partie, il faut savoir diriger le personnel préposé à ce travail et le surveiller très attentivement. L'ouvrière repasseuse doit non seulement repasser le linge, le lisser parfaitement et quelquefois le glacer, quand il s'agit des devants de chemises, cols et manchettes; mais encore elle doit le sécher tout à fait; ce qu'en terme de métier on appelle *ressécher* le linge. En effet, celui-ci a conservé de l'apprêt une certaine humidité qu'un premier repassage ou lissage au fer chaud n'enlève pas complètement, il faut y passer le fer à plusieurs reprises, séparées, chaque fois, d'un intervalle plus ou moins long; sinon la buée même produite par le fer et voltigeant au-dessus du linge détruirait, en reprenant possession du tissu, tout l'effet du repassage. De là, du reste, le nom de *repassage*. La repasseuse doit aussi éviter d'employer des fers ou trop chauds ou trop froids : dans le premier cas, elle risque de brûler le linge, et à cela il n'y a aucun remède possible, et dans le second cas, elle ne repasse ni ne *ressèche* suffisamment le linge. L'ouvrière habile se sert toujours d'un fer très chaud, sans être porté au rouge cependant, et elle a soin de bien tendre le linge et de passer rapidement et légèrement, en débutant, son fer sur le tissu, puis, au fur et à mesure que le fer se refroidit, elle le ramène sur les parties seulement *ébauchées* pour en achever le repassage.

Un mauvais repassage, dit un vieux proverbe d'atelier, entre pour plus de 20 pour 100 dans l'usure du linge. Cette proportion n'étonnera guère les praticiens, car ils savent que pour faire disparaître une tache de roussi produite par le fer, on doit l'étendre d'eau de javel pure et à un assez fort degré.

Non seulement le fer trop chaud ou mal conduit, ou paresseusement manié, a détruit la fibre en partie, en la brûlant; mais encore l'eau de javel, pour enlever la tache de roussi, achèvera huit fois sur dix, de rompre cette fibre et de désorganiser la trame du tissu. Un assez long apprentissage est nécessaire à la repasseuse : ce qui précède le prouve !

Le travail de la repasseuse se complique encore par le pliage du linge repassé qui s'effectue simultanément avec le repassage, et par certains travaux spéciaux, tels que : le glaçage des chemises d'hommes, des cols et des manchettes ; le tuyautage des bonnets, jupons, cols et parures ; le plissage et le gaufrage de certains effets de la toilette ; et, enfin, des divers reliefs à donner à la broderie, aux dessins de la dentelle, à la guipure des rideaux et autres objets de luxe.

On a inventé des machines à glacer, à tuyauter, à plisser, comme on a aussi cherché à construire une machine à plier, mais aucun de ces appareils ne semble avoir remplacé la main de l'ouvrière habile. Faisons toutefois une exception pour le tendeur et le métier à sécher et repasser les rideaux, et qui sont universellement employés.

Force nous est donc de laisser les autres de côté. Citons seulement les différents outils dont se sert la repasseuse, pour effectuer les véritables travaux d'art auxquels elle s'adonne.

C'est d'abord le *fer ordinaire* appelé *gendarme*, du nom du constructeur qui l'a perfectionné, en le rendant plus facile à manier. Les Américaines se servent d'un fer beaucoup plus épais et, par conséquent, plus lourd, mais elles ont un manche en bois qui s'applique sur le plateau du fer, et qui remplace ce que nous appelons en France le serre-poignée ou *poignée*.

C'est ensuite la poignée, sorte de manchon ouvert et fendu, en cuir doublé de laine, et recouvert à l'intérieur de deux petites plaques de tôle.

Puis, toute la série des fers spéciaux : *fers à talon, à cannelures ou striés pour le glaçage ; fers à bouillons pour le gaufrage ; fers à tuyauter ; fers dits polonais pour les petits travaux difficiles, le fond des bonnets*, etc. ; fers à ressortir les piqûres et les broderies, fers à plisser, etc.

Enfin les pieds à manches et à bonnets, les tables à robes, à housses, et planches à rideaux, destinés par leurs formes et dimensions à faciliter le repassage à l'intérieur de ces différentes espèces de linge.

C'est, en dernier lieu, le principal, l'indispensable appareil de la repasseuse ; c'est le fourneau à chauffer les fers.

Nous connaissons une douzaine de modèles industriels de ces fourneaux ; rappelons ici :

1° Le *fourneau à cuvette close* qui a le mérite de concentrer toute la chaleur sous son couvercle, mais qui a le tort de ne pas user toute la chaleur produite par le foyer, chaleur qui s'échappe en pure perte par le tuyau de cheminée.

2° Le *poêle Michel*, aujourd'hui délaissé, sorte de cloche à faces multiples pour recevoir les fers.

3° Le *fourneau Chambon-Lacroisade* ou *poêle tournant*, très léger, très peu encombrant et fort commode. Ce fourneau dépense peu, se place n'importe où, se chauffe au petit coke ; mais pour un grand atelier de repassage, il en faut une certaine quantité, chaque fourneau ne pouvant pas entretenir constamment les fers nécessaires à plus de six personnes.

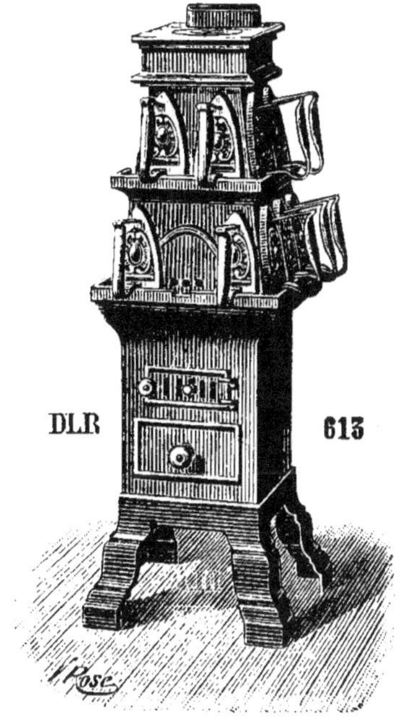

Fig. 68. — Fourneau pour fers à repasser, à deux étages.

4° Le *fourneau Delaroche et ses neveux*, qui est à deux ou trois étages, et qu'on appelle pour cette raison *fourneau à étages* (*fig.* 68). Ces fourneaux sont très robustes, et présentent sur les autres systèmes l'avantage de tenir très peu de place, d'être très économiques, puisqu'aucune chaleur de rayonnement n'est perdue, et d'être d'un chargement facile et peu fréquent.

La maison Delaroche construit aussi des fourneaux à cuvette close, qu'elle a perfectionnés en utilisant au chauffage, le plus possible, la flamme produite et les gaz de combustion, avant qu'ils ne s'échappent dans la cheminée (*fig.* 69). Le modèle de fourneaux à cuvette close montés sur pied en fonte, se fait avec cuisine et sans cuisine. Nous ne recommanderons jamais de faire la cuisine dans l'atelier de repassage, car les émanations que dégagent les aliments pendant leur cuisson s'attachent au linge

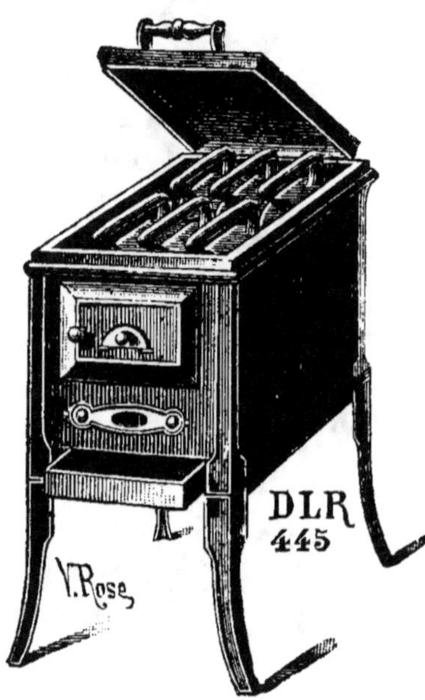

Fig. 69. — Fourneau pour fers à repasser, à cuvette.

et lui donnent un mauvais goût. Cependant ceux qui, malgré nos avis, voudraient acquérir un fourneau à chauffer les fers avec cuisine, feront bien de fixer leur choix sur le fourneau construit par MM. Delaroche et ses neveux, qui ont eu le bon esprit d'isoler de la plaque à chauffer les fers, la partie où s'exercera l'art culinaire de nos blanchisseuses (*fig.* 70) De cette manière on ne risque pas d'encrasser les fers avec les divers liquides,

lait, sauces, etc., qui viendront à s'échapper des récipients placés sur le fourneau.

5° Le *fourneau à cuvette close et à socle* construit par
la même maison
Delaroche et ses
neveux (*fig.* 71),
qui, par ses dispo-
sitions spéciales,
notamment par
un retour de
flamme savam-
ment combiné,
rend les plus
grands services
dans les blan-
chisseries, et
présente une

Fig. 70.
Fourneau pour fers à repasser, à cuvette, avec cuisine.

réelle économie dans l'emploi du combustible. Le foyer
garni à l'intérieur de briques réfractaires est à toute
épreuve, et d'une solidité et d'une durée incomparables.
Il ne nécessite d'ailleurs jamais de réparations coûteuses,
ni difficiles.

Citons encore :

Le *Fer* à chauffage intérieur par le gaz.

Le *Fer H. P.*, et *fer à talon*, ces deux derniers employés pour le glaçage du linge des chemises d'hommes,
cols et manchettes.

Le *fer à gaz* : celui-ci arrive par un tube en caoutchouc qui peut s'appliquer à tous les becs d'éclairage.
Il est conduit sur le fer, par un tube métallique qui
l'amène sur la plaque même du fer à chauffer, mais à
l'intérieur de ce fer. C'est à la sortie de ce dernier tube

que le gaz s'enflamme, et sa combustion est activée par un courant d'air, qui rappelle un peu le chalumeau employé par les fondeurs et les bijoutiers.

A l'endroit même où le gaz quitte le tube en caoutchouc, l'orifice se rétrécit en forme d'entonnoir. Le gaz acquiert alors, comme dans les becs ordinaires, une très forte

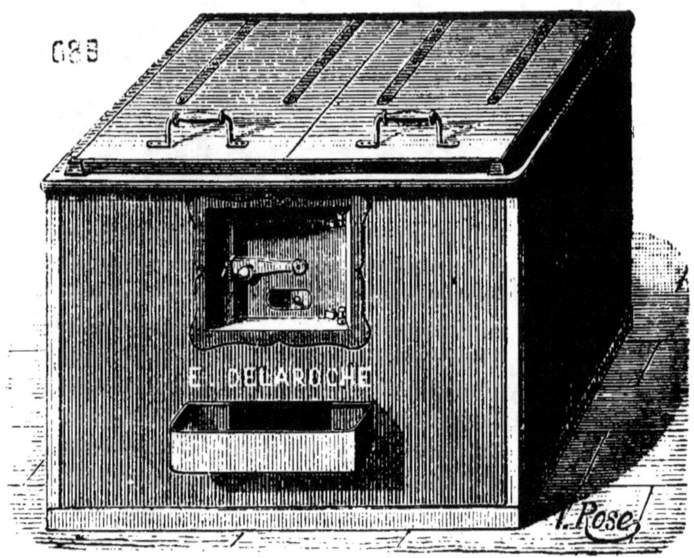

Fig. 71. — Fourneau pour fers à repasser, à cuvette (grand modèle).

pression, et se précipite avec force dans le tube en métal.

A la partie supérieure, là où cette pression a le plus de force, le tube en métal est percé de deux trous se faisant face et par lesquels l'air pénètre. Le phénomène physique qui se produit à cet endroit, au moment où le robinet à gaz est ouvert, est facile à démontrer. L'air entre par l'un des trous, attiré par le vide et par le trou correspondant. Cet air vient donc se placer en face du petit orifice par lequel le gaz se précipite, et il est entraîné par lui et avec lui jusqu'au point où le gaz s'enflamme. Celui-ci brûle alors au milieu d'une quantité considérable d'oxygène contenu dans l'air apporté ce qui augmente le calorique et facilite la combustion. Avec le fer à gaz, la repasseuse peut travailler assise ; elle n'a pas à se déranger pour changer de fer. Celui-ci ne se refroidit jamais et conserve toujours le même degré de chaleur qu'on a fixé soi-même. L'ouvrière peut, à volonté, modérer ou diminuer l'arrivée du gaz et, par conséquent, la chaleur produite. Elle n'a pas besoin d'essuie-fer, de poignée, etc.

Aucun arrêt, et la plus grande propreté dans le travail, le fer étant toujours très propre, puisqu'il n'est jamais exposé à la poussière du fourneau. Un fer consomme environ 100 litres de gaz à l'heure, son chauffage coûtera donc de 3 à 4 centimes par heure et par ouvrière ; mais celle-ci, évitant de nombreuses pertes de temps, son fer ne refroidissant pas, ne *collant* jamais par conséquent, peut faire le double du travail qu'elle ferait avec les autres systèmes. Il faut une certaine habitude pour manœuvrer ce fer avec aisance, car son tube en caoutchouc qui le rattache à la conduite de gaz est souvent fort gênant pour l'ouvrière, quand elle commence à s'en servir.

Il faut aussi, pour obtenir un résultat convenable, que le gaz arrive dans les tuyaux avec une certaine pression.

Le fer II. P. est un fer à glacer qui, au lieu d'être uni et poli comme tous les fers à la partie mise en contact avec le linge, est cannelé, c'est-à-dire sillonné dans le sens de la largeur par de petites lignes convexes. Ces lignes sont comme autant de petits cylindres. Le dessous du fer a lui-même une position légèrement convexe, quand il repose sur une surface plane. De sorte que lorsqu'on repasse avec ce fer, c'est comme si vingt petits cylindres

et plus, agissaient l'un après l'autre sur le tissu. En effet,
le fer partant d'un point quelconque de la pièce de linge,
pour aboutir à un point opposé, toutes les parties convexes du fer toucheront l'une après l'autre le tissu, et
chaque cannelure, agissant isolément de tout le poids du
fer, cylindrera le linge sans aucun effort. En revenant à
son point de départ, le fer produit le même effet, puisque
les petits cylindres agissent de même sur le tissu, bien
que dans un sens opposé au précédent. D'une excessive
simplicité, d'une grande facilité de manœuvre, ce fer
doit néanmoins être bien employé pour produire un beau
résultat. Ainsi, il ne faut pas tourner et retourner le fer
sur la pièce de linge à repasser ; il ne faut **pas** non plus
le pousser de travers, car les cylindres rayeraient le
linge au lieu de le glacer. Il ne faut pas davantage
appuyer sur la poignée, car immédiatement l'une des cannelures ou plusieurs ensemble strieraient et feraient faire
ainsi un pli ou un sillon disgracieux à la surface du linge
apprêté. Pour éviter le butage dont on vient de parler,
on devra toujours repasser sur une table bien garnie de
couvertures, et dont la toile qui les recouvre est parfaitement tendue. Pour glacer, on se sert d'une petite planche
en bois uni, qu'on place sous le linge, qui se trouve alors
pressé entre le fer et cette planche.

Le fer à talon, qui sert aussi à glacer le linge, ressemble
au fer ordinaire, mais il est plus épais et représente à la
partie postérieure au talon, une forme très arrondie.
C'est avec le talon qu'on glace ; et l'ouvrière, après avoir
glissé le fer sur le linge, se sert de ce talon comme d'un
véritable cylindre.

En général, le fer seul n'opère pas le glaçage, c'est
aussi et surtout la main de l'ouvrière.

Les Anglais, les Américains possèdent des machines à glacer, ce sont de petits cylindres chauffés par la vapeur, et disposés de telle façon, qu'ils parviennent à épouser la forme des pièces de linge qu'on leur soumet pour les cylindrer. Un beau et facile glaçage s'obtient surtout quand le linge a été bien apprêté, et aucune ouvrière, si habile qu'elle soit, n'amidonnera le linge comme la machine à empeser, dans le genre de celle construite par la maison Delaroche et ses neveux, et qui est fort en honneur en Angleterre, le pays par excellence pour le glaçage parfait du linge : chemises d'hommes, cols, faux-cols et manchettes.

Méthodes de glaçage du linge. — Nous terminerons en résumant ici les recommandations que nous faisait jadis l'inventeur du fer H. P. qui a lui-même dirigé pendant de longues années un atelier de repassage et de glaçage du linge.

« Un bon apprêt du linge, un amidonnage raisonné et méthodique décident de la bonne exécution du repassage et par conséquent du glaçage. Les anciennes méthodes d'apprêter et d'amidonner le linge ne sont plus en rapport avec les exigences actuelles et doivent être abandonnées résolument.

Supposons une certaine quantité de chemises, de cols et de manchettes à amidonner. L'apprêteur emplira un récipient d'eau très douce, et, s'il peut s'en procurer, de l'eau de pluie qui est la plus douce des eaux.

Quelques grammes d'amidon, complètement dissous dans deux litres de cette eau, suffisent pour amidonner deux douzaines de chemises. On ajoutera à la solution une cuiller à bouche d'un produit à glacer, le brillant Pasquier, par exemple, que l'on a fait préalablement fondre dans un verre d'eau et dans une casserole placée sur le feu pendant quelques minutes. Quand le brillant est bien fondu dans l'eau, il est jeté avec l'amidon dans le récipient. (Dans ce procédé le borax et l'amidon cuit sont également bannis.) C'est maintenant que l'ouvrière va commencer l'amidonnage. D'ordinaire, cette ouvrière trempe dans la dissolution d'amidon les parties de la pièce de linge à apprêter, elle les tord ensuite l'une sur l'autre, et c'est fait. Eh bien ! l'ouvrière qui s'y prend ainsi se trompe, et l'explication de son erreur est facile à donner.

Quand le linge qu'on vient d'amidonner subit une torsion, l'amidon revient à la surface en repassant à travers le tissu, qu'il n'a peut-être pas suffisamment pénétré ; mais, dans tous les cas, il revient à cette surface d'une manière inégale, car, en effet, la torsion qui opère par pressions partielles agit sur plusieurs points, mais n'agit pas sur tous. De telle sorte qu'il y a certains endroits de la pièce de linge qui ont trop d'amidon ; et d'autres qui n'en ont pas du tout. En l'occurence, l'essoreuse à cylindres souples vient détruire ces inconvénients. Croit-on maintenant que le linge est suffisamment apprêté, ainsi que nous le disons plus haut quand on s'est contenté de le tremper rapidement dans l'eau d'amidon ? Pour ma part, je ne le crois pas. Les Anglais et les Américains, gens beaucoup plus pratiques que nous, ont tellement reconnu les défauts de cet amidonnage rapide et défectueux, qu'ils ont, depuis de longues années, adopté la machine à empeser décrite plus haut, et qui occupe la première place dans la plus petite blanchisserie des États-Unis et des Iles Britanniques. On dit, par exemple, que l'Anglais passe autant de temps

à apprêter son linge qu'à le laver, et, de fait, il est resté
notre maître dans cet art, puisque nombre de Français
envoient leurs chemises, leurs cols et leurs manchettes
à blanchir et repasser à Londres.

Avec la méthode de l'amidonnage à la main : ou il
faut laisser le temps au tissu de bien s'imprégner d'amidon, ou bien il faut obliger l'eau d'amidon à passer et à
repasser plusieurs fois à travers ce tissu, pour bien le
pénétrer de la substance d'apprêt. On recommandera
donc à l'apprêteuse : 1° de bien agiter les parties du
linge à apprêter dans l'eau d'amidon ; 2° de les frotter
entre les mains au milieu de cette dissolution; 3° puis,
tout ceci fait avec soin, de passer la partie du linge
qu'on vient d'amidonner entre les doigts qui exprime-
ront l'amidon qui peut s'y trouver en excès. On ne
tordra jamais le linge, même si l'on n'a pas d'essoreuse
à cylindres souples ; 4° de plier au fur et à mesure le
linge, les parties apprêtées devant être aussitôt sous-
traites à l'action de l'air. On peut repasser le linge sans
le plier, mais il faut le repasser de suite. Dans ce cas,
on l'essore quelque peu dans un linge, et on le repasse
de la manière suivante : Sur une table bien garnie et
avec un fer ordinaire on sèche les parties apprêtées
après avoir complètement repassé les autres. On a bien
soin, chaque fois qu'on retourne la pièce de linge ou
qu'on la remplace par une autre, de sécher avec le fer
l'endroit de la table mouillé par le linge qu'on vient de
repasser. Puis, si l'on est obligé de mouiller certains
endroits de la pièce de linge qui ont mal pris l'amidon,
on ne mouillera pas par place, en tamponnant avec un
mouillon ou chiffon seulement humide. Il faut toujours
mouiller au mouillon bien imbibé d'eau d'amidon toute

partie amidonnée, et d'une manière égale d'un bout à l'autre, même s'il n'était besoin que de la mouiller en un seul endroit. Sur un devant de chemise d'homme, par exemple, on passera le mouillon d'un seul coup, du col à la patte ; sur un col ou sur une manchette, d'une boutonnière à l'autre, et toujours dans le sens de la fibre.

Quand la chemise est bien repassée et bien resséchée, on la glace. Le fer II. P. ou le fer à talon étant bien chaud, on le substitue au fer ordinaire. Avant de le passer sur la partie qu'on doit glacer, l'ouvrière mouillonne légèrement la surface, et pousse ensuite vivement et sans appuyer, si c'est le fer II. P. ; en appuyant fortement, et en relevant le bec du fer, si c'est le fer à talon. Elle passe ce fer de droite à gauche, et ensuite de gauche à droite, mais toujours en suivant exactement la trame ou la chaîne du tissu. Deux ou trois passages du fer suffisent et l'ouvrière termine le repassage et le glaçage, en glissant une dernière fois son fer très lentement et en l'appuyant davantage sur le linge. Si le bord de la pièce est ourlé, l'ouvrière aura soin de passer son fer une fois de plus en dedans de cet ourlet, de manière à le faire ressortir un peu, et aussi pour permettre à la différence d'épaisseur qui existe entre l'ourlet et le reste de la pièce de ne pas être plus longtemps un obstacle au glaçage des parties avoisinantes.

IV. — **DÉSINFECTION**

Depuis quelques années, cette opération, qui précède le blanchissage proprement dit du linge a pris une importance considérable, grâce aux découvertes de la science moderne sur les microbes et les germes contagieux que peut contenir le linge ayant servi à des malades.

Le linge à désinfecter peut ou non supporter l'eau chaude. Dans le premier cas nous conseillerons d'adopter la cuve à désinfection, et dans l'autre, l'étuve à désinfecter du système Geneste et Herscher.

Cuve à désinfection. — La désinfection par immersion n'est efficace que si l'eau est portée à l'ébullition, et maintenue ainsi pendant quinze ou vingt minutes.

L'appareil ci-contre (*fig.* 72) permet d'obtenir la désinfection parfaite des draps, serviettes et tous linges conta-

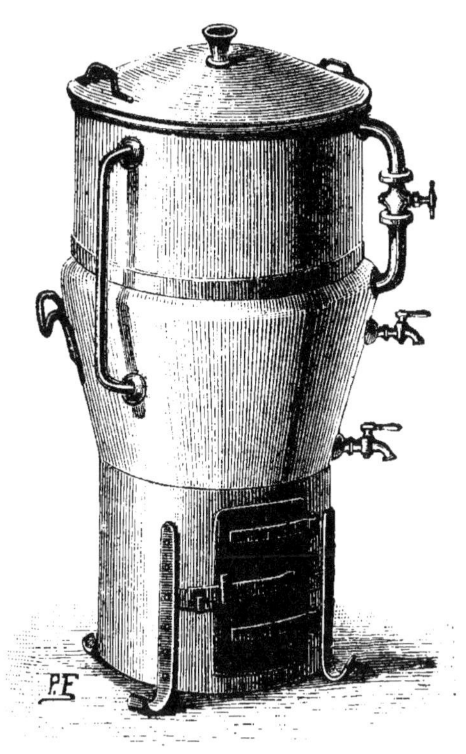

Fig. 72. — Chaudière à désinfection.

minés par une immersion dans une solution alcaline pouvant atteindre 100 degrés.

Les dispositions et la construction de cet appareil font qu'il ne fonctionne que lorsque le liquide stérilisateur a atteint cette température, et pendant toute l'opération il ne peut se refroidir, grâce à une circulation des plus actives. Le linge est renfermé dans la partie supérieure de la cuve, l'eau alcaline, au début se trouve

en dessous, un tuyau de dégagement empêche la pression de s'élever au-delà des limites qui ont été fixées.

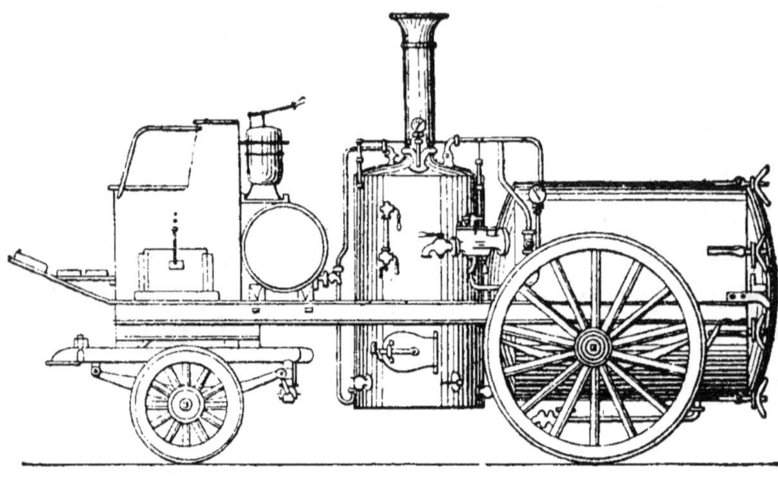

Fig. 73. — Étuve à désinfection Geneste Herscher sur chariot.

La conduite de cet appareil est donc très simple et d'une
sécurité absolue.

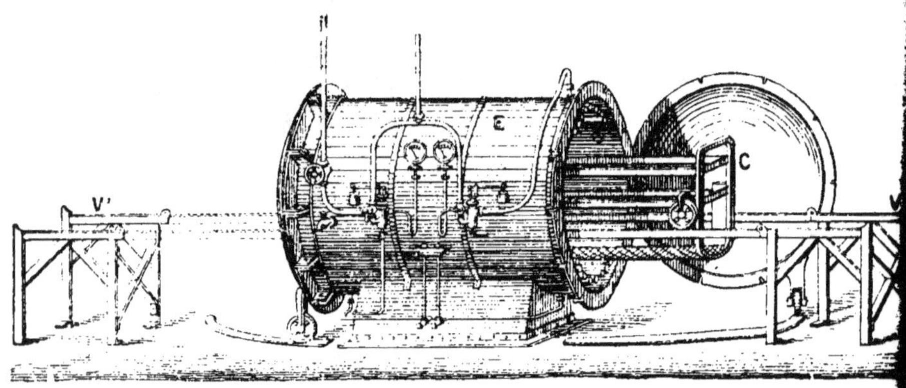

Fig. 74. — Étuve à désinfection Geneste Herscher, modèle fixe.

Étuve à désinfection. — L'étuve à désinfection est fixe
(*fig.* 74) ou locomobile (*fig.* 73). L'étuve fixe (*fig.* 74)
pour les hôpitaux, lazarets, asiles de nuit, stations sani-

taires, blanchisseries, teintureries, comporte un corps cylindrique en tôle, dans lequel la vapeur introduite porte la température intérieure à 110 degrés. Elle est à une ou deux portes, fermant hermétiquement pendant l'opération. Avant et après, elles laissent passage libre à un

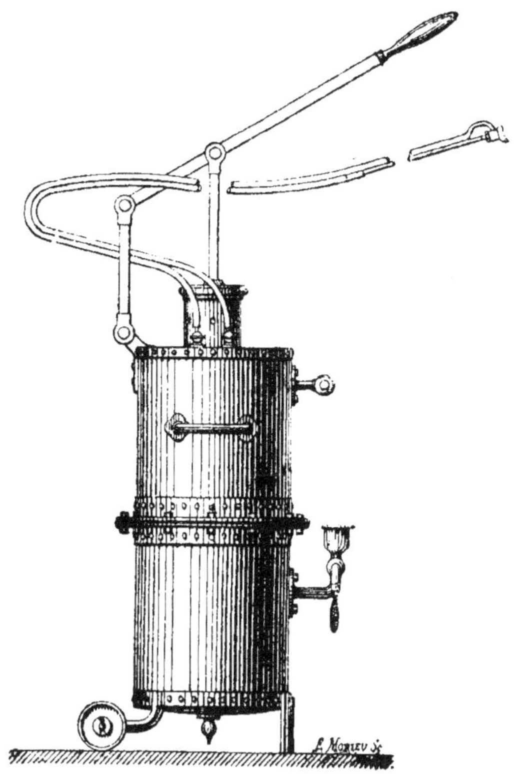

Fig. 75. — Pulvérisateur à désinfection.

chariot transportant les objets à désinfecter. Ce chariot est agencé de telle façon qu'on peut y placer un matelas entier et quantité d'autres objets.

L'*étuve locomobile* (*fig.* 73) pour secours aux localités qui n'en sont pas pourvues, et qui est destinée à éteindre sur place les foyers contagieux, comprend une étuve complète, telle que nous venons de la décrire, mais avec cette différence que le chariot est à voie suspendue et mobile, qu'elle est montée sur un train de voiture à quatre roues, et accompagnée d'une chaudière de 3 mètres carrés de surface de chauffe, accolée à l'étuve avec son réservoir d'eau, sa caisse de combustible et un *pulvérisateur à désinfection* mobile monté sur pied en fonte ou sur roues (voir le dessin, *fig.* 75).

Le pulvérisateur sert à la désinfection des chambres, murs, meubles ayant servi au malade, ou qui se sont trouvés à sa portée pendant sa maladie [1].

[1] Voyez Bocquillon-Limousin, *Formulaire de l'antisepsie et de la désinfection*. Paris, 1893.

SIXIÈME PARTIE

LES USINES DE BLANCHISSERIE

INSTALLATION, EXPLOITATION ET DIRECTION

CHAPITRE PREMIER

INSTALLATION

Demandes à faire. — Les buanderies ou usines de blanchisserie de linge sont classées dans la troisième catégorie des établissements réputés insalubres ou incommodes, mais non dangereux (Décret du 15 octobre, et Ordonnance royale du 15 janvier 1815).

Ces buanderies peuvent donc être construites et installées dans le voisinage et auprès des habitations, mais elles restent placées sous la surveillance de la police, et leur ouverture doit être précédée d'une demande d'enquête *commodo* et *incommodo*.

Cette demande est adressée au sous-préfet de l'arrondissement et dans le département de la Seine, au préfet de police, accompagnée d'un plan de l'usine, d'une description sommaire des appareils et machines, ainsi que de l'indication du but qu'on se propose d'atteindre.

Le préfet ou le sous-préfet transmet alors la demande et les pièces ci-dessus au maire de la commune qui fait procéder à l'enquête.

Le préfet statue en dernier ressort sur les oppositions, et prend un arrêté conforme autorisant ou interdisant l'exploitation projetée.

Les parties en cause peuvent toujours avoir recours au Conseil d'État contre cet arrêté.

Les spécialistes, en matière d'installation et de construction d'usines de blanchisserie, tels que MM. Delaroche et ses neveux, se chargent de remplir, pour le compte de leurs clients, ces diverses formalités.

Eau. — La question de l'eau est la première qu'on doit se poser dans une installation. La manière dont on fera arriver cette eau à l'intérieur de l'usine d'abord, et la manière dont on la fera évacuer ensuite, quand elle aura servi.

Autant que faire se peut, on doit installer une usine de blanchisserie a proximité d'un cours d'eau, ruisseau ou rivière, ou près d'une source abondante. On ne saurait jamais avoir trop d'eau, et de l'eau douce, s'entend. Si l'on possède à la fois de l'eau douce et de l'eau dure, celle-ci sera canalisée à part pour le rinçage à l'eau froide et l'azurage, tandis que la première servira à toutes les autres opérations du blanchissage et notamment pour l'alimentation des chaudières.

L'eau rencontrée dans la nature n'est jamais chimiquement pure. Elle contient, en proportions variables, du carbonate et du sulfate de chaux. Les eaux très chargées de ces substances sont dites « séléniteuses » et sont également impropres au savonnage du linge et à la cuisson des aliments [1].

Lorsque, par la force des choses, le blanchisseur sera

[1] Voyez GUICHARD, *L'Eau dans l'industrie, purification, filtration, stérilisation.* Paris, 1894.

dans la nécessité d'employer des eaux séléniteuses pour l'essangeage, le lessivage, le lavage et l'apprêt du linge, il devra, au préalable, en précipiter les sels calcaires à l'aide d'un réactif qu'une exacte analyse déterminera.

On pourra aussi se servir des différents épurateurs d'eaux connus, mais dont aucun, selon nous, ne résout bien pratiquement la question.

Les eaux douces ou bonnes au savonnage du linge sont celles qui marquent de 10 à 20 degrés hydrotimétriques. Chaque degré hydrotimétrique indique la quantité de savon qui sera inutilement dépensée avec cette eau, soit 100 grammes par degré; car les sels de chaux ont la propriété de se combiner avec l'acide gras du savon et de former avec lui un savon calcaire insoluble.

Au-dessus de 22 degrés hydrotimétriques, l'eau peut être considérée comme mauvaise ou impropre au savonnage du linge. On voit de suite l'avantage qu'il y a à ne se servir que de l'eau douce, c'est-à-dire d'un degré hydrotimétrique le plus faible possible, dans une usine de blanchisserie. La quantité d'eau strictement nécessaire pour blanchir 1,000 kilogrammes de linge pesé sec étant évaluée à 30,000 litres, chaque degré hydrotimétrique en plus des 22 degrés indiqués plus haut, comporte une augmentation du simple au double dans l'emploi du savon, des sels de soude et de l'eau de javel pour atteindre un résultat semblable.

L'eau dure, longtemps exposée à l'air, peut, dans certains cas, s'adoucir. On fera donc bien de la recueillir dans de grands et larges réservoirs découverts, quelque temps avant de l'employer au blanchissage du linge.

A Grenelle et à Vaugirard (Paris) l'eau de puits n'a que 9 degrés; l'eau de Seine atteint 22 degrés; l'eau de la Marne, 19 degrés; l'eau de la Dhuys, 23 degrés; l'eau de l'Ourcq, 32 degrés. Certains puits de Montmartre et de Belleville donnent une eau titrant 130 et même 150 degrés. — A Boulogne-sur-Seine, l'eau des puits forés dans les terres d'alluvions atteint 25 degrés. A Vanves et à Issy-les-Moulineaux, elle titre 23 degrés, pour atteindre 35 degrés à Arcueil, Cachan et Gentilly.

L'eau de la Bièvre, à quelque distance de sa source, n'a que 18 degrés. L'eau des puits et l'eau des sources à Sèvres, Chaville, Meudon, Rueil, etc., possède beaucoup de calcaire, et son degré hydrotimétrique varie entre 35 et 50 degrés.

L'eau douce peut se trouver aussi bien au niveau du sol qu'à de grandes profondeurs; cependant, c'est ordinairement dans le lit des rivières et des ruisseaux, mais à une certaine distance de leur source, qu'on trouve généralement l'eau douce. C'est pourquoi, nous recommandons d'installer les usines de blanchisserie auprès des fleuves, rivières ou cours d'eau.

Quand on sera certain de posséder la quantité d'eau douce suffisante à l'alimentation de l'usine, on recherchera les moyens de la faire arriver, de la canaliser et de la retenir, puis de la faire évacuer.

Machines et appareils à élever l'eau. — Dans une blanchisserie, l'eau doit arriver à une certaine hauteur pour être distribuée commodément à chacun des appareils mis en activité. Ici viennent naturellement se placer l'étude et la description des machines et appareils à élever l'eau. Ces appareils et machines ne manquent pas. On n'a que l'embarras du choix. Ce sont les pompes à pistons, à deux ou trois corps, les pompes rotatives, les pulsomètres, etc.

Mentionnons ici, à titre de renseignements, la nouvelle

pompe à courant continu, du système J. Decoudun. Cette pompe, très simple et très robuste, a l'avantage d'être à courant continu, comme les pompes rotatives, mais elle n'a pas les inconvénients de celle-ci.

On sait que dans les pompes rotatives, les parties frottantes, métal sur métal, sont rapidement usées par le sable en suspension dans l'eau; leur rendement va sans cesse en diminuant, et amène en peu de temps la mise au rebut de l'organe principal. C'est pour cela qu'on préfère un peu partout les pompes à pistons, parce que les garnitures en cuir embouti frottant dans les cylindres restent très étanches, malgré le sable et les eaux boueuses. Ces pompes durent très longtemps, et elles sont d'un entretien facile. Mais elles ont l'inconvénient de donner à l'eau des mouvements saccadés, alternatifs, avec arrêts, rebroussements, battements de clapets, etc.; de là une grande perte de force pour un faible rendement.

La pompe J. Decoudun procède à la fois des deux principes qui président à la construction des pompes rotatives et des pompes à piston. Elle aspire et refoule continuellement; elle n'a pas de boîte à clapets et ses pistons sont en cuivre avec garniture en cuir embouti ou en caoutchouc souple ou dur.

L'examen de nos figures 76, 77 et 78 donne l'idée du mécanisme adopté. Les pistons ont un mouvement de va-et-vient, pendant lequel, lorsque la direction est dans le sens de la flèche 1, le piston AB aspire du côté A, refoule du côté B ; l'autre piston ne travaille pas à ce moment, il laisse simplement passer le liquide refoulé.

Lorsque la direction est inverse et dans le sens de la flèche 2, c'est au contraire le piston CD qui travaille pour continuer l'aspiration du côté D, et refouler en C, de sorte qu'il y a toujours aspiration et refoulement sans changement de direction du liquide. Par conséquent, il y a production continue.

Fig. 76.

Pompe à courant continu Decoudun.

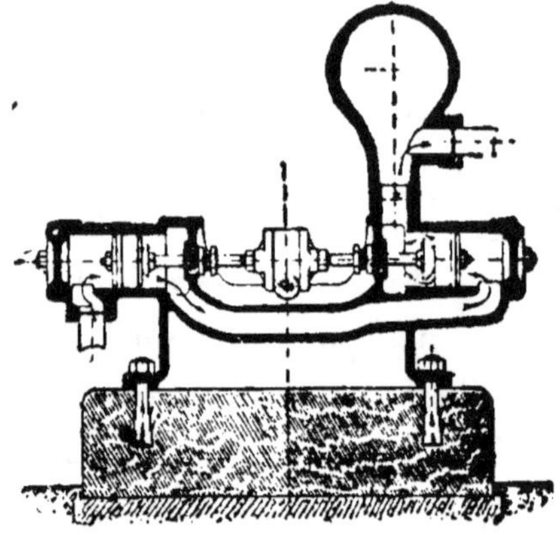

Fig. 77.

Coupe de la pompe à courant continu.

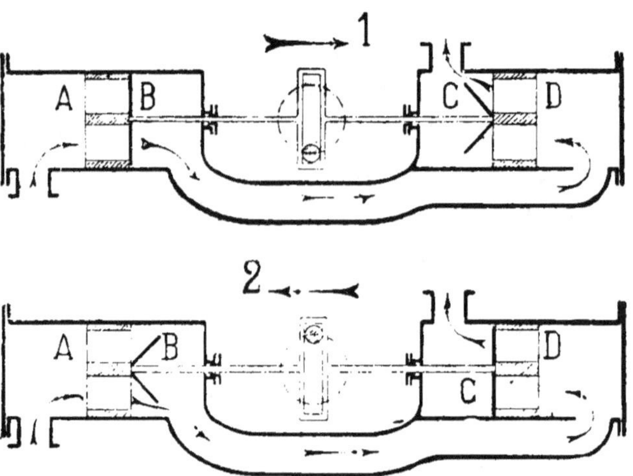

Fig. 78. — Détail du mécanisme de la pompe à courant continu.

Cette pompe s'amorce seule, comme les pompes rotatives.

La pompe d'une blanchisserie se place le plus près

possible du niveau de l'eau à puiser et à élever, mais à proximité des appareils de transmission de la force.

Voici, ci-contre (*fig.* 79), l'installation d'une pompe au fond d'un puits, la force motrice étant donnée au besoin par un manège à traction de cheval (*fig.* 80).

L'eau étant amenée dans des réservoirs situés à une certaine hauteur, elle est distribuée en différents endroits de la blanchisserie, soit par des tuyaux en fer, soit par des tuyaux en plomb.

Les différents robinets de bassins ou de lavoirs, pour permettre l'écoulement des eaux servant au lavage sont :

1° Le robinet à

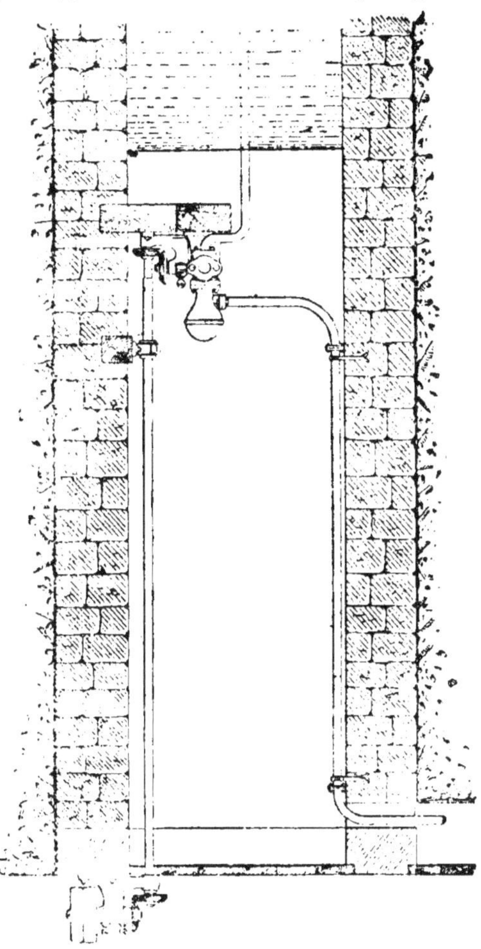

Fig. 79. — Installation d'une pompe dans un puits.

colonne avec déversoir tournant (*fig.* 81) ;

2° Le robinet d'applique et également à déversoir tournant (*fig.* 82) ;

3° Le robinet à boisseau ordinaire renversé, mais à long col de cygne (*fig.* 83) ;

4° Le robinet de lavoir à bascule (*fig.* 84).

L'eau ayant servi au lavage ou au lessivage, et qui peut encore servir à divers usages, notamment à l'essan-

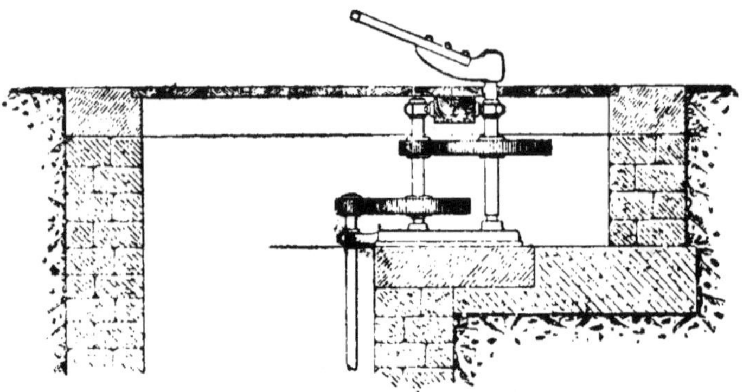

Fig. 80. — Pompe actionnée par manège.

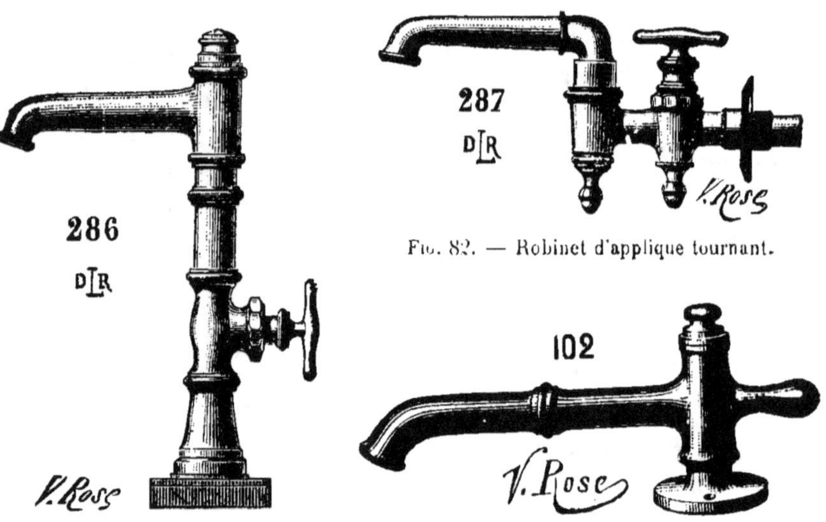

Fig. 81. — Robinet de bassin.

Fig. 82. — Robinet d'applique tournant.

Fig. 83. — Robinet de bassin dit renversé.

geage du linge, est recueillie dans une citerne, et élevée ensuite dans des réservoirs spéciaux à l'aide d'un petit appareil appelé : élévateur à jet de vapeur (*fig.* 85). Cet appareil est fort apprécié dans les blanchisseries, pour faciliter le remploi des vieilles lessives et des eaux de savon.

Pour l'évacuation des eaux, on dispose des tuyaux ou mieux des caniveaux d'un fort diamètre et à forte pente pour éviter le stationnement des eaux de savon. Malgré cela, une grille mobile sera placée à l'orifice de ces tuyaux ou caniveaux pour arrêter au passage les pièces de linge entraînées par l'eau. C'est aussi dans ce but qu'on donne aux bondes du fond des bassins ou lavoirs une disposition spéciale, ainsi que le montre la figure 86 ci-contre.

Vapeur. — On peut dire qu'après l'eau, la vapeur est l'agent principal du blanchissage moderne. A l'heure actuelle, la vapeur sert, non seulement comme force motrice pour l'essangeage, le lavage et le repassage à la machine, mais elle sert encore pour essanger,

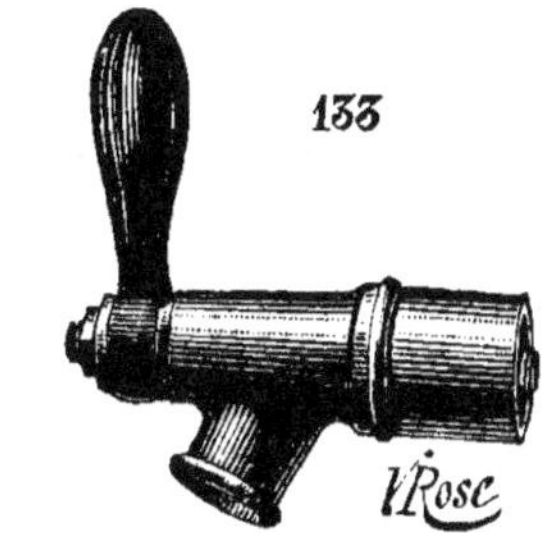

Fig. 84. — Robinet de lavoir.

Fig. 85. — Élévateur d'eau à jet de vapeur

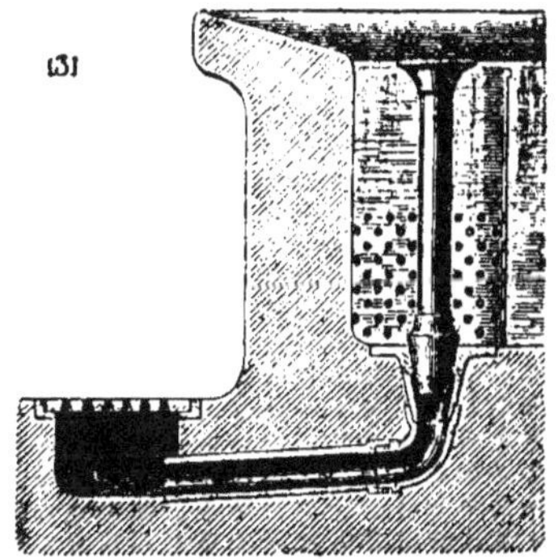

Fig. 86.
Bonde de bassin, dite bonde de fond.

laver, rincer, sécher et repasser. C'est, en somme, un
auxiliaire des plus précieux ; et quand, dans une installation, on sera assuré de la quantité et de la qualité des
eaux, on devra, aussitôt après, s'occuper de la production
de la vapeur en grande quantité aussi et bien entendu,
au meilleur compte possible.

Chaudières à vapeur. — Les chaudières à vapeur sont horizontales ou verticales. Elles sont à grand volume, à moyen volume et à très petit volume d'eau par rapport à la surface chauffée. Ce sont par groupes : les chaudières à bouilleurs, les chaudières tubulaires ou semi-tubulaires, et les chaudières multitubulaires.

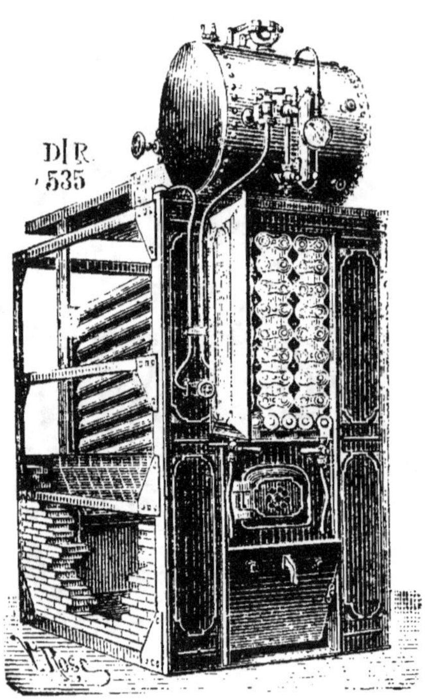

Fig. 87. — Chaudière multitubulaire inexplosible.

Comme dans une usine de blanchisserie,
il faut pouvoir monter vite en pression et s'y maintenir,
bien que, parfois, on enlève d'un coup de très grandes
quantités de vapeur à la chaudière, on arrêtera son choix
sur une chaudière du deuxième groupe : les chaudières
tubulaires ou semi-tubulaires.

La petite chaudière verticale multitubulaire pourra
convenir à de petites installations, là où l'on ne traite
pas plus de 1 000 kilogrammes de linge pesé sec par

jour. La chaudière multitubulaire est à haute pression, elle a la vaporisation facile et prompte, et on peut la placer dans les locaux habités, c'est-à-dire là où les autres systèmes ne seraient pas tolérés par le service des mines.

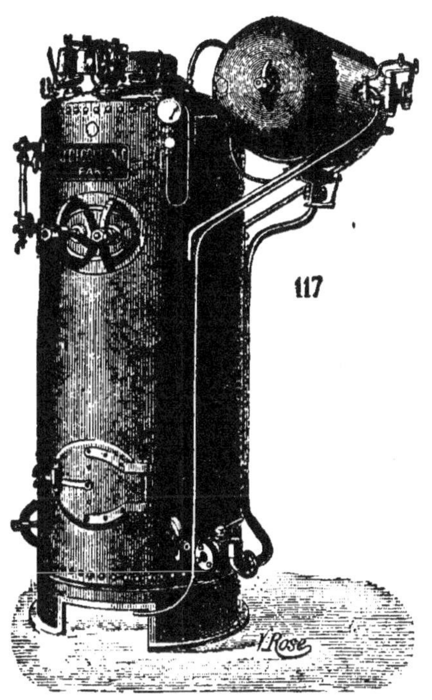

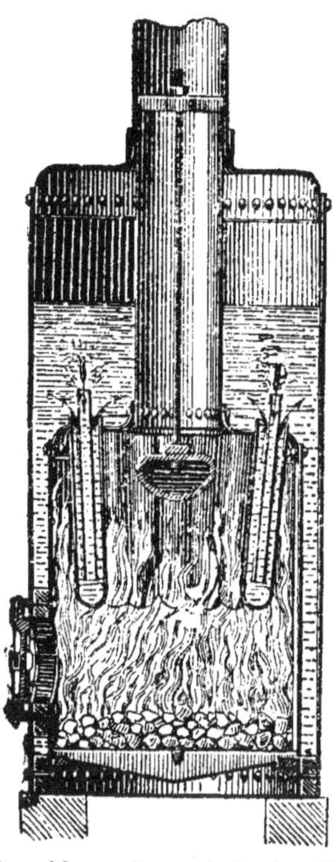

Fig. 88. — Chaudière verticale inexplosible.   Fig. 89. — Coupe de la chaudière.

Voici les trois types de chaudières que nous pouvons proposer, et dont le choix définitif reste subordonné aux exigences de la situation.

La *chaudière multitubulaire inexplosible* (*fig.* 87) à retour de flamme. — Ces chaudières sont livrées munies des accessoires suivants : Soupapes de sûreté, indicateur de niveau d'eau, manomètre, clapet de retenue, robinets de jauge, de niveau d'eau et de vidange, grille.

La *chaudière verticale inexplosible* (*fig.* 88 et 89) à tubes de circulation. — Les avantages de ce système sont les suivants : Mise en pression rapide, sécurité absolue, les explosions étant impossibles. Installation dans un espace restreint.

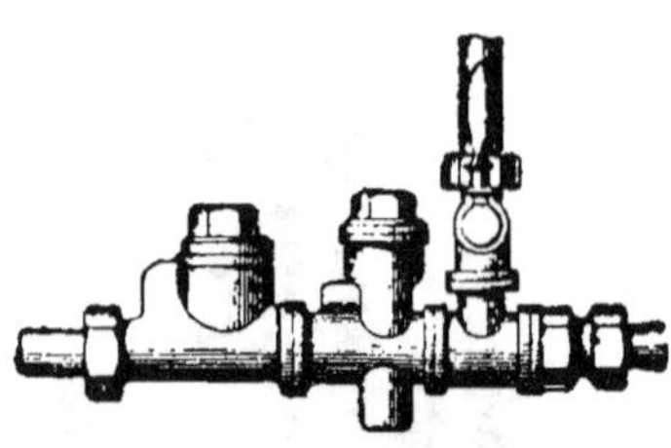

Fıo. 90. — Injecteur d'alimentation des chaudières.

La *chaudière tubulaire* (*fig.* 91), à retour de flamme et foyer amovible. — Système Thomas et Laurens.

Les *chaudières semi-tubulaires* (*fig.* 92) à retour de flamme et foyer amovible, avec vaste réservoir d'eau et de vapeur pour fourneau en briques, système Thomas et Laurens, perfectionné.

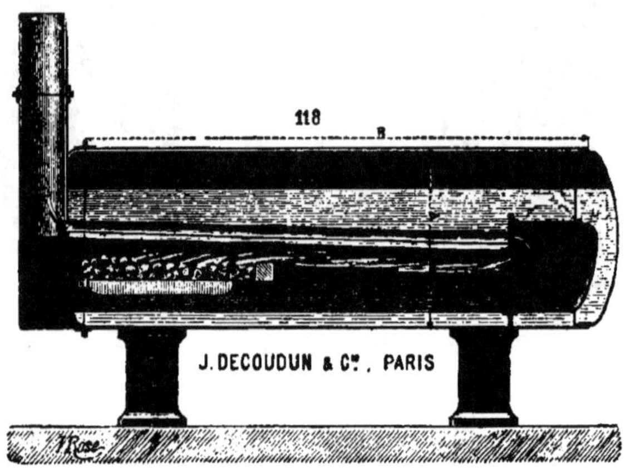

Fıo. 91. — Chaudière tubulaire à foyer amovible.

La vapeur une fois produite est canalisée et distribuée comme l'eau. Une conduite spéciale sert à l'alimentation des moteurs, puis une autre conduite, générale celle-là, dessert les cuviers, les appareils réchauffeurs d'eau et

ceux destinés à élever les liquides. La vapeur d'échappement est aussi conduite dans des séchoirs, où elle passe
dans des tuyaux à ailettes, avant de s'échapper à l'air
libre. En règle générale, la vapeur d'échappement ne
peut être utilisée que pour chauffer en passant dans son

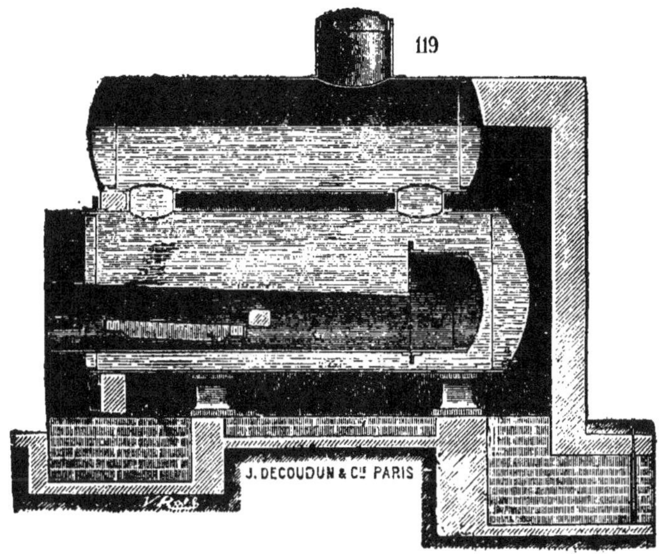

Fig. 92. — Chaudière semi-tubulaire à foyer amovible.

tuyau d'échappement, car chargée d'huile de graissage,
elle ne peut servir ni à l'alimentation des chaudières ni
à réchauffer, par absorption, l'eau de lavage. Le tuyau
d'échappement de la machine à vapeur doit toujours
s'élever, monter et non descendre, pour éviter toute condensation dans les cylindres ou bien une mise en charge
de la vapeur de condensation qui s'en échappe.

Appareils à réchauffer l'eau. — Le tuyau de vapeur
qui passe près des cuviers porte, par cuvier, une tubulure qui se branche sur l'éjecteur ou le serpentin de ce
cuvier.

Au-dessus des machines à laver, lorsqu'elles sont du modèle français, on place un bac réchauffeur pour l'eau de lavage et de rinçage. L'eau froide arrive à la partie supérieure de ce bac par un robinet à flotteur, qui maintient un niveau constant dans le bac, au fond duquel court un serpentin de vapeur, lequel se termine à l'intérieur même du récipient par un petit appareil, dont nous donnons le dessin ci-dessous (*fig.* 93).

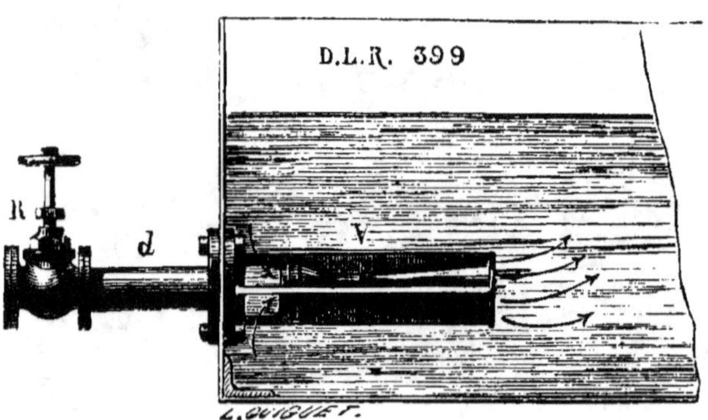

Fig. 93. — Réchauffeur d'eau à jet de vapeur.

Cet appareil est fixé au bas du réservoir ou à l'extrémité du serpentin. Il réchauffe sans bruit. Une circulation très active est établie en V par le mélange de la vapeur avec l'eau, qui est ainsi très rapidement chauffée.

Régulateur automatique de température. — De même que le flotteur du robinet supérieur règle l'arrivée de l'eau froide, il est aussi nécessaire de régler l'arrivée de la vapeur dans un bac à réchauffer l'eau, pour éviter toute perte inutile de vapeur, et pour assurer de même, toujours, une température suffisante à l'intérieur du bac. Dans la plupart des blanchisseries on règle cette arrivée de vapeur avec l'appareil de A. Detay, dont MM. Delaroche et ses neveux sont les concessionnaires. Cet appareil, ainsi que le montre la figure ci-contre, permet de maintenir indéfiniment et automatiquement une température constante dans un liquide quelconque alimenté par la vapeur. Il en arrête automatiquement l'arrivée de celle-ci, la modère ou l'augmente, dès que la température du liquide s'élève ou s'abaisse au-dessus ou au-dessous du degré pour lequel l'appareil a été réglé tout d'abord. Les variations de pression dans le générateur de vapeur n'ont aucune influence sur le fonctionnement de l'appareil, dont l'emploi fait réaliser une grande économie, en empêchant toute dépense inutile de vapeur, et en assurant, au meilleur marché possible, la quantité d'eau chaude et bouillante nécessaire à l'alimentation des machines à laver et rincer le linge. L'appareil Detay (*fig.* 94) se monte facilement comme un robinet, sans garniture en chanvre, mastic ou minium.

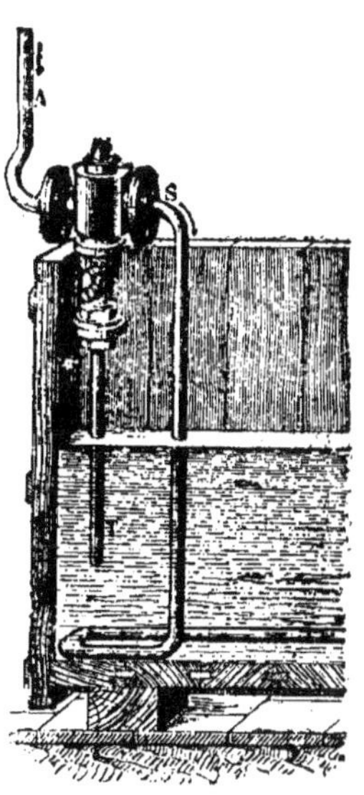

Fig. 94.
Régulateur automatique
de température.

En A est l'arrivée de la vapeur ;

T, le tube thermométrique ;

S, sortie de la vapeur à laquelle on peut rattacher un serpentin, un barboteur, ou le réchauffeur mélangeur ci-dessus décrit.

Pour régler cet appareil, il suffit d'ouvrir la vapeur en plein, en desserrant d'un tour de vis l'écrou du tube T. Quand l'eau du bac arrive à 5 degrés près au degré voulu, serrer doucement avec la main ou avec une clé cet écrou, en s'arrêtant à la moindre résistance. L'appareil est ainsi réglé. et l'on n'aura à y toucher que lorsqu'on voudra obtenir un liquide plus chaud ou moins chaud.

Canalisation et tubulures. — L'eau chaude et l'eau froide arrivent près des machines à laver par deux tubulures différentes, qui peuvent néanmoins se confondre lorsqu'on veut abaisser le degré de température de l'eau chaude. D'ordinaire l'eau entre dans les machines à laver et à rincer par l'axe des tourillons. Dans les machines à laver et à lessiver on peut également introduire la vapeur dans la machine, soit en la mettant directement en contact avec l'eau, qu'elle entraîne, soit, comme dans les machines à double enveloppe, en faisant jouer au tube d'arrivée de vapeur le rôle d'un barboteur à l'intérieur même de la machine (page 157).

Là où l'on ne dispose pas de vapeur, on emploiera les appareils à chauffer l'eau que nous avons décrit au chapitre du blanchissage dans les petites buanderies particulières ou de famille.

Dans certaines blanchisseries, les bacs réchauffeurs d'eau sont placés au pied des machines. Le conducteur de ces machines règle à la main l'arrivée d'eau froide et de vapeur selon ses besoins. Le tube de vapeur plonge dans l'eau du bac, serpente au fond de celui-ci, et se termine par un orifice aplati qui forme barboteur. Le conducteur des machines appelé *laveur* puise cette eau réchauffée ainsi avec un seau pour l'introduire dans la machine à laver. Cette disposition, comme on en jugera, n'est pas la meilleure.

La canalisation de vapeur, servant à chauffer les cylindres et les tuyaux des séchoirs, des machines à sécher et à calandrer, aboutit directement à ces cylindres ou à ces tuyaux. La vapeur est recueillie ensuite dans un appareil appelé « purgeur », et qui ne laisse échapper que la vapeur condensée.

Le principe du purgeur repose sur la dilatation des métaux. Le cuivre et le fer, par exemple, n'ont pas une dilatation semblable. On en profite pour brancher deux tiges, l'une en fer, l'autre en cuivre, sur les deux bras d'un levier, qui vient fermer ou ouvrir tour à tour l'orifice du tuyau de vapeur d'échappement. Lorsque cette vapeur est condensée, le robinet s'ouvre pour laisser passer l'eau de condensation. Il se referme aussitôt au contact de la vapeur non condensée, pour attendre le moment où celle-ci se transformera par utilisation en eau. Le purgeur Richard, que nous avons précédemment décrit, et qui a remplacé la dilatation linéaire par la dilatation cubique, nous semble le meilleur. Les eaux de condensation étant des eaux distillées sont toutes recueillies pour l'alimentation des chaudières.

Force motrice. — Si le générateur de vapeur n'est jamais trop puissant dans une blanchisserie, le moteur à vapeur doit de même être capable d'un effort considérable (environ un tiers en plus) que ne l'exigent strictement les machines et appareils qu'il devra mettre en mouvement et entraîner.

Les machines à laver et les essoreuses fonctionnent par intermittences et avec de grandes variations dans la charge et dans la vitesse qu'on leur imprime.

Le moteur horizontal, qui est aussi le plus robuste et qui résiste le mieux à ces à-coups dans la marche des machines-outils d'une blanchisserie, est à recommander. Les organes du moteur doivent être construits en prévision de ces divers inconvénients, et, disons-le de suite, les machines à grande vitesse sont, à cause de cela, peu en faveur chez les blanchisseurs.

Nous empruntons à MM. Delaroche et ses neveux, quelques modèles de moteur à vapeur, qui nous semblent devoir convenir à toutes les installations, petites et grandes.

C'est d'abord la *machine universelle horizontale*, deux chevaux (*fig.* 95). Nombre de tours : deux cents ; et la *machine universelle verticale*, montée sur chaudière à vapeur (*fig.* 96), puis la *machine universelle verticale* (*fig.* 97).

Fig. 95. — Petite machine horizontale, 2 chevaux, modèle Decoudun.

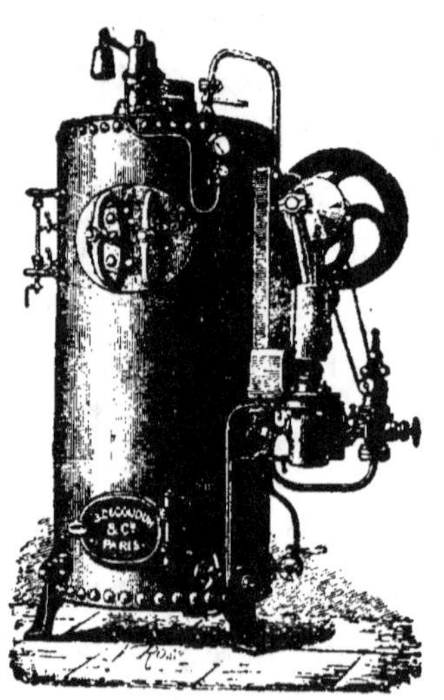

Fig. 96. — Machine montée sur chaudière, 2 chevaux.

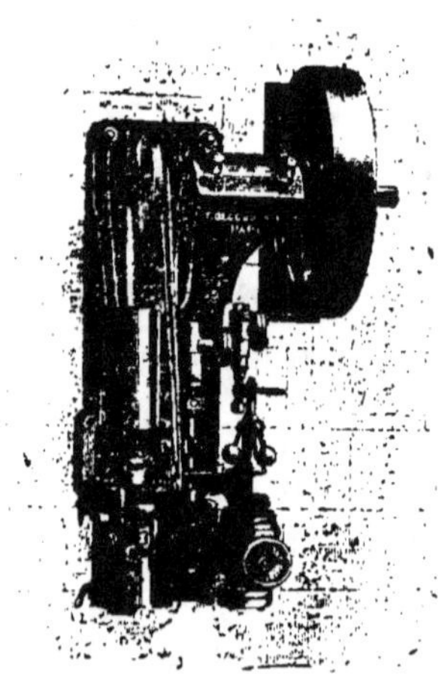

Fig. 97. — Petite machine verticale, 2 chevaux. modèle Decoudun.

La *machine à vapeur verticale* « *standard* », genre pilon, avec régulateur de trois à vingt chevaux. Ces machines (*fig*. 98), prennent très peu de place et sont particulièrement recommandées pour les petites industries. — Le volant peut être placé à l'une ou l'autre des extrémités de l'arbre.

Ces machines sont construites pour fonctionner sous une pression maxima de 5 kilogrammes.

Fig. 98. — Machine à vapeur verticale, genre Pilon.

Fig. 99. — Machine et chaudière accouplées sur un même socle

La *machine à vapeur verticale « robuste »*, force trois chevaux. — La construction de ce type de machine (*fig*. 99) perfectionnée, est très soignée ; ses organes simples et solides sont en matières de premier choix.

La machine et la chaudière réunies sur un socle commun, forment un ensemble solide et facile à installer.

La *machine à vapeur horizontale « Windsor »* (*fig*. 100) de six à dix chevaux, qui fait cent-vingt-cinq tours.

La *machine à vapeur horizontale « phénix »* (*fig.* 101), de la force de huit chevaux ; avec cent tours.

Fig. 100. — Machine horizontale ordinaire.

Manège. — Dans les blanchisseries où l'on ne dispose pas de la vapeur, on obtient la force motrice néces-

Fig. 101. — Machine horizontale modèle Decoudun.

saire à la mise en marche des machines à laver et à essorer, à l'aide d'un manège à traction de cheval. Voici un modèle de manège (*fig.* 102) avec cuve en fonte supportant et enfermant le mécanisme. L'attelage à arceau peut être remplacé par une barre à palonnier.

Fig. 102. — Manège avec cuve en fonte.

Transmissions et courroies. — La force motrice est transmise aux différents appareils par les transmissions

Fig. 103. — Transmission.

de mouvements (*fig.* 103), et les courroies en cuir, coton, et poil de chameau. Ces dernières sont préférables, car l'humidité des buanderies les attaque moins.

Extrait du décret du 30 avril 1880 concernant les chaudières à vapeur.

Titre 1er. — Art. 2. — Aucune chaudière neuve ne peut être mise en service qu'après avoir subi l'épreuve réglementaire ci-après définie. Cette épreuve doit être faite chez le constructeur et sur sa demande.

Toute chaudière venant de l'étranger est éprouvée avant sa

mise en service, sur le point du territoire français désigné par le destinataire sur sa demande.

Art. 3. — Le renouvellement de l'épreuve peut être exigé de celui qui fait usage d'une chaudière :

1° Lorsque la chaudière ayant servi est l'objet d'une nouvelle installation ;

2° Lorsqu'elle a subi une réparation notable ;

3° Lorsqu'elle est remise en service après un chômage prolongé.

A cet effet, l'intéressé devra informer l'ingénieur des mines de ces diverses circonstances.

L'ingénieur des mines pourra exiger le renouvellement de l'épreuve, lorsqu'il suspectera la solidité d'une chaudière.

Enfin, en aucun cas, l'intervalle entre deux épreuves ne sera *supérieur à dix années;* avant l'expiration de ce délai, celui qui fait usage d'une chaudière doit lui-même demander le *renouvellement de l'épreuve.*

Art. 6. — Chaque chaudière est munie de deux soupapes de sûreté.

Art. 7. — Toute chaudière est munie d'un manomètre en bon état, en vue du chauffeur.

Une marque très apparente indique sur l'échelle du manomètre la limite que la pression ne doit pas dépasser.

Art. 8. — Chaque chaudière est munie d'une soupape de retenue automatique placée au point d'ouverture du tuyau d'alimentation.

Art. 9. — Chaque chaudière est munie d'un robinet d'arrêt de vapeur placé à l'origine du tuyau de conduite à vapeur, sur la chaudière même.

Art. 10. — Le niveau de l'eau doit être maintenu dans la chaudière à une hauteur de marche telle, qu'il soit, en toutes circonstances, à six centimètres (0^m,06) au moins au-dessus du plan délimitatif des parois en contact par une de leurs faces avec la flamme.

Art. 11. — Chaque chaudière est munie de deux appareils indicateurs de niveau d'eau, indépendants l'un de l'autre, et placés en vue du chauffeur.

L'un de ces indicateurs sera un tube en verre.

Titre II. — Art. 12. — Toute chaudière à vapeur ne peut être mise en service qu'après une déclaration adressée par celui qui en fait usage, au préfet du département ; cette déclaration est enregistrée à sa date, il en est donné acte.

Art. 13. — La déclaration fait connaître avec précision :

1° Le nom et le domicile du vendeur de la chaudière ou son origine ;

2° La commune où habite le propriétaire et dans quel rayon elle sera installée ;

3° La forme, la capacité et la surface de chauffe ;

4° Le numéro du timbre réglementaire ;

5° Un numéro destinatif de la chaudière, si le propriétaire en possède plusieurs ;

6° Enfin, le genre d'industrie et l'usage auquel elle est destinée.

Art. 14. — Les chaudières sont divisées en trois catégories:

Cette classification est basée sur le produit de la multiplication du nombre exprimant en mètres cubes la capacité totale de la chaudière avec ses bouilleurs et ses réchauffeurs alimentaires (mais sans y comprendre les surchauffeurs de vapeur), par le nombre exprimant en degrés centigrades l'excès de la température de l'eau correspondant à la pression indiquée par le timbre réglementaire sur la température de 100 degrés, conformément à la table ci-après annexée au présent décret :

Pression effective en kilogrammes	Température correspondante en degrés centigrades	Pression effective en kilogrammes	Température correspondante en degrés centigrades
3 k. 0	143 degrés	7 k. 0	170 degrés
3 5	147 —	7 5	173 —
4 0	149 —	8 0	175 —
4 5	151 —	8 5	177 —
5 0	158 —	9 0	179 —
5 5	161 —	9 5	181 —
6 0	164 —	10 0	183 —
6 5	167 —	10 5	185 —

Si plusieurs chaudières doivent fonctionner ensemble dans un même emplacement, et si elles ont entre elles une communication quelconque, directe ou indirecte, on prend, pour former le produit, comme il vient d'être dit, la somme des capacités de ces chaudières.

Les chaudières sont de la première catégorie quand le produit est plus grand que 200 ; de la deuxième, quand le produit n'excède pas 200, mais surpasse 50 ; de la troisième, si le produit n'excède pas 50.

Art. 15. — Les chaudières comprises dans la première catégorie doivent être établies en dehors de toute maison d'habitation et de tout atelier surmonté d'étages. N'est pas considérée comme un étage au-dessus de l'emplacement d'une chaudière, une construction dans laquelle ne se fait aucun travail nécessitant la présence d'un personnel à poste fixe.

Art. 16. — Il est interdit de placer une chaudière de première catégorie à moins de 3 mètres d'une maison d'habitation.

Lorsqu'une chaudière de première catégorie est placée à moins de 3 mètres d'une maison d'habitation, elle en est séparée par un mur de défense.

Ce mur, en bonne et solide maçonnerie, est construit de manière à défiler la maison par rapport à tout point de la chaudière distant de moins de 10 mètres, sans toutefois que sa hauteur dépasse de 1 mètre la partie la plus élevée de la chaudière. Son épaisseur est égale au tiers au moins de la hauteur, sans que cette épaisseur puisse être inférieure à 1 mètre en couronne. Il est séparé du mur de la maison voisine par un intervalle libre de 30 centimètres de largeur au moins.

L'établissement d'une chaudière de première catégorie à la distance de 10 mètres au plus d'une maison d'habitation n'est assujetti à aucune condition particulière.

Les distances de 3 mètres et de 10 mètres, fixées ci-dessus, sont réduites respectivement à 1^m 50 et à 5 mètres, lorsque la chaudière est enterrée de façon que la partie supérieure de ladite chaudière se trouve à 1 mètre en contre-bas du sol du côté de la maison voisine.

Art. 17. — Les chaudières comprises dans la deuxième catégorie peuvent être placées dans l'intérieur de tout atelier, pourvu que l'atelier ne fasse pas partie d'une maison d'habitation.

Les foyers sont séparés des murs des maisons voisines par un intervalle libre de 1 mètre au moins.

Art. 18. — Les chaudières de troisième catégorie peuvent être établies dans un atelier quelconque, même lorsqu'il fait partie d'une maison d'habitation.

Les foyers sont séparés des murs des maisons voisines par un intervalle libre de $0^m,50$ au moins.

Art. 19. — Les conditions d'emplacement prescrites pour les chaudières à demeure, par les précédents articles, ne sont pas applicables aux chaudières pour l'établissement desquelles il aura été satisfait au décret du 25 janvier 1865, antérieurement à la promulgation du présent règlement.

Art. 20. — Si, postérieurement à l'établissement d'une chaudière, un terrain contigu vient à être affecté à la construction d'une maison d'habitation, celui qui fait usage de la chaudière devra se conformer aux mesures prescrites par les articles 16, 17 et 18, comme si la maison eût été construite avant l'établissement de la chaudière.

Art. 21. — Indépendamment des mesures générales de sûreté prescrites au titre premier de la déclaration prévue par les articles 12 et 13, les chaudières à vapeur fonctionnant dans l'intérieur des usines sont soumises aux conditions que pourra prescrire le préfet, suivant les cas et sur le rapport de l'ingénieur des mines.

Titre III. — Art. 22. — Sont considérées comme locomobiles les chaudières qui peuvent être transportées facilement d'un lieu dans un autre, n'exigent aucune construction pour fonctionner sur un point donné, et ne sont employées que d'une manière temporaire à chaque station.

Art. 24. — Chaque chaudière porte une plaque sur laquelle sont gravés, en caractères très apparents, le nom et le domicile du propriétaire, et un numéro d'ordre, si ce propriétaire possède plusieurs locomobiles.

Art. 25. — Elle est l'objet de la déclaration prescrite par les articles 12 et 13 adressée au préfet du département où est le domicile du propriétaire. L'ouvrier chargé de la conduire devra à toute réquisition présenter le récépissé de cette déclaration.

Titre V. — Art. 38. — Sont soumis aux dispositions suivantes les récipients de formes diverses d'une capacité de plus de 100 litres, au moyen desquels les matières à élaborer sont chauffées, non directement à feu nu, mais par de la vapeur empruntée à un générateur distinct, lorsque leur communication avec l'atmosphère n'est point établie par des moyens excluant toute pression effective nettement appréciable.

Art. 31. — Ces récipients sont assujettis à la déclaration prescrite par les articles 12 et 13.

Ils sont soumis à l'épreuve conformément aux articles 2, 3, 4 et 5. Toutefois, la surcharge d'épreuve sera, dans tous les cas, égale à la moitié de la pression maximum, à laquelle l'appareil doit fonctionner, sans que cette surcharge puisse excéder 4 kilogrammes par centimètre carré.

Art. 32. — Ces récipients sont munis d'une soupape de sûreté réglée pour la pression indiquée par le timbre, à moins que cette pression ne soit égale ou supérieure à celle fixée pour la chaudière alimentaire.

L'orifice de cette soupape convenablement déchargée ou surélevée au besoin, doit suffire à maintenir, pour tous les cas, la vapeur dans le récipient à un degré de pression qui n'excède pas la limite du timbre.

Elle peut être placée, soit dans le récipient lui-même, soit sur le tuyau d'arrivée de la vapeur, entre le robinet et le récipient.

Titre VI. — Art. 36. — Ceux qui font usage de générateurs veilleront à ce que ces appareils soient entretenus constamment en bon état de service.

A cet effet, ils tiendront la main à ce que des visites complètes, tant à l'intérieur qu'à l'extérieur, soient faites à des intervalles rapprochés, pour constater l'état des appareils et assurer l'exécution, en temps utile, des réparations ou remplacements nécessaires.

Ils devront informer les ingénieurs des réparations notables faites aux chaudières.

Autres moteurs. — Quand une blanchisserie sera installée près des cours d'eau lui offrant en même temps que l'eau la force motrice nécessaire à l'entraînement des machines-outils, on pourra remplacer le moteur à vapeur par le moteur hydraulique qui ne dépense rien.

Mais les autres moteurs, au gaz, au pétrole, à la gazoline, etc., ne peuvent convenir à une blanchisserie, où il faut, quand même et toujours de la vapeur, soit pour l'ascension des lessives dans les cuviers, soit pour réchauffer l'eau dans les bacs ou bassins ; le chauffage des machines à repasser, à sécher, etc.

Le moteur à gaz ou au pétrole ne trouvera sa place que dans les toutes petites installations.

Petit matériel. — Au fur et à mesure des opérations du blanchissage, nous avons décrit en même temps les machines et appareils en usage. Nous n'y reviendrons pas. Il nous reste seulement à parler du

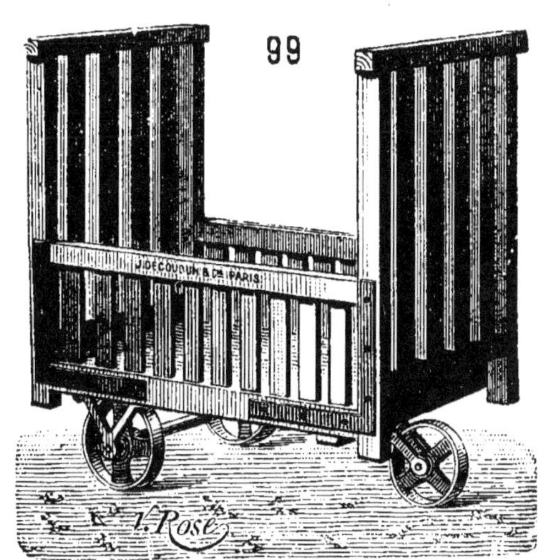

Fig. 104. — Chariot tricycle.

petit matériel, et, en première ligne, des moyens de transport du linge à l'intérieur de la blanchisserie. Ces transports se font suivant le cas dans le sens horizontal ou dans le sens vertical.

Quand le linge va de la salle de réception à la buanderie, ou quand il en revient, on le place dans une espèce de chariot tricycle (*fig.* 104) qui se fait en deux grandeurs.

1° Longueur intérieure : 0^m,780, largeur : 0^m,600 ;

2° Longueur intérieure : 0^m,630, largeur : 1^m,350.

Pour transporter le linge sortant de la machine à laver et à rincer dans les bassins, on se sert d'un chariotbrouette (*fig.* 105) dont le peu de hauteur permet de le faire glisser facilement sous les machines.

Le tréteau fixe, ou à roulettes, les bancs pour recevoir le linge, les stalles pour abriter les laveuses, les baquets de toutes formes et de toutes grandeurs, complète ce matériel mobile spécial à la buanderie.

Pour les transports verticaux dont le but est de faire parvenir le linge à l'étage, soit pour le service des séchoirs à air libre ou greniers, soit pour toute autre raison, on se sert de treuils et de monte-charges (*fig.* 106). Tout le monde connaît ces divers appareils de levage. Il nous suffira de signaler celui dont les disposi-

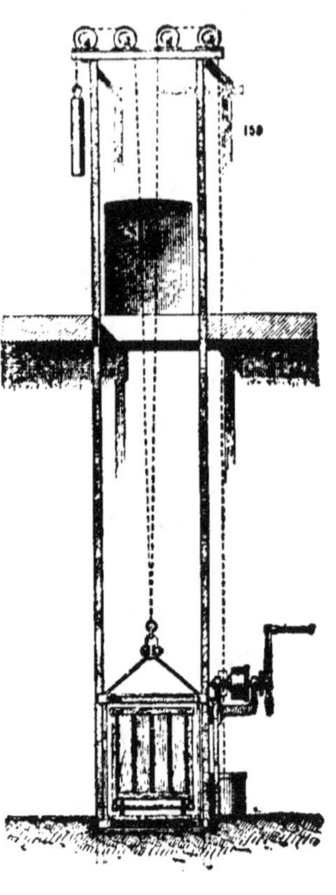

Fig. 105. — Chariot brouette.

Fig. 106.
Modèle de monte-charges.

tions ont été spécialement appropriées au service d'une blanchisserie par MM. Delaroche et ses neveux, et que représente notre figure.

Citons maintenant comme accessoires de la repasserie :

1° Le panier ou malle en osier pour le transport du linge fin et des chemises repassées ;

2° Le panier fort, à claire-voies, également en osier, pour le transport de gros linge repassé, lissé et plié ;

3° Le petit panier à anses appelé trottin pour les petites livraisons ;

4° Les tables à repasser, les tables à robes et à jupons, avec les couvertures et les toiles de coton qui les garnissent ;

5° Le tendeur et le métier à rideaux ;

6° La table à vapeur pour le repassage des vêtements de laine ;

7° L'appareil à brosser les effilés des serviettes ;

8° Les divers cylindres et tables spéciales pour le repassage et le glaçage des faux cols et des manchettes de chemises ;

9° Les enveloppes d'emballage ;

10° Les plaques de zinc, de carton, et les planchettes pour le serrage en paquets du linge cylindré ;

11° Les épingles en fer ou laiton pour l'empaquetage ;

12° Les faveurs, les fils rouges et bleus, et le bolducq ou petit ruban pour orner les pièces de linge réunies par paquet de dix ou de douze, ou par sortes.

CHAPITRE II

EXPLOITATION ET DIRECTION

Règles générales. — L'exploitation d'une blanchisserie change suivant les espèces de linge qu'on y traite, suivant aussi le genre de clientèle à laquelle on a à faire. L'installation proprement dite diffère peu, suivant qu'on blanchira le linge de la clientèle bourgeoise ou linge de famille, celui des restaurants, des hôtels à voyageurs, des coiffeurs, des établissements de bains, des pensions, hospices, hôpitaux, collèges, lycées ou administrations publiques et privées ; mais l'exploitation se fera pour chacun de ces différents genres de clientèle d'une manière particulière.

Cependant on se borne à classer les blanchisseries en quatre catégories principales : les *blanchisseries de linge de famille*, *les blanchisseries de linge commercial*, *les lavoirs*, *les blanchisseries avec location de linge*. Nous ne nous occuperons pour l'instant, que des deux premières, et nous les soumettrons tout d'abord à certaines règles générales, qui s'appliquent aussi bien aux unes qu'aux autres.

La question principale, dans une exploitation de ce genre, est l'établissement d'un tarif de prix assez rémunérateur, mais qui permette encore de lutter, à armes égales, avec la concurrence. De là, l'établissement des prix de revient dont le bénéfice est la résultante. Puis, nous aurons à examiner quels sont et quels doivent être les rapports de la direction avec le personnel et la clientèle, le règlement intérieur d'une blanchisserie, ses us et coutumes, sa comptabilité, et enfin, nous jetterons un dernier coup d'œil sur l'ensemble des services fonctionnant sous une direction unique, attentive et méthodique.

Tarifs des prix. — Nous ne pouvons mieux faire qu'en donnant ici le tarif des prix dressé par la chambre syndicale des blanchisseurs et buandiers, en tête duquel on lit ce préambule :

Tarif du blanchissage du linge dressé par le syndicat des Blanchisseurs et Buandiers de France

Le présent Tarif, élaboré par une Commission spéciale composée de Blanchisseurs compétents, a été examiné en seconde lecture par le Bureau et par la Chambre syndicale arbitrale qui l'a ratifié.

Adopté ensuite, après discussion, par la Société et Chambre syndicale, dans son Assemblée générale du 21 septembre 1894, il a pour principe de servir de base dans les différends pour lesquels la Chambre syndicale est appelée à prononcer à titre d'arbitre et aussi de servir de guide aux transactions commerciales : marchés de gré à gré, adjudications, etc., entre les Blanchisseurs et leurs Clients.

Après un examen sérieux du prix de revient du blanchissage du linge estimé d'après les prix réels de la main-d'œuvre, des marchandises et matières premières employées, il pourra être appliqué, partout où besoin sera, soit pour augmenter ou soit pour diminuer dans de justes proportions les prix contestés, selon la nature des objets ou de l'entreprise.

1

CLIENTÈLE BOURGEOISE

Linge de maison

Drap de maitre, ordinaire	la pièce	0 25 à 0 30
— brodé ou calandré	—	0 50 à 0 60
Drap de domestiques	—	0 20 à 0 25
Taie de traversin ordinaire	—	0 20 à 0 30
Taie d'oreiller unie ordinaire	—	0 10 à 0 15
— — marq. brod. calandrée	—	0 15 à 0 20
— garnie et ouvragée	—	0 25 à 0 50
Serviette de table ordinaire	—	0 05 à 0 10
— calandrée ou cylindrée	—	0 15 à 0 20
Serviette de toil. angl. dite angl. à peluche	—	0 10 à 0 20
— petite ordinaire gaufrée	—	» »» à 0 05
Serviette à thé calandrée	—	0 10 à 0 15
— d'office calandrée	—	0 10 à 0 15
Nappe, le mètre superficiel, ordinaire toile	—	» »» à 0 10
— — damassée caland.	—	0 15 à 0 20
— d'office, le mètre courant	—	» »» à 0 10

Tablier valet et femme de chambre, ord..... la pièce	0 15 à 0 25
— — festonné et ouvragé............ —	0 25 à 0 50
— de cuisine et d'office div. et coul..... —	0 10 à 0 15
Essuie-mains simple..... .... —	» »» à 0 05
—. double................ —	» »» à 0 10
Torchon de cuisine et d'office................ —	0 05 à 0 10

Linge de corps. — Homme

Chemise d'homme. ordin., toile et percale.... la pièce	0 30 à 0 50
— fines ouvragées.......... —	0 50 à 0 75
— de soie................ —	0 75 à 1 00
— de nuit............ —	0 20 à 0 30
— — flanelle.......... —	0 50 à 0 60
Gilet de flanelle ordinaire................ —	0 25 à 0 40
— à neuf soufré.............. —	0 50 à 0 70
Tricot de laine ordinaire................ la pièce	» »» à 0 50
— à neuf soufré............. —	» »» à 0 75
Tricot de coton et toile. .... —	0 20 à 0 40
Tricot de soie, caleçon et gilet ordinaire...... —	0 50 à 0 60
— — à neuf........ —	0 75 à 1 00
Bas et chaussettes. fil et coton, blanc et coul.. la paire	0 10 à 0 20
— laine ordinaire........ .... —	» »» à 0 15
— — à neuf............ —	0 30 à 0 40
— soie. ordinaire.......... —	0 40 à 0 50
— — à neuf............ —	» »» à 0 60
Mouch. de poche, fichu et madras bl. et coul. la pièce	0 05 à 0 15
Foulard blanc et couleur, ordinaire.......... —	0 15 à 0 25
— — à neuf........... —	» »» à 0 40
Cravate blanche simple et montée.......... —	0 10 à 0 40
Faux-cols divers .... —	0 05 à 0 15
Manchettes diverses.................. la paire	0 10 à 0 20
Pantalon, blanc et couleurs div. ordinaire..... la pièce	0 50 à 0 75
— — — empesé..... —	0 75 à 1 00
Guêtres.......................... la paire	0 30 à 0 40

Pour les jeunes gens au-dessous de douze
ans, de 40 à 60 0/0 de diminution sur tous les
objets simples, excepté les objets de fantaisie.

Linge de femme

Chemise de jour ordinaire.................. la pièce	0 25 à 0 40
— garnie et ouvragée.......... —	0 50 à 1 50
— de nuit ordinaire............ —	0 30 à 0 40
— — ouvragée................ —	0 50 à 1 50

Camisole simple de jour et de nuit...........   —   0 25 à 0 30
    —   garnie   —   ....   —   0 50 à 0 70
Pantalon simple, percale et toile............. la pièce 0 25 à 0 30
    —   garni et ouvragé...................   —   0 40 à 0 60
Jupon de percale et tricoté en coton, simple..   —   0 30 à 0 40
    —   uni simple empesé.........   —   0 50 à 0 60
    —   garni d'un volant ....   —   1 »» à 1 50
    —   —   tuyauté..   —   1 50 à 2 »»
    —   p. ch. volant tuyauté en plus   —   0 75 à 1 »»
    —   les volants simple en plus..   —   0 50 à 0 75
Peignoirs divers. simples............... ....   —   0 40 à 0 75
    —   —   garnis...................   —   1 00 à 3 50
                                                  (et au-dessus).
Robes blanches simples ....   —   (Selon le travail.)
    —   garnies de volants, diverses....   —   (id.)
Mouchoir de poche et fichu simple......... ..   —   0 05 à 0 10
    —   brodé et ourlet à jour ....   —   0 10 à 0 20
    —   garni et ouvragé.........   —   0 15 à 0 25
Bonnet de nuit simple......................   --   0 10 à 0 15
    —   garni, blanc ordinaire........   —   0 30 à 0 50
Fichu garni et à col.....................   --   0 15 à 0 40
Bas fil et coton......................... la paire 0 15 à 0 20

Pour le linge des jeunes personnes au-dessous de 12 ans, il sera fait une réduction de
40 à 60 0/0 sur le présent tarif.

Nota. — Les articles dont les chiffres sont
figurés par (»») ne pourront être taxés que sur
une estimation spéciale.

II

CLIENTÈLE D'HOTEL GARNI

Drap toile et coton, blanchissage ordinaire ... la pièce 0 15 à 0 20
    —   —   —   calandré....   —   0 30 à 0 40
Taie d'oreiller unie, blanchissage ordinaire...   —   0 08 à 0 10
    —   —   —   calandré ...   —   0 15 à 0 20
    —   garnie, calandrée simple.......   —   0 15 à 0 20
Serviette de table, blanchissage ordinaire.....   —   0 03 à 0 05
    —   —   —   calandrée.....   —   0 05 à 0 10
Serviette de toilette, blanchissage ordinaire ..   —   0 03 à 0 04
    —   anglaise-éponge   —   ..   —   0 10 à 0 15
Serviette de toilette. calandrée ....   —   0 04 à 0 08
Serviette à thé, calandrée.................   —   0 04 à 0 07
    —   d'office, calandrée.................   —   » »» à 0 03

Nappes diverses ordinaires......... le mèt. superfic. » »» à 0 05
— — calandré..... — » »» à 0 10
— d'office, le mètre courant............ — 0 05 à 0 10
Napperons divers, ordinaire.............. la pièce » »» à 0 10
— calandré................. — » »» à 0 25
Tablier de garçon et de femme de chambre. — » »» à 0 10
— d'office divers............ — » »» à 0 10
— de cuisine................ — » »» à 0 10
Torchon de cuisine et essuie-mains......... — 0 03 à 0 05

III

CLIENTÈLE DE RESTAURANTS ET CAFÉS

Serviette de table ordinaire................ la pièce 0 03 à 0 04
— calandrée................ — 0 04 à 0 08
Serviette à thé............................ — 0 03 à 0 06
Nappes diverses, le mètre superficiel ordinaire, — 0 05 à 0 06
— — calandrées, — » »» à 0 10
Napperons divers ordinaires............... — » »» à 0 10
— calandrés .... — » »» à 0 25
Nappe d'office, le mètre courant............ le mètre 0 05 à 0 10
Tablier de garçon de salle............ .... la pièce » »» à 0 10
— d'office et de cuisine................ — » »» à 0 10
Torchon de cuisine et essuie-mains.......... — 0 04 à 0 05

IV

CLIENTÈLE DE BOUCHERS, CHARCUTIERS ET PATISSIERS, ETC.

Tabliers d'étalier, d'abattoir et de laboratoire, la pièce 0 05 à 0 15
— ordinaires de dame de comptoir,... — 0 15 à 0 20
— plissés — .... — 0 30 à 0 40
Manches ordinaires pour dame de comptoir.. la paire 0 10 à 0 20
— plissées — — .. — » »» à 0 30
Nappes d'étal.. d'abat., et de labor., le mètre courant, » »» à 0 10
Torchons divers et essuie-mains............. la pièce » »» à 0 05
Banne de voiture, le mètre superficiel................. » »» à 0 10

V

CLIENTÈLE DE BAINS ET COIFFEURS

Serviettes diverses.......................... la pièce 0 03 à 0 04
Peignoir................................ — 0 15 à 0 20
Tabliers de garçon et fille de bain.......... — » »» à 0 10

VI

CLIENTÈLE DE PENSION POUR LES DEUX SEXES

(Pour le linge empesé, de jeunes gens, 25 0/0 en plus)

Jeunes garçons

Drap de toile et coton....................	la pièce	0 15 à 0 20
Chemise de jour simple...................	—	0 15 à 0 20
Chemise de nuit..........................	—	0 10 à 0 15
Blouses diverses.........................	—	0 25 à 0 30
Pantalons divers.........................	—	0 20 à 0 25
Bas, chaussettes	la paire	0 05 à 0 10
Mouchoirs divers et fichus...............	la pièce	0 03 à 0 05
Foulards divers..........................	—	0 05 à 0 10
Bonnet de nuit...........................	—	» »» à 0 05

Jeunes filles

Drap de toile et coton...................	la pièce	0 15 à 0 20
Chemise de jour et de nuit...............	—	0 15 à 0 20
Jupon et pantalon simple.................	—	0 15 à 0 20
Jupon et pantalon empesé.................	la pièce	0 20 à 0 40
Camisole.................................	—	0 15 à 0 20
Fichu à col..............................	—	0 10 à 0 15
Manchettes...............................	la paire	0 10 à 0 15
Bas.....................................	—	» »» à 0 10
Sarreau, blouse et tablier à manches.....	la pièce	0 10 à 0 25
Robe d'indienne simple...................	—	0 30 à 0 40
— empesée....................	—	0 50 à 0 75
Robe de laine...........................	—	» »» à 0 50
		(et au-dessus).

Les serviettes de table, de toilette, et tout
le linge de service en général, aux mêmes
conditions que le linge d'hôtel garni.

VII

CLIENTÈLE OUVRIÈRE (HOMME ET FEMME)

Hommes

Chemise de travail, toile, coton, blanc et coul.	la pièce	0 25 à 0 30
— habillée —	—	0 30 à 0 40
Caleçon toile ou coton...................	—	0 20 à 0 25
Cotte, veste, bougeron toile et coton........	—	0 20 à 0 25

BAILLY. — *Blanchissage.*   20

Blouse (blanc et couleur), toile.............. — 0 25 à 0 40
   — en laine............................. — 0 30 à 0 40
Pantalons divers......................... — 0 40 à 0 60
Bas et chaussettes divers................... la paire » »» à 0 10
Mouchoirs et madras divers, fil et coton..... la pièce » »» à 0 05
Foulards divers......................... — » »» à 0 10
Caleçon de laine........................ — 0 30 à 0 40

Apprentis (garçons)

Chemises diverses........................ la pièce 0 15 à 0 20
Cotte, bourgeron et veste de travail......... — » »» à 0 20
Blouse, toile et coton, blanc et couleur...... la pièce » »» à 0 20
   — de laine   — ...... — » »» à 0 25
Tablier de travail....................... — 0 05 à 0 10
Mouchoirs et foulards madras divers......... la pièce » »» à 0 10
Bas et chaussettes....................... la paire » »» à 0 10

Linge de femme et de ménage

Draps divers toile et coton................. la pièce 0 20 à 0 25
Taie d'oreiller.......................... — » »» à 0 10
Chemise... .... — » »» à 0 20
Jupon simple........................... — 0 20 à 0 25
   — empesé......................... — 0 50 à 0 60
   — garni, 1 vol. (chaque vol. en plus, 25 c.). — 0 60 à 1 »»
   — couleur simple.................... — 0 40 à 0 60
Pantalon simple......................... — » »» à 0 20
   — garni......................... — 0 25 à 0 30
Bas divers............................ la paire » »» à 0 10
Mouchoir et fichu simple.................. la pièce » »» à 0 05
Fichu garni et à col..................... — 0 10 à 0 25
Bonnet de nuit simple.................... — 0 05 à 0 10
   — de jour garni....................... — 0 25 à 0 40
Robes d'indienne diverses, simple........... — 0 50 à 0 75
   — empesée......... — 0 75 à 1 »»
       (et au-dessus).
Robe blanche simple..................... — 0 75 à 1 »»
       (et au-dessus).
   — garnie à volants............. — suiv. le trav.
   — laine......... .... — 0 75 à 1 »»
Sarreau et blouse de travail, indienne et toile. — 0 20 à 0 40
   — laine........... — 0 40 à 0 50
Tabliers divers......................... . — » »» à 0 10
   — laine .... — » »» à 0 15

Apprenties. — Jeunes filles

Chemises diverses.	la pièce	0 10 à 0 15
Jupon et pantalon simple.	—	0 15 à 0 20
— empesé.	—	0 25 à 0 50
Mouchoir et fichu simple..	la pièce	» »» à 0 05
Bas divers.	la paire	» »» à 0 10
Sarreau et blouse.	la pièce	0 20 à 0 30
Tabliers divers, simple.	—	» »» à 0 10
Robe d'indienne simple.	—	0 40 à 0 50
— — empesée.	—	0 50 à 0 75
— blanche simple.	—	0 50 à 0 60
— — garnie.	—	suiv. le trav.
— laine.	—	0 40 à 0 50
Essuie-mains, torchon et serviette de table et de toilette.	—	» »» à 0 05

Les rideaux, ameublement et literie, aux mêmes
conditions que le tarif d'hôtel garni.

VIII

TARIF POUR RIDEAUX, AMEUBLEMENTS ET OBJETS DE LITERIE

Clientèle bourgeoise

RIDEAUX EMPESÉS :

Rideaux de vitrage en mousseline unie, brochée et brodée, appartement, le mètre courant.	» »» à 0 25
Store dit grand vitrage, le mètre superficiel.	» »» à 0 25
Baldaquin de 16ᵐ à 19ᵐ,20 de superficie, le mètre carré.	» »» à 0 30
Les flèches, mêmes proportions, la pièce.	2 50 à 3 »»
Couvre-pieds divers mousseline simple.	1 »» à 1 50
— en piqué.	» »» à 2 00
Torsade et embrasse, la pièce.	0 10 à 0 30
Rideaux petit vitrage, le mètre courant.	0 15 à 0 20

Les rideaux garnis tuyautés subiront une plus-
value de 30 à 40 centimes par chaque mètre courant
de garnitures, les couvre-pieds et autres pièces détachées, de même.

RIDEAUX NON EMPESÉS :

Rideaux de vitrage, le mètre courant.	» »» à 0 20
Store, le mètre superficiel.	» »» à 0 20
Baldaquin, le mètre superficiel.	» »» à 0 20
Couvre-pieds.	0 75 à 1 »»
Rideaux de vitrage, office et cuisine, le mètre cour...	» »» à 0 15
Flèche seule.	1 50 à 2 »»

RIDEAUX DE PERSES ET COULEURS DIVERSES :

Rideaux d'appartement, simple	la pièce	0 75 à 1 »»
— empesé ou calandré..	—	1 25 à 1 50
Baldaquin simple	—	2 50 à 3 »»
— empesé ou calandré	—	4 »» à 5 »»
Flèche simple	—	2 »» à 2 50
— empesée ou calandrée	—	3 »» à 4 »»
Couvre-pieds simple	—	0 75 à 1 »»
— calandré	—	1 »» à 1 50

AMEUBLEMENT :

Housse de fauteuil, damas blanc et couleur, simple	—	0 75 à 1 25
Housse de fauteuil, damas blanc et couleur, empesée ou calandrée	—	1 50 à 2 »»
Housse de canapé, de piano ou de billard, damas blanc et couleur, simple	—	1 50 à 2 »»
Housse de canapé, de piano ou de billard, damas blanc et couleur, empesée ou calandrée.	—	2 »» à 5 »»
Housse de chaise, damas blanc et couleur, simple	—	0 60 à 0 75
Housse de chaise, damas blanc et couleur, empesée ou calandrée	—	1 »» à 1 25
Dessus et dossier, damas blanc et couleur, simple	—	0 10 à 0 25
Dessus et dossier, damas blanc et couleur, empesé ou calandré	—	0 25 à 0 50

LITERIE :

Toile à matelas damas, simple	—	0 50 à 0 60
— — calandrée	—	» »» à 1 25
Toile à matelas carreaux, simple	la pièce	0 40 à 0 50
— — calandrée	—	» »» à 1 »»
Couverture coton, simple	—	1 50 à 2 00
— laine, à neuf	—	2 00 à 3 »»

Il sera fait une réduction de 20 0/0 pour la clientèle d'hôtels garnis, restaurants, cafés, coiffeurs et ouvriers, sur les tarifs : rideaux, ameublement et objets de literie.

NOTA. — Les rideaux garnis et tuyautés subiront une plus-value de 25 à 35 centimes par mètre courant.

Tous les articles : rideaux, couvre-pieds, mousseline brodée et brochée, housses diverses, blanchis et apprêtés à neuf sont susceptibles d'une augmentation de 35 à 40 0/0 sur le présent tarif pour toutes les clientèles.

TARIF SPÉCIAL POUR BLANCHISSEUSES DE FIN

Drap fin...	la pièce	0 15 à 0 20
— ordinaire...................................	—	0 12 à 0 15
Nappe, 12 couverts................................	—	0 15 à 0 20
— 6 couverts..............................	—	0 10 à 0 15
Serviettes......................................	le cent	2 25 à 2 50
Torchons..	—	2 25 à 2 50

LINGE DE CORPS :

Chemise d'homme..............................	la pièce	0 10 à 0 15
— de nuit, homme et femme..........	—	0 10 à 0 15
— de jour, de femme.................	—	0 07 $\frac{1}{2}$ à 0 10
Pantalon......................................	—	0 07 $\frac{1}{2}$ à 0 10
Camisole......................................	—	0 07 $\frac{1}{2}$ à 0 10
Jupon de dessous.............................	—	0 07 $\frac{1}{2}$ à 0 10
Taie d'oreiller..............................	—	0 05 à 0 07 $\frac{1}{2}$
Tablier.......................................	—	0 05 à 0 07 $\frac{1}{2}$
Jupon à volant...............................	—	0 10 à 0 15
Mouchoirs......................................	le cent	1 00 à 1 25
Paires de bas.................................	—	3 00 à 3 50
— de chaussettes......................	—	3 00 à 3 50
Flèche..	la pièce	0 20 à 0 30
Rideau..	—	0 10 à 0 25
Cols et faux-cols............................	la douz.	0 30 à 0 50

Ces prix s'appliquent seulement au linge lavé, séché et rendu en vrac sans être repassé.

TARIF DE BLANCHISSAGE AVEC LOCATION DU LINGE

Tabliers pour bouchers........................	la pièce	0 10
— charcutiers.....................	—	0 13
Serpillières pour bouchers....................	—	0 12
— charcutiers.................	—	0 14
Torchons......................................	—	0 06
Grandes bannes................................	—	0 50
Petites bannes....................... 0 30 et	—	0 40
Tabliers bleus hommes et femmes...............	—	0 15
— blancs à poches ou bavettes........	—	0 20
— — sans poches..................	—	0 15
Manches.......................................	la paire	0 15
Draps de lit..................................	—	0 80
Serviettes toile unie.........................	le cent	6 »
— damassées cylindrées...............	—	8 »
Napperons toile unie..........................	la pièce	0 30
— damassées cylindrées...............	—	0 40

20*

Nappe toile unie.............................. le mètre 0 30
 — damassée................................ — 0 50
Peignoirs à manches.......................... la pièce 0 35
 — sans manches.......................... — 0 25
Fonds de bains............................... — 0 20

TARIF DES LAVOIRS PUBLICS DE PARIS

Location de la place pour une heure... .... 0 05
Par abonnement ou pour une journée entière, l'heure...... 0 03
Coulage de linge, par poignée représentant environ de 2 à
 3 kilogrammes de linge pesé sec............. de 0 10 à 0 15
Lavage à la machine à laver, pour chaque opération com-
 plète, comprenant la fourniture de l'eau chaude et de la
 lessive et pour 10 à 12 kilogrammes de linge............ 0 50
Eau chaude ou lessive, le seau de 12 litres............... 0 05
Séchoir à air chaud, le tiroir, pouvant sécher à la fois de 12
 à 15 kilogrammes de linge........................... 0 40
Séchoir à air libre couvert, la travée, capable de recevoir
 à la fois 8 draps ou l'équivalent pour 24 heures......... 0 25

TARIF DES BUANDIERS

Le linge étant blanchi, séché, mais non repassé, tous les produits chimiques à la charge du client, ainsi que la main-d'œuvre
autre que celle nécessaire à la conduite des machines.
Le kilogramme de linge pesé sec.............. de 0 10 à 0 12

Prix de revient du blanchissage. — Ce prix de
revient s'établit par une égale répartition des frais et
dépenses de toutes sortes, sur toutes les quantités de
linge qu'on aura traitées en l'espace d'une année, d'un
mois, d'une semaine, d'une journée.

Il peut s'énoncer en ramenant tout ce linge traité en
nombre de kilogrammes de linge pesé sec, lequel nombre
divisera le montant des dépenses faites. On l'énoncera
encore en divisant ce montant par chaque catégorie de
pièces traitées. Dans le premier cas, on aura le prix de
revient par kilogramme, dans le second, le prix de revient
par pièce de linge, et pour chacune de ces pièces.

La première méthode est la plus simple, et celle qui

semble la plus rationnelle; mais c'est aussi la moins employée, surtout chez les blanchisseurs qui se partagent la clientèle bourgeoise. En effet, plus le linge de cette clientèle est léger, plus il est luxueux, et plus il coûte alors à blanchir. Le contraire se produit chez les blanchisseurs qui se spécialisent dans le blanchissage du linge commercial : linge d'hôtels garnis, de restaurants, d'hôpitaux, etc. Plus ce linge est lourd, plus il coûte cher, en raison des frais de transport, du coût du séchage, etc. C'est ce qui explique pourquoi on évalue ici le prix de revient du blanchissage par kilogramme ; et là, par pièce de linge de chaque catégorie.

Il nous faudrait entrer dans trop de détails, pour fixer le prix de revient minimum de blanchissage pour chaque pièce de linge. Nous nous contenterons d'indiquer ce prix de revient, au kilogramme, en faisant observer que le coût du repassage, du cylindrage, de l'apprêt et de la livraison à domicile, n'entre, en aucune façon, dans nos évaluations.

Au commencement de ce siècle, Cadet de Vaux, fixait le prix de revient du blanchissage d'un kilogramme de linge, pesé sec, à 0 fr. 22 (repassage, lissage et livraison non compris, bien entendu). L'an dernier, M. Kremer, ingénieur de l'assistance publique, spécialement chargé de la direction et de la surveillance des buanderies appartenant à cette administration, fixa le prix de revient du blanchissage du linge, traité à la buanderie nouvelle de Laënnec, rue de Sèvres, à Paris, entre 0 fr. 05 et 0 fr. 07.

M. Kremer, se plaçant au point de vue administratif, a pensé, en établissant son prix de revient, n'avoir pas à tenir compte des frais inhérents à une exploitation industrielle, car il ne fait entrer, en ligne de compte, dans l'évaluation des dépenses, ni l'intérêt du capital engagé dans la construction de la buanderie, ni les frais de direction et d'administration, ni le loyer, ni les dépenses d'entretien et de remplacement du matériel, ni l'intérêt d'amortissement de celui-ci.

Nous croyons que le compte qui donne un prix de revient moyen de 0 fr. 06, a été établi ainsi : la buanderie a reçu tant de kilogrammes de linge, elle a eu tant de main-d'œuvre, tant de charbon et produits chimiques, cela fait tant par kilogramme ; l'industriel qui compterait ainsi et qui réduirait dans ces proportions les prix de son tarif, arriverait infailliblement à la ruine.

M. Sergueiff est beaucoup plus près de la vérité, quand il dit que le prix de revient du blanchissage est de 0 fr. 09 par kilogramme.

Mais là, encore une fois, il ne s'agit que du linge d'hôpital, qui demande beaucoup moins d'attention et de soin que le linge de la clientèle ordinaire.

Le prix de revient du blanchissage des serviettes de restaurants, par exemple, est supérieur à 0 fr. 11 le kilogramme, fait à Paris, dans les meilleures conditions (les serviettes non pliées) ce qui remet, le cent de serviettes, à 1 fr. 57, le mille à 15 fr. 70. Si l'on compte maintenant le pliage, la mise à la presse et l'empaquetage, à 3 francs du mille, la livraison à 10 francs la tonne, on aura comme prix total de revient, 0 fr. 141 par kilogramme, ou 20 fr. 15 par mille de serviettes et en opérant sur 20,000 serviettes au moins par jour.

Mais en restant même sur le terrain du linge d'hôpital, au prix moyen de 0 fr. 06, on s'apercevra vite qu'il est généralement inférieur à la réalité.

Tel hôpital, qui donne à blanchir plus de draps de lit que tel autre, aura un prix de revient de blanchissage beaucoup plus faible. En effet, le drap de lit, qui pèse 1 kil. 600 demande moitié moins de manutention et de dépenses de toutes sortes que huit couches de l'hôpital des enfants malades, par exemple, qui ne pèsent que ce même poids 1 kil. 600. Ainsi, dans le premier cas, si le kilogramme de drap de lit a pour prix de revient 0 fr. 06 en moyenne, le prix de revient du kilogramme de linge, composé des couches susdites, sera égal à :

$$0 \text{ fr. } 06 \times 2 = 0 \text{ fr. } 12.$$

C'est pourquoi le calcul de M. Sergueiff, à l'hôpital de Lyon, donnant comme prix de revient du blanchissage du linge d'hôpital 0 fr. 09, est beaucoup plus près de l'exactitude que celui moyen de 0 fr. 06 donné pour le linge d'un hôpital parisien.

Du reste, ces expériences ne peuvent être concluantes, attendu que le linge blanchi dans les hôpitaux diffère sensiblement de celui traité habituellement par l'industrie du blanchissage.

Pour connaître le prix auquel revient le kilogramme de linge blanchi dans une usine, il faut d'abord totaliser toutes les dépenses faites, y ajouter le loyer ou la somme qui le représente, les impôts, les assurances, le coût des transports, l'intérêt du capital engagé à 6 ou 8 pour 100 l'an, l'intérêt d'amortissement du matériel à 12 pour 100 l'an et les frais de réparations et d'entretien. On mettra ensuite ce montant en regard des kilogrammes de linge traité, et on divisera par ce dernier nombre. Le quotient donnera le prix de revient du blanchissage pour chaque kilogramme de linge blanchi. S'y prendre autrement, c'est s'exposer à des mécomptes.

Ce qui, souvent, surélève exagérément le prix de revient du blanchissage, c'est le manque d'ordre dans la livraison et la réception du linge (chose que souvent on ne prévoit pas), c'est le coulage de la main-d'œuvre, le défaut de surveillance ou de direction, le chômage de tout ou partie du matériel, les exigences d'une clientèle difficile à servir et à contenter, enfin, les pertes de toutes sortes. — Plus on diminuera ces pertes, plus on traitera de linge à la fois dans l'usine, plus le prix de revient baissera.

Personnel. Main-d'œuvre. — Le personnel d'une blanchisserie se compose en majeure partie de femmes. On fera donc bien de consulter la loi sur le travail des femmes et des filles mineures, ainsi que le règlement d'administration publique qui les régit, et qui accorde certaines faveurs au blanchiment, notamment pour les heures supplémentaires.

Le travail des machines à laver, des appareils à lessiver et des essoreuses est ordinairement conduit par des hommes. Le travail des appareils à cylindrer ou à calandrer le linge, celui des séchoirs, celui de la salle de pliage, est exécuté par des hommes ou des femmes.

Le repassage, soit à la machine, soit au fer à main, est toujours fait par des femmes.

Us et coutumes du travail. — Certaines coutumes règlent le travail dans les blanchisseries. Nous ne pouvons mieux faire que de reproduire ici les principales dispositions d'un règlement fixant ces us et coutumes, et qui a été arrêté d'un commun accord entre les chambres syndicales ouvrières et les chambres syndicales patronales des blanchisseurs et buandiers.

Voici ce document :

Conventions arrêtées entre les Chambres syndicales patronales et ouvrières de la blanchisserie, réglementant les conditions, us et coutumes sous lesquels s'exerce le travail manuel dans les établissements de Blanchisserie, et les rapports entre les patrons et les ouvriers de la corporation des Blanchisseurs de linge et Buandiers.

Art. 1er. — Du travail. — Le travail des hommes, des femmes, des adolescents et des adolescentes est fait à l'heure, à la journée, à la semaine ou au mois. Le travail des apprentis des deux sexes n'est pas réglementé, et il n'existe pas de contrat d'apprentissage.

Les hommes, les femmes et les apprentis sont quelquefois nourris, et leur salaire s'en trouve réduit d'autant.

Art. 2. — Des salaires. — Il existe, pour les hommes et pour les femmes au-dessus de dix-huit ans, un minimum de salaire, nourriture à part, qui est fixé à 0 fr. 50 l'heure pour les hommes, et 0 fr. 30 l'heure pour les femmes. Au-dessous de dix-huit ans, ce minimum de salaire n'existe plus.

Le salaire, accordé précédemment à l'ouvrier ayant moins de dix-huit ans, servira de base, en cas de contestation, tant qu'il n'aura pas atteint sa dix-huitième année.

Il en sera de même pour les jeunes filles.

Art. 3. — En principe, le salaire est basé sur la capacité de l'ouvrier, sur son aptitude au travail, sur son assiduité et sur son intelligence. Le salaire varie donc, mais sans jamais descendre au-dessous du minimum fixé ci-dessus, quand il s'agit des adultes exerçant depuis longtemps le métier.

Art. 4. — L'article précédent ne peut profiter qu'aux ouvriers et aux ouvrières de la corporation. Tout autre ouvrier ou ouvrière d'un autre métier, qui, incidemment, exerce la profession de blanchisseur, rentre dans la catégorie des adultes apprentis, et ne peut se prévaloir en aucune façon de la fixation du taux minimum de salaire.

Art. 5. — A moins qu'ils ne soient des spécialistes reconnus comme tels dans la corporation, les ouvriers et les ouvrières de la blanchisserie doivent, pour bénéficier des dispositions de l'article 3, connaître à fond les diverses opérations du métier et être capables de s'y exercer.

Art. 6. — En principe, le salaire est fixé d'un commun accord et de gré à gré entre le patron et l'ouvrier.

Celui qui a accepté un salaire quelconque ne peut en exiger un autre de son patron. De même le patron qui a accordé un salaire ne peut en aucune façon le diminuer.

Art. 7. — DÉBAUCHAGE. — Quel que soit le mode de paiement fait à l'ouvrier, et sauf les cas d'exceptions prévues ci-dessous et au dernier paragraphe de l'article 11, tout patron renvoyant un ouvrier doit le prévenir cinq jours à l'avance de ce renvoi. Tout ouvrier abandonnant son patron est également tenu d'avertir son patron cinq jours à l'avance de son départ.

Sauf les cas de maladie, d'affaires de famille ou urgentes pour l'ouvrier, sauf les cas où l'ouvrier ferait du scandale, causerait des troubles, proférerait des injures, serait en cas d'ivresse manifeste ou ferait des fautes lourdes répétées, ou bien encore en cas de chômage forcé pour le patron.

Dans tous ces cas particuliers et de force majeure, le patron peut renvoyer un ouvrier ou une ouvrière, de même que tout ouvrier ou ouvrière peut quitter un patron sans le prévenir, comme il est dit plus haut, réciproquement, cinq jours à l'avance.

Art. 8. — INDEMNITÉS. — Le patron qui renverra, sans motif plausible et sans justifier de l'un des cas de force majeure prévus ci-dessus, un ouvrier ou une ouvrière, doit, à cette ouvrière ou à cet ouvrier, une indemnité établie sur les bases du taux minimum et représentant le montant de cinq journées pleines, soit cinq journées à dix heures l'une, et à 0 fr. 50 l'heure pour les hommes, soit un total de 25 francs ; soit encore cinq journées de dix heures à 0 fr. 30 l'heure, soit un total de 15 francs pour les femmes. Cette indemnité est nulle et l'ouvrier n'y a aucun droit si le patron l'a prévenu cinq jours à l'avance de son renvoi.

L'ouvrier prévenu cinq jours à l'avance a le droit de prendre les deux dernières heures de chaque journée pour rechercher du travail. Ces deux heures ne lui sont pas payées.

Art. 9. — L'ouvrier ou l'ouvrière qui partira de chez son patron sans motif plausible, et sans justifier de l'un des cas de force majeure prévu au troisième paragraphe de l'article 8, et sans avoir prévenu cinq jours pleins à l'avance son patron de son départ, devra payer au patron une indemnité fixée comme suit :

Vingt-cinq francs quand il s'agit d'un ouvrier.

Quinze francs quand il s'agit d'une ouvrière.

Art. 10. — CAUSES RESTRICTIVES. — L'ouvrier ou l'ouvrière ne donnant pas toutes ses journées au même patron se trouve, par ce fait même, placé en dehors de l'application des articles 8 et 9.

Si cet ouvrier, ou cette ouvrière, fait régulièrement, et aux mêmes jours de la semaine, deux, trois ou quatre journées chez un même patron, il ou elle est assimilée aux ouvriers ou aux ouvrières occupés toute la semaine, du lundi matin au dimanche, chez ce même patron, mais avec cette restriction que l'avertissement du départ ou du renvoi devra être donné : deux jours à l'avance, si l'ouvrier ou l'ouvrière font régulièrement deux jours chez le patron renvoyeur ou abandonné, trois jours à l'avance s'il fait trois jours au lieu de deux, et ainsi de suite.

L'indemnité prévue et fixée aux articles 8 et 9 est due à l'ouvrier ou au patron, dans ce cas comme dans l'autre, lorsqu'il n'y a pas eu avertissement dans les délais voulus ; mais elle est réduite d'autant et proportionnée à ces délais. Exemple : Pour un délai de deux jours dans le cas de non avertissement et sauf les cas de force majeure indiqués plus haut, l'indemnité sera de 10 francs pour les hommes et de 6 francs pour les femmes.

Art. 11. — L'ouvrier ou l'ouvrière qui n'aura pas accompli huit journées pleines et consécutives chez un patron, n'aura droit à aucune indemnité, quel que soit le cas de renvoi. De même, le patron ne devra rien exiger d'un ouvrier ou d'une ouvrière qui est employé par lui depuis moins de huit jours.

Dans les établissements où le service se fait tous les dix jours, on substituera pour les deux parties le mot « dix » au mot « huit ». Ces huit jours, ou dix jours, étant réputés jours d'essai.

L'embauchage accidentel, *quelle que soit sa durée*, ne comporte pas non plus aucune indemnité à l'égard du patron ou de l'ouvrier.

Art. 12. — OUVRIERS ÉTRANGERS. — Les patrons ne devront pas employer plus d'un cinquième d'étrangers, hommes ou femmes. Ceux qui ne rempliront pas strictement cet engagement seront traduits devant la Chambre syndicale à laquelle ils appartiennent ou dont ils relèvent. En cas de contestation entre un patron contrevenant aux dispositions de cet article et un ouvrier quelconque, ce dernier pourra invoquer, à son bénéfice, la situation créée par la faute du patron contrevenant à tous les ouvriers français.

Art. 13. — CHAMBRES ARBITRALES. — Il pourra être formé, dans chaque grand centre du Blanchissage, une Chambre dite du Travail de la Blanchisserie, sorte de Commission arbitrale composée de deux patrons et de deux ouvriers.

La Commission sera présidée par un délégué toujours révocable, qui sera désigné par un comité de délégués élus en nombre égal par les Chambres syndicales. Il sera désigné, de plus, un Président suppléant. Ils siégeront à tour de rôle. En cas de partage de voix, le Président aura voix délibérative et départagera les Membres de la Commission. Les Membres de cette Commission seront choisis respectivement par les Chambres syndicales intéressées. Ils siégeront à jour fixe et autant que possible au milieu du centre où leur action devra s'exercer. Leurs fonctions seront purement honorifiques, et ils seront désignés chaque année au mois de novembre, pour entrer en exercice au premier janvier de l'année suivante jusqu'au trente et un décembre de la même année. Deux suppléants patrons et deux suppléants ouvriers seront désignés à la même époque et pour chaque exercice d'après les mêmes moyens.

Art. 14. — Cette Commission arbitrale convoquera devant elle les parties quand l'une d'elles l'aura saisie d'une contestation. Elle donnera son avis motivé et fera en sorte d'obtenir une conciliation chaque fois qu'elle le pourra et qu'elle le jugera nécessaire. En cas d'impuissance ou de refus, elle renverra les parties devant le Conseil des prud'hommes qui statuera. Toutefois, elle soumettra son avis au Conseil si ce dernier l'y autorise et si elle le juge convenable. Elle ne pourra exiger que le remboursement de ses débours. Elle devra toujours s'appuyer sur les dispositions et conventions du travail qui font l'objet des articles précédents. Elle sera tenue de rendre compte de ses opérations aux Chambres syndicales dont elle est issue.

Avant de procéder à l'examen d'une contestation quelconque, la Commission fera signer aux parties une déclaration formelle comme quoi elles s'en remettent à son arbitrage. Les décisions seront prises à la majorité des voix, et ces décisions seront régulièrement prises lorsque tous les membres de la Commission auront été convoqués par les soins du Président, vingt-quatre heures au moins à l'avance, quel que soit le nombre des membres présents.

Le Commissaire empêché désignera lui-même, parmi les suppléants, celui qui devra le remplacer et qui devra être porteur du titre lui permettant de prendre part à la délibération. Dans le cas où l'un des membres de la Commission serait en même temps « partie », le Président désignerait lui-même le suppléant qui doit remplacer le membre empêché en choisissant parmi les suppléants ouvriers, si le membre empêché est un ouvrier, parmi les suppléants patrons, si le membre empêché est un patron.

Art. 15. — La Commission pourra s'éclairer soit par des témoignages, soit par des enquêtes, mais elle devra s'abstenir de toute démonstration pouvant blesser l'une des parties. Elle devra prendre ses décisions en comité secret, mais après l'audition des parties qui auront toujours le droit de faire la preuve de ce qu'elles avancent. Aucune discussion ni appréciation ne devra avoir lieu en présence des parties. L'une de celles-ci pourra toujours demander à être entendue par des délégués spéciaux des Conseils syndicaux.

Art. 16. — Tout patron ou ouvrier qui ne se sera pas conformé à la décision de la Commission arbitrale, alors qu'au préalable, il aura déclaré, par écrit signé de sa main, devoir s'y conformer, sera déféré au Conseil de Prud'hommes. Toute décision de Commission arbitrale non exécutée dans les délais fixés, sera reproduite en un procès-verbal qui sera déposé sur le bureau des Juges prud'hommes. Cette décision devra être exécutoire avant que le patron ou l'ouvrier, contre qui cette décision a été prononcée, puisse introduire une autre instance, soit devant la Commission arbitrale, soit devant le Conseil des Prud'hommes.

En d'autres termes, le condamné devra s'être entièrement libéré envers sa partie avant de pouvoir poursuivre à son tour et contre quiconque, devant la Commission arbitrale ou devant le Conseil des Prud'hommes.

Le présent règlement a été déposé au Conseil des Prud'hommes, qui l'a approuvé, aux Tribunaux de Commerce de la Seine et de Seine-et-Oise, et sera déposé partout où besoin sera.

Accepté et approuvé en novembre mil huit cent quatre-vingt-onze par les Chambres syndicales patronales et ouvrières.

Ont signé les Délégués de ces Chambres :

E. THOUVENIN,
DURAND,
Délégués patronaux.

VINANTE, Conseiller prud'homme
de la Seine,
CHARLIN,
Délégués ouvriers.

Certifié conforme au procès-verbal inséré au registre des délibérations de la Chambre syndicale des Blanchisseurs et Buandiers, dont le siège est 47, rue Vivienne, Paris.

Signé : R. LEROY,
Président.

Le Secrétaire délégué :
ARTHUR BAILLY.

Il est d'usage d'accorder, en outre, une indemnité supplémentaire pour frais de déplacement à l'ouvrier, ou à l'ouvrière, renvoyé sans motif. Cette indemnité comporte : 1° l'aller et le retour en chemin de fer avec un billet de troisième classe ; 2° 5 francs pour chacun des jours que dure le voyage pour les hommes, et 3 francs pour les femmes. Il n'est dû aucune indemnité pour frais de déplacement lorsque le domicile de l'ayant droit est situé à moins de 20 kilomètres.

Le taux du salaire minimum n'a été fixé que pour Paris et les départements de la Seine et de Seine-et-Oise. Mais les autres dispositions des conventions qui précèdent peuvent être appliquées par toute la France, le Conseil des Prud'hommes de la Seine, par la lettre que nous reproduisons ci-dessous, en ayant fixé la jurisprudence:

CONSEIL DES PRUD'HOMMES
du
DÉPARTEMENT DE LA SEINE

—

Paris, le 14 mai 1892.

A Messieurs les Présidents des Chambres syndicales,
PATRONALES ET OUVRIÈRES DE LA BLANCHISSERIE

Messieurs,

Les Conventions intervenues entre les Chambres syndicales, patronales et ouvrières de la Blanchisserie, apportant des modifications dans les us et coutumes de la corporation, ont été soumises, en votre nom, à l'Assemblée générale du Conseil dans sa séance du 29 avril dernier, par M. Vinante, Conseiller prud'homme ouvrier.

Je suis heureux de vous faire connaître que le Conseil a vu, avec plaisir, l'entente établie entre les deux éléments d'une même profession, patrons et ouvriers, et que l'Assemblée générale, après examen des conventions susdites, LES A RATIFIÉES, en ce qu'elles n'ont rien de contraire aux lois en vigueur.

Veuillez agréer, Messieurs, l'assurance de ma parfaite considération.

Pour le président du Conseil et par ordre :

Le Secrétaire,

(Signature illisible).

Depuis cette époque (14 mai 1892), le Conseil des Prud'hommes du département de la Seine et les juges de paix des départements de la Seine et de Seine-et-Oise ont jugé les différends, entre patrons et ouvriers, d'après ces conventions. On fera donc bien de s'y rapporter.

Le dernier paragraphe de l'article onze des conventions qui porte : « *Que l'embauchage accidentel, quelle que soit sa durée, ne comporte aucune indemnité* pour cause de renvoi », a besoin d'être commenté.

L'embauchage accidentel est celui qu'exerce un **chef** d'établissement lorsqu'il a un surcroît de travail à exécuter. Il embauche donc à ce moment une certaine quantité d'ouvriers ou d'ouvrières supplémentaires, qu'il débauchera au bout de quelques jours ou de quelques semaines, et dès que ce travail sera terminé.

Il en est ainsi pour certains établissements qui font beaucoup à certaines époques de l'année, et peu en d'autres. Le chef de ces établissements, pour échapper à des poursuites devant le Conseil des Prud'hommes ou la justice de paix, fait alors afficher dans ses ateliers: « Qu'en vertu du dernier paragraphe de l'article 11 des conventions de 1891, tels ouvriers ou telles ouvrières **ne** travaillent dans son usine qu'à titre accidentel, qu'ils ou qu'elles n'ont été embauchés qu'accidentellement, et **que,** par conséquent, il ne leur est dû aucune indemnité **en** cas de renvoi ou de cessation du travail. »

Responsabilités. — Le personnel de la buanderie est ordinairement placé, dans les établissements d'une certaine importance, sous les ordres d'un contre-maître ou chef buandier qui est responsable: 1° de l'emploi des produits chimiques; 2° d'un parfait essangeage, du lessivage, du lavage, du rinçage et de l'essorage; 3° du linge brûlé ou détérioré. Le chef buandier délègue une partie de ses pouvoirs à la maîtresse-laveuse, qui dirige spécialement les femmes employées dans la buanderie au lavage, au rinçage et à l'azurage du linge.

Le personnel de la repasserie est placé sous les ordres d'une contre-maîtresse repasseuse qui surveille en même temps le repassage, l'apprêt et le triage du linge par clients. Elle est responsable des malfaçons et des erreurs qui viennent à se produire dans son service.

La livraison du linge et sa réception à l'usine forment un service à part, dirigé, soit par le chef livreur, soit par l'un des comptables de la maison.

Dans les petites et moyennes blanchisseries, le patron ou son représentant dirige la buanderie, la sécherie et le service des livraisons, tandis que la patronne ou la gérante assure le service de la repasserie et même la comptabilité du linge traité par la maison.

Comptabilité. — Nous ne voulons parler ici que de cette comptabilité spéciale qu'exigent les diverses manutentions du linge dans une blanchisserie. Quant à la comptabilité générale, elle sera absolument semblable à celle qu'on tient ordinairement dans toutes les maisons de commerce, et qui est, du reste, prescrite par la loi.

Le linge à blanchir est inscrit pour chaque client sur un livret appelé « carnet de blanchissage » et que tout le monde connaît. Pour la location du linge, il est établi des feuilles spéciales sur lesquelles on inscrit en double expédition les quantités de linge rendu et livré, ainsi que les dépôts faits.

A l'arrivée du linge à l'usine, on inscrit ces quantités sur un registre semblable au modèle que nous avons donné page 185, à l'article de la réception du linge. Ce livre, concurremment avec les carnets de blanchissage, sert à vérifier le linge blanchi et à constater les pièces manquantes. Il peut faire foi en justice quand il est bien tenu.

Le chef buandier reçoit les marchandises, les vérifie, les inscrit sur un registre *ad hoc*, et les délivre au fur et à mesure des besoins, en indiquant les sorties et les entrées au fur et à mesure qu'elles se produisent.

La différence entre la colonne des entrées et celle des sorties indique les quantités de marchandises qui restent en magasin et celles qui ont été employées au jour le jour.

Chaque chef de service tient un état de son personnel dans les grandes exploitations ; dans les petites ou moyennes exploitations, le directeur ou gérant tient cet état où sont inscrits : 1° les noms, prénoms et adresses de chaque ouvrier ou ouvrière ; 2° le taux du salaire convenu ; 3° les retenues à exercer ; 4° les gratifications accordées ; 5° les acomptes versés ; 6° le montant des sommes dues et une colonne supplémentaire pour l'émargement.

Le chauffeur ou le chef mécanicien doit également tenir un état journalier de la consommation du combustible et des huiles de graissage.

Les registres de la comptabilité générale doivent comprendre un compte par client, en doit et avoir. Ce compte est divisé en autant de sections qu'il y a de jours de livraison dans la semaine, ou qu'il y a de livreurs attachés à la maison. Chaque livreur est responsable : 1° du linge qu'il livre ou qu'il reçoit ; 2° des recettes qu'il effectue pour solde des factures, conformément au compte de ses clients et aux carnets de blanchissage de ces mêmes clients.

A cet effet, le livreur possède un carnet sur lequel il inscrit : 1° les noms, professions et adresses des clients qu'il a à livrer; 2° les sommes à recevoir, non seulement pour la facture du jour mais encore pour tout arriéré dû; 3° les sommes qu'il reçoit et les déductions ou retenues qu'il a été obligé de subir.

Manutention du linge. — Le linge est apporté à l'usine par les voitures de livraisons. On procède immédiatement à sa réception dans la salle réservée à cet effet, et où s'opère aussi un premier triage. Le linge est séparé en plusieurs sortes : 1° le linge qui ne va pas à la lessive; 2° le linge qui exige une lessive très forte ; 3° le linge qui exige une lessive moins forte ; 4° le linge fin ; 5° les draps; 6° les serviettes ; 7° les torchons, essuie-mains et chiffons; 8° les tabliers, qu'on sépare en tabliers blancs et tabliers de couleur. Au fur et à mesure que le linge sort des paquets, il est marqué, s'il y a lieu, et compté comme il a été dit précédemment. Les cordons de tabliers sont attachés ensemble, en les pliant en deux plissures sur eux-mêmes, et en les nouant par un nœud coulant. Les chiffons sont attachés en paquets de cinq ou de dix, suivant leur grandeur, par la corne ou coin. Les bas et chaussettes sont accouplés par paires, en passant un fil très fort, soit dans les attaches, soit, à l'aide de l'aiguille, en cousant les deux bords extérieurs et à l'endroit. Les faux-cols et manchettes sont également accouplés, et, en général, toutes les petites pièces.

Le linge est ensuite livré au chef buandier qui le fait aussitôt essanger, s'il y a lieu. Les garçons de buanderie font la mise au cuvier. Dans un grand établissement, on organise les services de manière à ce qu'il y ait toujours des cuviers à encuver, des cuviers en train *de couler* et des cuviers qu'on décuve. Une fois le linge dans le cuvier, on règle les quantités d'eau et de soude nécessaires au lessivage, on s'assure que le linge est bien mouillé partout, puis on couvre le cuvier, et, on ouvre le robinet de vapeur pour en effectuer le lessivage.

Le chef buandier veille à ce que les affusions de la lessive se fassent régulièrement, à ce qu'il ne reste sur le linge aucune parcelle de soude non fondue, et à ce que l'on ne touche au linge renfermé dans le cuvier qu'une heure ou deux après la dernière affusion de lessive.

Le linge *qui ne va pas à la lessive*, le linge de couleur, les objets en laine ou en soie, sont portés immédiatement sur les bancs qui sont situés auprès des baquets de savonnage. Ce linge est essangé aussitôt, puis lavé, soit à la main, soit à la machine à laver.

Un ouvrier laveur peut conduire deux et même trois machines à laver. Un ouvrier suffit pour décuver le linge nécessaire à l'alimentation de quatre machines à laver.

Les bains de lessive alcaline, de savon, ou d'eau de javel pour la mise au blanc, doivent être préparés à l'avance par chaque ouvrier laveur qui les dispose à sa portée.

Le nombre d'ouvriers et d'ouvrières employés au rinçage et à l'azurage du linge dépend beaucoup de la nature de ce linge.

Pour le linge de famille, on compte qu'il faut deux laveuses-rinçeuses, par chaque machine à laver n° 5, et une ouvrière par couple de ces machines pour l'azurage.

Pour le linge commercial (linge des restaurants, hôtels à voyageurs, coiffeurs, établissements de bains), on n'emploiera en tout que deux ouvrières par machine à laver, et une seule, si l'on possède des machines à rincer. Avec la machine à rincer, l'ouvrière ne fait que visiter le linge en le *tirant*, c'est-à-dire en plaçant avec ordre, et comme il a été dit dans la pratique du blanchissage, toutes les pièces de linge sur des tréteaux, lorsqu'elles sont lavées, rincées et azurées.

Le séchage du linge de famille emploie de deux à quatre personnes par jour et par 1,000 kilogrammes de linge pesé sec, que ce séchage soit fait dans les séchoirs à air libre, ou dans les séchoirs à air chaud, le transport du linge non compris. Le séchage des draps demande une personne par jour et par 1,000 kilogrammes.

Quand tout le linge plat est passé à la machine à sécher-repasser, que nous avons décrite page 288, le séchage, y compris le repassage, demande pour les draps quatre personnes par 1,500 kilogrammes ; pour les serviettes, quatre personnes pour 2,000 kilogrammes, ou cinq personnes pour 3,000 kilogrammes, suivant la largeur de la machine.

Si ce n'est pour les serviettes, le séchage à la machine à repasser-sécher ne présente aucune économie de main-d'œuvre ; mais elle évite des frais de transport toujours très coûteux, et permet d'effectuer un repassage convenable du linge, sans plus de frais.

Travail à la pièce. Décompte. — Le pliage et le repassage se fait à la tâche, c'est-à-dire aux pièces, et à la journée. Le travail aux pièces a l'inconvénient de ne pas être toujours parfait, surtout lorsque l'ouvrière veut gagner beaucoup en faisant peu. Le travail à la journée, avec des ouvrières peu consciencieuses, arrive quelquefois à coûter fort cher. En vue d'obtenir la perfection dans le travail, avec un rendement fixé d'avance, la plupart des chefs d'établissements ont adopté un moyen mixte : il consiste à ne faire exécuter le travail qu'à la journée pour les plieuses, les repasseuses, et même les femmes employées aux machines à sécher-repasser; mais, pour chaque catégorie, on assigne un rendement de tant de pièces à l'heure. Si ce minimum n'est pas atteint à la fin de la journée, on fait faire des heures supplémentaires non payées, ou l'on exerce des retenues en conséquence.

Le minimum de rendement est, en ce cas, basé sur le tarif du travail à la pièce que voici:

Le pliage des torchons est fixé à............... le mille	2 fr.	»
— essuie-mains est fixé à............. —	2	50
— des serviettes de toile unie, la marque en dedans à......................... —	2	50
La marque en dessus .... —	3	50
Le pliage des serviettes damassées non cylindrées. —	4	»
La marque en dessus................. —	4	50
Le pliage des serviettes cylindrées à............. —	5	»
La marque ou l'écusson en dessus............. —	6	»

Ces prix sont dits « prix de Paris ». — On donne 1 franc en sus par mille pour la mise sous presse, et l'emballage par paquets de dix en des enveloppes qui peuvent contenir de deux à trois cents pièces.

Le pliage des peignoirs de bains se fait à 0 fr. 15 le cent, et à 0 fr. 20, quand ce sont des peignoirs à manches.

Le pliage des draps et des nappes se fait à deux personnes. Le prix en varie suivant les grandeurs et les difficultés.

Le pliage des draps d'hôtels ordinaires à voyageurs se paie 0 fr. 60 le cent, ce qui fait 0 fr. 30 par plieur.

Le pliage des tabliers, sans le repassage et l'enroulage des cordons, est évalué à 0 fr. 20 le cent.

Dans toutes ces évaluations, on suppose que les serviettes, les draps, les nappes, les tabliers ont été, au préalable, *entablés*, c'est-à-dire tirés, lissés, préparés et disposés pour être pliés.

Le repassage (pliage compris) des chemises d'hommes est payé à raison de 0 fr. 10 à 0 fr. 15 la pièce.

La chemise à neuf (glaçage et pliage de neuf) est payée 0 fr. 20 et 0 fr. 30 à la repasseuse.

Pour toutes les pièces non garnies, c'est-à-dire sans dentelles ni broderies, on se basera sur le tarif suivant pour leur repassage et pliage :

0 fr. 35 la douzaine de chemises de jour de femmes ou 10 pièces données à l'heure.

0   50 la douzaine de chemises de nuit de femmes ou 6 pièces à l'heure.

0   50 la douzaine de chem. de nuit d'hommes ou 6 pièces à l'heure.

0   25   —   de taies d'oreillers   14   —

0   50   —   de pantalons de dames   ou 6   —

0   50   —   de caleçons   —   —

0   50   —   de camisoles   —   —

0   15   —   de paires de bas et chaussettes ou 25 paires à l'heure.

0   45   —   de cols de dames à fichus ou   7 pièces à l'heure.

0   60   —   —   glacés   —   ou 5   —

0   25   —   de faux-cols   —   ou 15   —

0   40   —   —   glacés   ou 10   —

0   60   —   de manchettes   ou   6 paires —

0   75   —   —   glacés ou 5   »   —

Nous avons mis en regard des prix par nombre de pièces, le nombre de pièces qu'on donne à l'heure par égard à ces prix.

Dans les localités où le prix de l'heure sera naturellement inférieur au prix de Paris, on se basera sur le nombre des pièces données à l'heure, celle-ci restant fixée suivant l'habitude des localités.

Pour toutes autres pièces garnies : peignoirs, robes, jupons, bonnets, parures diverses, rideaux, housses, etc., le travail varie tellement d'une pièce à l'autre, qu'il est impossible de fixer un tarif général pour le coût de leur repassage et pliage.

Il en est de même des objets en laine, drap ou flanelle, qu'on repasse le plus souvent à la table à vapeur.

Cette table est un récipient garni de trous à la partie supérieure, et dans lequel on fait arriver de la vapeur sèche.

Les vêtements de laine sont placés dessus, l'ouvrière ouvre le robinet de vapeur, et, à l'aide d'une brosse, elle étend et lisse l'étoffe en tous sens.

Emploi des matières premières. — L'emploi des matières premières se règle suivant la nature du linge qu'on a à traiter.

Néanmoins, on compte que 1,000 kilogrammes de linge ne doivent pas exiger plus de 10 à 12 francs de produits chimiques pour le blanchissage et l'apprêt.

Et, comme quantités approximatives, on estime qu'il faut de 15 à 20 kilogrammes de sel de soude à 75 ou 85 degrés pour lessiver 1,000 kilogrammes de linge, l'eau étant douce; et, de 7 à 10 kilogrammes de bon savon de Marseille, dissous dans l'eau saturée de 5 à 7 kilogrammes de sel de soude, pour laver ce linge.

On comprend aisément que toutes les données qui précèdent ne peuvent être qu'approximatives.

Elles sont subordonnées dans la plupart des cas à la qualité des produits, au degré de souillure du linge, et aussi, à la manière dont on conduira toutes les opérations.

Pour le blanchissage du linge d'hôpital, par exemple, qui exige plus de sel de soude que de savon, et pas du tout d'eau de javel ni de bleu, et qui, pour cette raison ne demandera que 8 francs de produits chimiques par 1,000 kilogrammes de linge traité, soit de 25 à 30 kilogrammes de sel de soude pour le lessivage, et de 2 à 5 kilogrammes de savon.

En réalité, le linge, quelle que soit sa nature et sa provenance, lorsqu'il est bien lessivé, ne demande plus qu'un lavage sommaire ; et, dans la plupart des cas, comme dans le blanchissage du linge d'hôpital, l'opération qui suit le lessivage n'est qu'un rinçage.

Il en résulte que la dépense, en produits chimiques, s'élèvera d'autant moins que le lessivage du linge sera plus parfait, que le lavage sera fait à la machine à laver avec de l'eau très chaude, que toutes les opérations, enfin, seront conduites avec méthode, propreté et soin.

Un vieux proverbe qui a cours dans les blanchisseries donne la note exacte de l'élévation inutile et onéreuse de ces dépenses : Il dit que le linge *à recommencer*, autrement dit le linge mal fait qu'il faut relessiver et relaver, « que ce linge à recommencer jette le bénéfice avec son savon », c'est-à-dire à la rivière.

La dépense en combustible, non seulement pour la production de la force motrice, mais encore pour le chauffage de l'eau et le séchage du linge lavé, est la plus considérable. Il faut donc éviter, le plus possible, les pertes de vapeur et de chaleur. Il faut calorifuger tous les récipients et tous les tuyaux transportant la vapeur et l'eau chaude. Il faut avoir des foyers toujours en bon état, et utiliser, le plus possible, la chaleur entraînée par la fumée.

Il est certain que plus on traitera de linge à la fois, avec des générateurs appropriés et perfectionnés, plus on obtiendra la vapeur et la chaleur à bon marché.

C'est donc suivant les lieux et les circonstances, que les dépenses en combustible s'élèveront ou s'abaisseront. Signalons, cependant, les quelques dispositions principales. qui permettront de réduire, le plus possible, la dépense en combustible.

La vapeur d'échappement des machines sera utilisée, comme il a été dit, pour chauffer l'eau des bassins, en les traversant, et pour contribuer au chauffage des séchoirs.

Les tuyaux des cheminées peuvent, sans toutefois les détourner de leur mission principale, servir aussi en partie, et contribuer au chauffage de l'eau et au chauffage des séchoirs.

On pourra placer le séchoir en étages, de manière à utiliser toute la chaleur produite aux espaces inférieurs.

Les constructeurs spéciaux, habitués à profiter de tous les avantages que présentent les constructions établies et les conformités du sol, devront toujours être consultés par les personnes désirant installer une usine de blanchisserie.

Nous ne saurions trop recommander à nos lecteurs de prendre, sur ce sujet, les *avis* de MM. Delaroche et ses neveux, ingénieurs-constructeurs, 9, rue Friant, à Paris.

Notre exposé pourra servir de *vade mecum* à quiconque s'occupe du blanchissage du linge. On fera bien, cependant, de ne prendre à la lettre que ce qui est affirmé par nous, sans restriction aucune. Quant au reste, il faudra s'en rapporter aux besoins du moment et à la pratique de chaque jour.

FIN

TABLE ANALYTIQUE DES MATIÈRES

TROISIÈME PARTIE

MATIÈRES EMPLOYÉES ET TRAITÉES DANS LES BLANCHISSERIES

I. — SELS DE SOUDE ET PRODUITS LESSIVIELS

II. — SAVONS

III. — Chlore, Chlorures, Eau de javel, etc.

IV. — Matières textiles

QUATRIÈME PARTIE

BLANCHIMENT

I. — Blanchiment des étoffes de lin

II. — Opérations du blanchiment

CINQUIÈME PARTIE

BLANCHISSAGE DU LINGE

CHAPITRE PREMIER

LE BLANCHISSAGE A PARIS

CHAPITRE DEUXIÈME

LE BLANCHISSAGE MODERNE
DANS LA FAMILLE OU CHEZ LES PARTICULIERS

I. — BLANCHISSAGE PROPREMENT DIT

II. — SÉCHAGE

III. — REPASSAGE

CHAPITRE TROISIÈME

LE BLANCHISSAGE INDUSTRIEL

I. — BLANCHISSAGE PROPREMENT DIT

II. — SÉCHAGE, ESSORAGE

III. — REPASSAGE

IV. — DÉSINFECTION

SIXIÈME PARTIE

USINES DE BLANCHISSERIE
INSTALLATION, EXPLOITATION ET DIRECTION

CHAPITRE PREMIER

INSTALLATION

CHAPITRE DEUXIÈME

EXPLOITATION ET DIRECTION